# Inhalt

## Mit Texten und Medien umgehen

## Über Sprache nachdenken

## Richtig schreiben

# Was weißt du noch aus Klasse 5?

1 Lies den folgenden Text.

**Warum wird an der Uhr gedreht?**

**1** Noch ein paar Mal flackerte das Flämmchen, dann war die Kerze abgebrannt. Und Benjamin Franklin saß im Dunkeln. Der amerikanische Wissenschaftler wollte weiterarbeiten. Aber wie, ohne Kerzen? Grimmig ging er an diesem Frühlingsabend des Jahres 1784 zu Bett. Als er am nächsten Morgen erwachte, schien die Sonne. Franklin kramte nach seiner Uhr: Sechs Uhr – und schon so hell? Welch eine Verschwendung! In der Frühe, wenn er noch schlief, gab es Licht genug. Abends dagegen wurde es viel zu rasch dunkel! Vielleicht sollte man einfach die Uhren vorstellen. »Würde man die Zeiger um eine Stunde weiterdrehen, wäre der Sonnenaufgang später – also um sieben. Abends ginge die Sonne dafür eine Stunde später unter. Es wäre abends länger hell – und ich könnte Kerzen sparen!«

**2** Benjamin Franklin schrieb darüber einen Artikel für eine Zeitung, den aber niemand beachtete. Erst gut 130 Jahre später wurde wirklich an der Uhr gedreht: Im Jahr 1916 führten die Deutschen, Engländer, Iren und Franzosen die Sommerzeit ein. Die Idee war dieselbe wie bei Franklin: Wird es später dunkel, schalten die Menschen auch später das Licht ein! Experten hatten ausgerechnet, dass man so Strom und Gas sparen kann.

**3** Auch wenn die Zeitumstellung seither mehrfach abgeschafft und wieder eingeführt wurde – seit 1980 stellen im März alle Bürger in der Europäischen Union gleichzeitig ihre Uhren um! Und noch in weiteren Ländern, die ebenfalls auf Sommerzeit umschalten, etwa in Russland, der Schweiz oder der Türkei.

**4** Ob diese Aktion wirklich Energie spart, ist fraglich. Die Menschen schalten zwar abends später das Licht an, doch müssen sie morgens die Heizung aufdrehen, weil es im März und April in der Frühe noch kalt ist. In der Landwirtschaft werden die Kühe zu anderen Zeiten als sonst gemolken – und brauchen eine Weile, um sich daran zu gewöhnen.

**5** Einige Experten fordern, die Zeitumstellung abzuschaffen. Doch die meisten Menschen nehmen es gelassen: Sie lieben die langen, hellen Abende. Und im Oktober werden die Uhren schließlich wieder um eine Stunde zurückgedreht – auf die Winterzeit.

**2** Ordne die folgenden Überschriften den Textabschnitten zu. Schreibe die Nummer des Abschnitts und den dazugehörigen Buchstaben auf.

**A** Viele Länder einigen sich auf Zeitumstellung
**B** Helle Abende machen Menschen zufrieden
**C** Probleme mit der Zeitumstellung
**D** Benjamin Franklins Idee
**E** Sommerzeit wird das erste Mal eingeführt

**3** Welche Länder führten als Erste die Zeitumstellung ein? Wähle die richtige Antwort aus.

**1** Russland, Türkei, Deutschland, Irland
**2** Deutschland, Frankreich, Irland, England
**3** Deutschland, Irland, England, Schweiz
**4** Frankreich, Türkei, Schweiz, Russland

**4** Wähle eine Überschrift aus, die ebenfalls zum Text passt und begründe deine Entscheidung am Text.

**1** Die geheime Zeitumstellung
**2** Der Kampf zwischen Hell und Dunkel
**3** Eine energiesparende Uhr
**4** Eine Erklärung für die Zeitumstellung

**5** Schreibe die Wörter aus der Wortschlange in dein Heft. Bestimme die Wortart.

**6** Formuliere die Sätze so um, dass die angegebene Satzart entsteht.

**1** Das Sonnenlicht fehlte den Menschen im Winter. (Fragesatz)
**2** Stellt man die Uhr im Frühjahr eine Stunde vor? (Aussagesatz)
**3** Du gibst mir eine rote Kerze. (Aufforderungssatz)
**4** Gewöhnen sich Menschen und Tiere nach einer Weile an die Zeitumstellung? (Aussagesatz)

**7** Bestimme in den Sätzen 1 und 3 der Aufgabe 6 die Satzglieder.

# Miteinander sprechen

## Sich im Alltag verständigen

**1** Sieh dir die Bilder genau an.

**a** Beschreibe, wie sich die Gesprächspartner vermutlich fühlen.

**b** Überlege, wie sich der Junge für das kaputte Rad entschuldigen kann.

**c** Denke darüber nach, wie das Mädchen reagieren könnte, das gerne Fußball spielen möchte.

**d** Formuliere mögliche Antworten.

**2**

**a** Lies Lisas Entschuldigung. Stelle Vermutungen an, ob Tobias sie annehmen wird.

Tobias, ich muss dir was sagen. Ich habe aus Versehen dein Handy runtergeworfen. Der Bildschirm ist nun leider ein bisschen zerkratzt. Ist das sehr schlimm? Bitte sei mir nicht böse. Es tut mir wirklich leid!

**b** Suche heraus, mit welchen Wendungen sich Lisa entschuldigt.

**c** Lies die folgenden Entschuldigungen und ergänze eigene Beispiele.

Es tut mir leid, dass …
Entschuldige bitte, dass ich …

**d** Entschuldige dich bei deiner Lernpartnerin / deinem Lernpartner
- für eine heruntergeworfene Federtasche,
- für ein zerbrochenes Lineal,
- für eine verletzende Bemerkung.

**!**
In manchen Situationen muss man sich für etwas **entschuldigen**.
Dafür kann man bestimmte Wendungen nutzen, z. B.:
*Entschuldige bitte, dass ich ...*
*Es tut mir leid, dass ... Bitte sei mir nicht böse!*
*Mir ist leider etwas Unangenehmes passiert: ... Wie kann ich den Schaden ersetzen?*
Die Entschuldigung sollte möglichst auch angenommen werden, z. B.:
*Das war ja nicht mit Absicht.*
*Das ist nicht so schlimm.*
*Das ist schon in Ordnung.*

**3**

**a** Lest das folgende Gespräch mit verteilten Rollen.

**Anja** Suchst du eigentlich immer noch jemanden, der deine zwei Wellensittiche am Wochenende versorgt?

**Paul** Ja, das stimmt. Ich will sie nicht das ganze Wochenende alleine lassen. Futter und Wasser könnte ich zwar hinstellen, aber jemand müsste den Käfig ja auch sauber machen und die Vögel fliegen lassen.

**Anja** Ich glaube, ich könnte dir helfen.

**Paul** Na, ich weiß nicht recht. Hast du dir das wirklich gut überlegt? Was werden deine Eltern sagen, wenn du mit dem Vogelkäfig anrückst? Meine Wellensittiche haben gerade die Mauser – das heißt, sie verlieren Federn. Du wirst viel aufräumen müssen.

**Anja** Ach, das stört mich nicht. Und meinen Eltern müssen wir eben erklären, dass es ja nur um ein Wochenende geht und dass es Nachbarschaftshilfe ist. Die kommt bei Mutti immer gut an.

**Paul** Ja, wenn du das so siehst! Das hört sich eigentlich ganz gut an. Hast du denn schon eine Idee, wo der Käfig stehen könnte?

**Anja** Ich glaube, Mutti würde nichts dagegen haben, wenn die Wellensittiche in mein Zimmer kommen. Da dürfen sie auch ein paar Runden fliegen, ohne dass es Stress gibt.

**Paul** Super! Komm, wir fragen, ob unsere Eltern einverstanden sind!

**b** Anja und Paul gehen in ihrem Gespräch aufeinander ein. Suche die entsprechenden Wendungen aus dem Text heraus.

**c** Übertrage die folgende Tabelle in dein Heft und ordne die Wendungen in die richtige Spalte ein.

| Zustimmung | Ablehnung | Vorschlag |
|---|---|---|
| Ja, das stimmt. | ... | Ich glaube, ich könnte dir helfen. |

! Manchmal kann man weder zustimmen noch ablehnen. Dann muss man eine andere Lösung, einen **Kompromiss**, finden, bei dem alle von ihrer Meinung etwas abweichen und aufeinander zugehen.

**4** Anton hat Ellen schon öfter abschreiben lassen, aber nur Übungen oder Hausaufgaben. Nun fürchtet sich Ellen vor der Mathearbeit.

**a** Wählt passende Wendungen aus und vervollständigt das folgende Gespräch. Achtet darauf, dass es zu einem Kompromiss kommt.

**Ellen** Lässt du mich morgen bei der Mathearbeit abschreiben?

**Anton** ___ (Du spinnst wohl! / Na klar! Ich trage auch gleich die Lösungen auf deinem Blatt ein! / Das ist keine gute Idee!)

**Ellen** Nun hab dich doch nicht so. ___ (Das ist doch bloß ein kleiner Freundschaftsdienst. / Ich lade dich dafür auch ins Kino ein. / Ich gebe dir 10 Euro, wenn du mich abgucken lässt.) Du weißt genau, dass ich in Mathe schon auf Vier stehe!

**Anton** ___ (Das ist doch kein Grund! / Was geht mich das an? / Das kann ich wirklich nicht für dich machen.)

**Ellen** ___ (Du bist gemein! / Kannst du nicht ein Auge zudrücken? / Du bist nicht mehr mein Freund, wenn du mich hängen lässt.) Du lässt mich doch auch die Hausaufgaben abschreiben!

**Anton** Ja, Ellen, und nun hast du einfach nicht genug geübt.

**Ellen** Genau! Aber morgen hilft mir diese Einsicht auch nicht weiter.

**Anton** ___ (Ich erkläre dir nachher noch einmal ganz genau die Rechenwege, damit morgen alles klappt. / In Zukunft lasse ich dich gar nicht mehr abschreiben. / In Zukunft musst du dir eben Spickzettel machen.)

**b** Spielt das Gespräch.

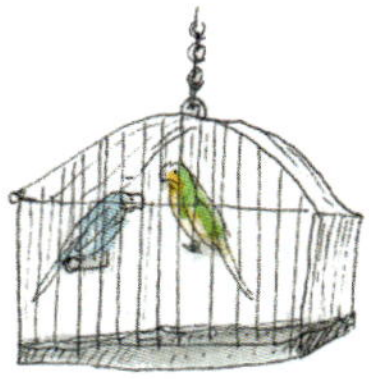

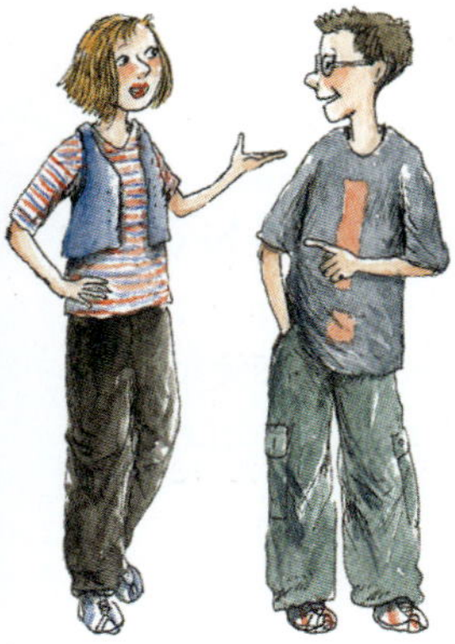

**5**

**a** Fasse zusammen, welche gegensätzlichen Meinungen Ina und Tom im folgenden Gespräch vertreten.

**Tom** Sieh dir mal die Oma an! Die stellt sich in der Schlange einfach vorne an! – He, Sie da! Nicht vordrängeln!

**Ina** Ruhig! Hab dich doch nicht so. Sie ist alt, da wollen die Beine nicht mehr so recht.

**Tom** Dann soll die Alte doch am frühen Nachmittag einkaufen gehen, dann ist's hier auch nicht so rappelvoll!

**Ina** Nun mach aber mal einen Punkt! Willst du ihr vorschreiben, wann sie einkaufen darf und wann nicht? Hast du für mich etwa auch schon genaue Einkaufszeiten eingeplant? Oder für deine Mutti?

**Tom** Nee, also so hab ich das eigentlich nicht gemeint...

**b** Überlege, was an Toms Äußerungen stört.

**c** Suche die Wendungen heraus, mit denen Ina Toms Äußerungen zurückweist.

**!**

Wenn man eine Äußerung seines Gesprächspartners **ablehnen** möchte, sollte man sachlich bleiben, z. B.:
*Hast du dir das wirklich gut überlegt?*
*Bist du wirklich dieser Meinung?*
*Das meinst du doch sicherlich nicht ernst!*
*Das ist keine gute Idee!*
*Das ist doch kein Grund, sich zu streiten!*

**d** Formuliere Inas Antworten anders. Nutze dazu den Merkkasten.

**e** An welcher Formulierung von Tom merkt man, dass es ihm leidtut?

## Auskünfte einholen

**1** Tragt zusammen, in welchen Situationen ihr schon einmal um Auskunft bitten musstet. Überlegt, was dabei zu beachten war.

**2** Anja möchte sich in der Stadtbibliothek ein Buch ausleihen.

**a** Lest das Gespräch mit verteilten Rollen.

**Anja** Ich suche Informationen über den Hamster. Können Sie mir vielleicht helfen?

**Bibliothekarin** Ganz bestimmt. Hast du dabei an unseren wilden Feldhamster gedacht oder suchst du eher etwas über den Goldhamster als Haustier?

**Anja** Eigentlich interessiere ich mich für beide.

**Bibliothekarin** Was hältst du dann von diesen Büchern?

**Anja** Oh, ich würde gern beide mitnehmen. Wie lange kann ich sie ausleihen?

**Bibliothekarin** Vier Wochen. Wenn dir die Zeit nicht reicht, kannst du sie auch gern verlängern.

**Anja** Danke schön!

**Bibliothekarin** Bitte sehr!

**b** Suche die Wendungen heraus, mit denen Anja ihr Anliegen vorträgt.

**!**

> Um **Auskünfte** einzuholen, verwendet man Formulierungen, wie z. B.:
> *Kannst du / Können Sie mir bitte sagen, ...*
> *Ich möchte gern wissen, ...*
> *Bitte sagen Sie mir, ...*
> Man sollte stets höflich bleiben und *bitte* und *danke* sagen.

**3**

**a** Erkundige dich,

- ob du in der Bibliothek kostenlos im Internet surfen darfst,
- wie hoch der Preis eines T-Shirts ist,
- was es heute in der Schule zum Mittag gibt.

**b** Spielt diese Szenen der Klasse vor.

# Gespräche führen – eine Meinung vertreten

## Sich mit verschiedenen Meinungen auseinandersetzen

**1** Sieh dir die beiden Illustrationen genau an.

**a** Überlege, welches der beiden dargestellten Probleme sich vermutlich leicht klären lässt. Begründe deine Meinung.

**b** Tauscht euch darüber aus, wie man die beiden Probleme am besten lösen könnte.

**!** Manche Probleme lassen sich nur in einer **Diskussion** klären. Sie kann im kleinen Rahmen, z. B. in der Familie oder im Freundeskreis, oder im größeren Rahmen, z. B. in der Schule oder im Sportverein, stattfinden. Größere Diskussionen führt meist ein **Diskussionsleiter**, der sie eröffnet, ihren Verlauf lenkt und die Ergebnisse zusammenfasst.
Bei Diskussionen sollte man zuerst bedenken:
- Welches Problem soll gelöst werden?
- Welche einzelnen Fragen sind dazu zu klären?

**2** Formuliere die beiden in Aufgabe 1 a dargestellten Probleme. Ergänze dazu die folgenden Fragen.

*Ist es ungerecht, dass …?*
*Ist es sinnvoll, 100 Euro …?*

**3** Tina hat sich auf ein Gespräch mit Oliver und ihren Eltern vorbereitet. Sie hat einige Fragen notiert, die in der Diskussion zu klären sind.

**a** Lest die Fragen und tauscht euch darüber aus, ob sie für das Gespräch hilfreich sind. Begründet eure Meinung.

1. Warum musste Oliver noch kein einziges Mal helfen?
2. Warum habe ich ihn nicht einfach um seine Hilfe gebeten?
3. Hatte Oliver andere Aufgaben?
4. Welche Aufgabe war schwieriger und zeitaufwändiger?
5. Ist Hausarbeit nur Mädchensache?

→ **S. 73** Informationen sammeln

**b** Überlegt, welche Fragen in der Klassendiskussion zur Rettung der Sibirischen Tiger besprochen werden sollten. Schreibt einige auf.

*Warum sterben die Sibirischen Tiger aus? …*

**!** Vor einer Diskussion sollte man sich überlegen, welche Meinung man zu dem Thema hat und wie man diese **Meinung begründen** kann. Dazu kann man Sätze mit ***weil***, ***da***, ***denn*** verwenden.

**4** Olli wünscht sich schon seit Langem einen eigenen Computer. Leider haben seine Eltern Bedenken.

**a** Olli überlegt sich, wie er die Eltern überzeugen könnte. Lies die Gründe, die ihm einfallen.

**1** Ich kann den Computer für meine Hausaufgaben nutzen, zum Schreiben und zum Üben.
**2** Ich könnte lernen, mit Programmen zu arbeiten, z. B. mit PowerPoint.
**3** Ich werde für den Computer mein Sparschwein knacken und mich an den Kosten beteiligen.

**b** Beurteile Ollis Begründungen. Sind sie überzeugend?

**c** Suche weitere Gründe, mit denen Olli seine Eltern überzeugen könnte.

**!** In einer Diskussion muss man sich **mit den Meinungen** der anderen **auseinandersetzen**. Dabei sollte man auf andere eingehen, z. B.:

| | |
|---|---|
| **Zustimmung:** | *Du hast Recht. Das gefällt mir. Da stimme ich dir zu. Ich bin ganz deiner Meinung.* |
| **Ablehnung:** | *Da bin ich anderer Meinung. Ich sehe das anders. Du hast nicht daran gedacht, dass …* |
| **Entschuldigung:** | *Entschuldige bitte! Es tut mir leid, dass …* |
| **Kompromiss:** | *Ich bin nicht ganz einverstanden. Das ist in Ordnung, wenn … Ich stimme zu, wenn …* |

**5** Übertrage die Tabelle in dein Heft. Ordne die Wendungen richtig ein.

| Zustimmung | Ablehnung | Entschuldigung | Kompromiss |
|---|---|---|---|
| … | … | … | … |

**1** Tut mir leid! **2** Ich bin völlig deiner Meinung **3** Ich wäre dafür, wenn … **4** Das überzeugt mich nicht, weil … **5** Ich bin dagegen, weil … **6** Entschuldigung, das wollte ich nicht. **7** Deine Idee finde ich gut. **8** Soll nicht wieder vorkommen! **9** Das ist in Ordnung, wenn …

**6**

**a** Ergänzt Ollis Antworten. Nutzt seine Begründungen aus Aufgabe 4 a.

**Vater** Gegen einen Computer ist nichts einzuwenden, wenn er als Arbeitsgerät genutzt wird.

**Olli** ▬▬.

**Mutter** Ich mache mir trotzdem Sorgen. Am Ende sitzt du doch stundenlang davor, um zu spielen. Das kann süchtig machen!

**Olli** ▬▬.

**Vater** Im Prinzip hast du Recht. Aber ein Computer ist nicht gerade billig! Höchstens 200 Euro könnten wir derzeit dafür ausgeben.

**Olli** ▬▬.

**Mutter** Ich schlage euch einen Kompromiss vor: Wir geben dir 200 Euro, du legst was dazu. Und vielleicht fragst du noch Oma?

**Olli** ▬▬.

**b** Spielt das Gespräch mit verteilten Rollen.

**7** Olli muss noch die Oma überzeugen, dass sie ihm Geld gibt. Er ruft sie an. Überlegt, wie das Gespräch verlaufen könnte, und spielt es nach.

**8** Sucht euch eine der folgenden Situationen aus und stellt die Gespräche spielerisch dar. Überzeugt eure Gesprächspartnerin / euren Gesprächspartner von eurem Standpunkt.

1. Du willst am Wochenende mit einer Freundin / einem Freund im Garten zelten und bittest deine Mutter um Erlaubnis.
2. Du möchtest unbedingt ein Skateboard haben. Dein Vater ist nicht gerade begeistert.
3. Du wünschst dir zwei Wellensittiche zum Geburtstag. Deine Mutter befürchtet, die Vögel könnten zu viel Arbeit machen.

**9** Bereitet eine Klassendiskussion zu folgendem Problem vor: Sollen wir 100 Euro für die Rettung der Sibirischen Tiger spenden?

**TIPP**
Nutzt auch eure Ergebnisse zu Aufgabe 3 b (S. 14).

**a** Bildet euch Meinungen zu dem Thema und sucht geeignete Begründungen. Notiert sie stichpunktartig.

**b** Wählt einen Diskussionsleiter und diskutiert das Problem. Einigt euch auf eine gemeinsame Meinung oder findet einen Kompromiss.

**10** Wählt ein anderes Problem aus, über das ihr in der Klasse diskutieren wollt. Bereitet die Diskussion vor und führt sie durch.

Was habe ich gelernt?

**11** Fasse zusammen, was du über Gespräche und Diskussionen gelernt hast. Fertige ein Merkblatt an.

*Wichtige Gesprächsregeln:*
*1. Höre aufmerksam zu. Gehe auf das ein, was gesagt wurde.*
...

*Geeignete Formulierungen:*

| *Zustimmung* | *Ablehnung* | *Entschuldigung* | *Kompromiss* |
|---|---|---|---|
| ... | ... | ... | ... |

## Mitschreiben

!

Das **Mitschreiben** dient dem schriftlichen Festhalten von Gehörtem. Dabei kommt es darauf an, dass man:

- genau und konzentriert zuhört,
- Wesentliches von Unwesentlichem unterscheidet,
- Aussagen schnell und genau zusammenfasst.

Um schnell mitschreiben zu können, sollte man **Stichpunkte** formulieren. Schreibe unvollständige Sätze auf, z.B. ohne Subjekt oder mit einem Verb im Infinitiv, z.B.:
*zu teuer, Oma um Geld bitten.*
Man kann auch **Abkürzungen** benutzen, z.B.: *u., ca., usw.*

**1** Überlegt, was folgende Abkürzungen bedeuten, und sucht weitere.

bzw. – m.E. – ca. – u.a. – d.h. – usw. – z.B. – u.Ä.

**TIPP**
Bereite dich immer gut vor: Lege Stifte und Papier bereit. Schreibe das Thema auf und überlege, wie du deine Notizen übersichtlich gestalten kannst.

**2** Deine Mitschülerinnen und Mitschüler spielen die Diskussion zwischen Olli und seiner Oma vor (S.16, Aufgabe 7) und du willst die wichtigsten Meinungen und Begründungen mitschreiben.

**a** Übertrage die folgende Tabelle in dein Heft. Ergänze eine Überschrift.

| Olli | Oma |
| --- | --- |
| ... | ... |

**b** Höre genau zu. Schreibe alle wichtigen Aussagen stichpunktartig mit.

**c** Prüfe und korrigiere deine Stichpunkte.

**TIPP**
Konzentriere dich auf ein oder zwei Schülerinnen/Schüler.

**3** Schreibe eine Diskussion in eurer Klasse mit. Notiere, wer welche Meinung vertritt. Halte auch das Ergebnis der Diskussion fest.

**So kannst du mitschreiben**

1. Schreibe lieber mehr mit als zu wenig. Streiche und ordne später.
2. Notiere möglichst Stichpunkte.
3. Verwende Abkürzungen.
4. Schreibe übersichtlich, lass einen breiten Rand für Ergänzungen und Bemerkungen.

# Erzählen

## Eine Geschichte nacherzählen

**1** Erich Kästner hat viele Geschichten und Romane geschrieben.

**a** Lies den folgenden Ausschnitt aus einer Geschichte.

**Das Schwein beim Frisör**

Schon seit Wochen hingen dem kleinen Berthold die Haare über den Kragen, und seine Mutter überlegte sich, wie sie ihn zum Frisör kriegen könnte. [...]

Da kam der Mutter eine Idee. Sie versprach dem Jungen, sie wolle mit ihm zum »Frisör am Zoo« gehen. Damit war Berthold sofort einverstanden. Der »Frisör am Zoo« war nämlich etwas besonders Feines. Erst mussten sie durch den Herrensalon. Hier wurde mit Schlagsahne eingeseift und rasiert, und Berthold schimpfte innerlich, weil er noch keinen Bart hatte. Dann war ein Herr da, der ärgerte sich über seine abstehenden Ohren. Und da ließ er sich mit Brennscheren, mit denen man sonst die Haare umlegt, seine Ohren so lange biegen, bis sie ordentlich und glatt am Kopf anlagen. Einem alten Herrn, der eine große Glatze hatte, wurde Haarsamen auf die kahle Billardkugel gesät; dann kam ein Gehilfe mit einer Gießkanne, begoss den Kopf, und schon krochen die ersten Haarspitzen aus dem Schädel. Berthold lachte und fragte, ob auch noch Blumen herauswüchsen. Da wurde der Herr böse. Und die Mutter zog den Jungen schnell fort.

Im Kinderzimmer vom »Frisör am Zoo« war es noch viel großartiger. Vor jedem Spiegel stand ein Tier, ein lebendiges, versteht sich, und da stiegen die Kinder in den Sattel und klopften den Tieren auf den Rücken, fütterten sie, kraulten sie hinter den Ohren und merkten so kaum, dass ihnen inzwischen ein Frisörgehilfe das Haar schnitt. Es gab da ein Pony, einen Esel, ein Schwein, einen Hirsch, einen jungen Elefanten, einen Bernhardinerhund und ein zahmes Einhorn. Als Berthold kam, waren schon mehrere Kinder da, und nur das Schwein lag noch auf dem Teppich und grunzte. [...]

**b** Beschreibe kurz, welchen Eindruck der Textausschnitt auf dich gemacht hat.

**c** Der Text aus Aufgabe a ist eine Erzählung. Weise das mithilfe der Textmerkmale aus dem folgenden Merkkasten nach.

> **!** Eine **Erzählung** ist eine unterhaltsame und anschauliche Darstellung von Ereignissen oder Erlebnissen. Die Zuhörer oder Leser können sich die handelnden Personen, deren Gedanken und Gefühle, die Umstände des Geschehens sowie den Handlungsverlauf gut vorstellen und das Geschehen nacherleben.
> In Erzählungen können sowohl wirkliche Geschehnisse als auch ausgedachte, fantastische Geschichten dargestellt werden.

**d** Überlege, ob in der Geschichte von Erich Kästner wirkliche oder ausgedachte Geschehnisse erzählt werden. Begründe deine Meinung.

Eine Nacherzählung verfassen

**2** Erzähle den Textausschnitt aus Aufgabe 1 a nach.

**a** Wiederhole zuerst, was man beim Nacherzählen beachten sollte.

> **!** Vor dem **Nacherzählen** einer Geschichte muss man den Text genau lesen oder gut zuhören. Man teilt den Text in Abschnitte ein und notiert jeweils Stichpunkte zum Ablauf der Handlung. Dabei muss man auf die zeitliche Reihenfolge, auf den Ort der Handlung und auf die handelnden Personen und ihre Gedanken und Gefühle achten. Man erzählt die Geschichte anschließend **mit eigenen Worten** nach.

**b** Beurteile, ob sich der folgende Stichpunktzettel zum Nacherzählen der Geschichte eignet. Überarbeite ihn, wenn er nicht deinen Vorstellungen entspricht.

- Berthold: zu lange Haare
- Mutters Idee: Frisör am Zoo
- Herrensalon: Einseifen mit Sahne, abstehende Ohren / Brennschere, Haarsamen, Gießkanne
- Kinderzimmer: Tiere als »Stühle« vor den Spiegeln (Pony, Esel, Schwein, Hirsch, Elefant, Bernhardiner, Einhorn), alle Tiere außer Schwein besetzt

**c** Erzähle den Textausschnitt mithilfe des Stichpunktzettels nach.

Aus einer anderen Perspektive erzählen

**3** Erzähle die Geschichte aus der Sicht einer anderen Person (Bertholds, seiner Mutter, des Frisörs) nach.

**a** Tauscht euch darüber aus, wie sich der Stichpunktzettel und die Nacherzählung verändern werden.

> **!** Man kann eine Geschichte **aus einer anderen Perspektive**, das heißt aus der Sicht einer anderen Person, **erzählen**.
> Dabei kann der Erzähler ein **Ich-Erzähler** oder eine **Sie-Erzählerin / ein Er-Erzähler** sein.
> Ein **Ich-Erzähler** ist am Geschehen selbst beteiligt, erzählt aus seiner Sicht und gibt seine Gedanken und Gefühle wieder, z. B.:
> *Schon lange hingen mir die Haare über den Kragen. Meine Mutter …*
> Eine **Sie-Erzählerin / ein Er-Erzähler** ist nicht selbst beteiligt, sondern beobachtet von außen, z. B.:
> *Schon lange hingen Berthold die Haare über den Kragen.*
> *Seine Mutter …*

Die Erzählung planen

**b** Wähle eine Person aus, aus deren Sicht du erzählen möchtest, und schreibe den Stichpunktzettel aus Aufgabe 2 b neu.

Einen Textentwurf schreiben

**c** Schreibe die Erzählung aus der Sicht dieser Person in dein Heft. Lass einen breiten Rand für spätere Überarbeitungen.

Den Entwurf überarbeiten

**d** Überarbeite deinen Textentwurf. Achte besonders auf abwechslungsreiche Satzanfänge.

Die Endfassung schreiben

**e** Schreibe die überarbeitete Fassung in dein Heft.

**4** Wähle eine Geschichte aus deinem Lesebuch aus und erzähle sie aus einer anderen Perspektive nach.

**a** Erzähle die Geschichte mündlich mithilfe von Stichpunkten nach.

**b** Schreibe dann die Nacherzählung in dein Heft.

## Einen Erzählkern ausgestalten

!

**Erzählkerne** geben Ort, Zeit und Personen sowie wichtige Handlungsschritte vor. Man kann z.B. Zeitungsmeldungen nehmen und sie zu einer Erzählung ausgestalten.
Zunächst müssen dem Erzählkern alle wichtigen Informationen entnommen werden. Dann denkt man sich eine passende Geschichte dazu aus. Zusätzliche Personen und Handlungsschritte können hinzugefügt werden. Außerdem muss man noch eine Einleitung, einen Schluss und eine passende Überschrift formulieren.

**1**

**a** Lies die folgende Zeitungsmeldung.

Zwei Jungen im Alter von 11 und 12 Jahren verbrachten die Nacht von Freitag zu Sonnabend in einem großen Kaufhaus in Rostock. Laut Polizei waren die Jungen in der Spielwarenabteilung vom Verkäufer übersehen und eingeschlossen worden. Erst am nächsten Morgen konnten die Eltern ihre vermissten Kinder in die Arme schließen. Die Jungen waren müde, aber glücklich.

Eine Erzählung planen

**b** Schreibe die wichtigsten Informationen aus der Zeitungsmeldung heraus. Nutze dazu *W*-Fragen.

*Wer? zwei Jungen* *Wo? …*
*Wann? …* *Was passierte? …*

**c** Überprüfe, ob du die Handlung in Handlungsschritte zerlegen kannst. Ordne diese in der richtigen Reihenfolge.

*Was passierte?* *– der Verkäufer übersah die Jungen*
*– …*

→ **S.29** Einen Cluster entwerfen

**2** Denke dir nun eine Geschichte zur Zeitungsmeldung aus. Nutze zur Stoffsammlung einen Cluster.

**a** Überlege, ob du zusätzliche Personen aufnehmen möchtest.

b Schreibe weitere Handlungsschritte auf. Überlege, was die Jungen nachts erlebt haben könnten.

c Überlege, aus welcher Perspektive du die Geschichte erzählen möchtest.

**Einen Textentwurf schreiben**

**3** Formuliere die Erzählung mithilfe deiner Stichpunkte. Lass einen breiten Rand zum Überarbeiten.

**Den Entwurf überarbeiten**

→ **S.58** Eine Schreibkonferenz durchführen

**4** Überarbeite deinen Textentwurf.

a Lies die Schreibaufgabe noch einmal und prüfe, ob du sie erfüllt hast.

b Überlege, welche Personen und Orte du besonders anschaulich beschreiben solltest.

c Wähle geeignete Stellen für die Verwendung der wörtlichen Rede aus und formuliere Dialoge.

d Prüfe, ob deine Einleitung den Leser neugierig macht.

e Überlege, ob dein Schluss die Geschichte abrundet.

f Kontrolliere die Wortwahl, den Satzbau und die Rechtschreibung.

g Schreibe die Endfassung der Geschichte in dein Heft.

**TIPP**
Verwende anschauliche Adjektive und Verben. Gestalte abwechslungsreiche Satzanfänge.

**So kannst du einen Erzählkern ausgestalten**

1. Entnimm dem Erzählkern die wichtigsten Informationen (*Wer? Wann? Wo? Was passiert?*).
2. Zerlege die Handlung in Handlungsschritte und ordne diese in der logischen und zeitlichen Reihenfolge.
3. Ergänze Handlungsschritte oder baue vorhandene aus.
4. Überlege, wer die Geschichte erzählen soll (Erzählperspektive).
5. Schreibe einen Entwurf deiner Geschichte.
6. Überarbeite deinen Entwurf gründlich.
7. Schreibe die Endfassung.

## Eine Fantasiegeschichte schreiben

**1** In Fantasiegeschichten wird von zauberhaften und unwirklichen Ereignissen, Figuren oder Dingen erzählt.

**a** Lies die folgende Geschichte.

**Spuk in der Mittsommernacht**

Die Gespenstergeschichte war schaurig schön, sodass Jan darüber total die Zeit vergessen hatte. Er legte das Buch unter sein Kopfkissen und lenkte den Strahl der Taschenlampe auf den Wecker. Inzwischen war es fast Mitternacht! Bloß gut, dass Mutti nichts von seinen Schmökerstunden wusste. Für die gehörte nämlich ein zehn Jahre alter Junge um 20:00 Uhr ins Bett.

Als Jan seine Taschenlampe wie gewohnt im Kleiderschrank verstecken wollte, erlebte er eine Überraschung. »Frechheit! Tür zu!«, fauchte ihn ein wütendes Stimmchen an. Im Sockenfach hockte ein merkwürdiger Zwerg. Ein Pelz, der so farbig wie ein Flickenteppich war, bedeckte seinen Körper von Kopf bis Fuß. Der Hals war so kurz, dass er eigentlich nicht der Rede wert war. Zwei blanke blaue Augen fassten den Menschen empört ins Auge, und eine kleine schwarze Nase saß wie das berühmte i-Tüpfelchen mitten im Pelzgesicht.

Jan war so verdattert, dass er auf der Stelle gehorchte. Wieso hockte da ein schlecht gelauntes Monster mitten im Schrank? Und noch dazu eins, das ihm dumme Vorschriften machen wollte? Er legte sein Ohr ans Holz und horchte. »Ei-eins«, zählte drinnen das Stimmchen angestrengt, »vie-ier, zwei-ei, drei-äh ... verflixt, das stimmt ja schon wieder nicht!«

»Der Blödmann nervt total«, knurrte Jan. »Und genau das sag ich ihm jetzt!« Er öffnete erneut die Tür.

»Eins, drei-ei, zwei – bäh, du schon wieder?«, schnarrte das Pelzwesen. Es versuchte soeben, sich drei Socken auf einmal anzuziehen. Doch da es nur zwei Füße hatte, ging die Rechnung nicht auf. »Oje! Wieder verzählt!«, klagte es. Ratlos hielt es Jan den übrig gebliebenen Strumpf hin. »Kannst du zählen, Mensch? Kannst du mir sagen, wie viele neue Socken ich brauche?«

»Natürlich zwei!«

»Wie viel ist zwei?«, wollte das Monster wissen.

Der Junge holte einen Filzstift und malte dem kleinen Kerl Daumen und Zeigefinger grün an. »Siehst du?«, sagte er. »So kannst du dir das merken. Du brauchst so viele Socken, wie du grüne Finger hast – eins – zwei.«

Das Monster nickte glücklich. »Ich bin ein Sockengrabsch«, erklärte es. »Ich sammle überall Socken – in den Kinderzimmern, auf den Wäscheplätzen und bei Sportwettkämpfen. Und wenn sie mir mal nicht gefallen, fresse ich bloß Löcher hinein und lass sie liegen.«

Es grinste und zeigte dabei spitze weiße Zähne. Dann packte es Jans Tennissocken, lief damit flink zum offenen Fenster und hopste aufs Fensterbrett.

»He, warte mal«, rief Jan ihm hinterher. »Monster sind doch eigentlich unsichtbar. Warum nicht du?«

»Das weißt du nicht?«, wunderte sich der Grabsch. »Heute, in der Mittsommernacht, gilt dieses uralte Gespenstergesetz nicht. Du kannst nicht nur mich, sondern alle möglichen Geister sehen – im Garten, im Dorf, da hinten im Wald…« Damit war das Sockenmonster verschwunden.

Jan schloss ganz schnell das Fenster – denn drüben im Apfelbaum hockte ein weißes Ding, das neugierig zu ihm herüberschielte. Aber vielleicht war es auch nur – Nachbars Katze? *Marianne Thiele*

**b** Überlege, wodurch die Geschichte unterhaltsam wird.

**!** Um eine Geschichte spannend zu erzählen, kann man verschiedene **Gestaltungsmittel** nutzen:

- die Figuren lebendig und anschaulich beschreiben,
- die Gedanken und Gefühle der Figuren verdeutlichen,
- wörtliche Rede einbauen,
- anschauliche Vergleiche sowie treffende Verben und Adjektive verwenden.

**2** Schreibe eine Gespenstergeschichte über das weiße Ding, das im Apfelbaum hockt und neugierig herüberschielt.

Eine Erzählung planen

**a** Schreibe zuerst einen Erzählplan für deine Geschichte.

| | | |
|---|---|---|
| Einleitung: | Zeit und Ort: | … |
| | Personen: | … |
| Hauptteil: | Handlung: | 1. … |
| | | 2. … |
| Schluss: | … | |

!

Bevor man eine Geschichte aufschreibt, kann man sich mit einem **Erzählplan** vorbereiten. Dazu stellt man sich folgende Fragen:

- **Worüber** soll erzählt werden?
- Welche **Handlungsschritte** sind wichtig?
- An welchen **Orten** und zu welcher **Zeit** geschieht etwas?
- Welche **Personen** spielen eine Rolle?
- Welche **Dialoge** sollen an welcher Stelle eingebaut werden?
- Welche **Einleitung** macht den Leser neugierig?
- Welcher **Schluss** rundet die Geschichte ab?

Einen Textentwurf schreiben

**b** Formuliere einen Entwurf deiner Gespenstergeschichte.

Den Entwurf überarbeiten

**3** Überarbeite den Entwurf deiner Geschichte.
Beachte dabei mögliche Überarbeitungsschritte.

*Überarbeiten:*

- [x] *Schreibaufgabe beachtet?*
- [x] *Personen, Orte genau beschrieben?*
- [ ] *Anschauliche Adjektive und Verben verwendet?*
- [ ] *Abwechslungsreiche Satzanfänge gestaltet?*
- [ ] *Wörtliche Rede eingebaut?*
- [ ] *Einleitung und Schluss gelungen?*
- [ ] *Rechtschreibung geprüft?*

**4** Schreibe die Endfassung der Geschichte in dein Heft.

**5** Schreibe eine Fantasiegeschichte. Nutze dazu einen Erzählplan.

**So kannst du eine Fantasiegeschichte schreiben**

1. Überlege, warum und für wen du deine Geschichte schreibst.
2. Entwirf einen Erzählplan.
3. Schreibe einen Entwurf deiner Geschichte mithilfe des Erzählplans.
4. Überarbeite deinen Entwurf gründlich.
5. Schreibe die Endfassung.

## Eine verknüpfte Geschichte schreiben

**1** In dem Buch »Die Insel der tausend Gefahren« von Edward Packard musst du als Leser immer wieder wählen, welchen Fortgang die Geschichte nehmen soll.

**Eine verknüpfte Geschichte untersuchen**

**a** Lies die folgenden Textausschnitte.

Du machst eine Expedition zu den Galapagos-Inseln auf einem Schiff, das eines Tages Schiffbruch erleidet.

**S. 8** Ob du das alles nur geträumt hast? Aber du weißt, dass es kein Traum gewesen sein kann. Anstatt in deinem Bett liegst du nämlich hoch oben auf einer riesigen Sanddüne. Hinter dir siehst du einen breiten, leicht abfallenden Strand. Du schaust zu, wie die schäumenden Wellen gegen ihn klatschen. Vor dir liegt eine Wiese aus hohem Schilfrohr, umgeben von hohen, felsigen Hügeln. Du bist hungrig und durstig. Du schaust auf das Meer und siehst nichts als endloses blaues Wasser. Bis auf ein paar Seemöwen, die über die Wellen segeln, bist du ganz allein.

Wenn du dich entscheidest, am Strand entlangzugehen, lies weiter auf Seite 9.
Wenn du dich entscheidest, die felsigen Hügel hinaufzuklettern, lies weiter auf Seite 10.

**S. 9** Du gehst am Strand entlang. Der Sand ist so weich und heiß unter deinen Füßen, dass du hinuntergehst ans Meer, dorthin, wo der Sand sich kühl und fest anfühlt. Du gehst immer weiter, und oft hast du das Gefühl, es endlich geschafft zu haben – aber dann kommt ein neues Stück Strand. Du bist hungrig und durstig und so müde, dass du kaum noch gehen kannst. Da siehst du plötzlich, wie gleich neben deinem Fuß Wasser aus dem Sand sprudelt. Du gräbst ein bisschen und holst eine Muschel hervor und dann noch eine. Du brichst die Schale auf und nimmst das fleischige Stück heraus. Es sieht nicht sehr appetitlich aus.

Wenn du dich entscheidest, die Muscheln zu essen, lies weiter auf Seite 11.
Wenn du dich entscheidest, die Muscheln nicht zu essen, lies weiter auf Seite 12.

**S. 10** Du gehst auf den felsigen Hügel zu und kommst dabei durch eine sumpfige Wiese. Vorsichtig hältst du nach Schlangen Ausschau. Du findest ein paar leckere Beeren, die deinen Durst löschen und dich etwas stärken. Du gehst weiter und kletterst immer höher. Dabei wird dir klar, dass du über ziemlich steil und gefährlich aussehende Felsen klettern musst, wenn du den Gipfel erreichen willst.

Wenn du dich entscheidest, auf die steilen Felsen zu klettern, lies weiter auf Seite 13.
Wenn du dich entscheidest, zu den Beeren zurückzugehen und dort über Nacht zu bleiben, lies weiter auf Seite 14.

**b** Beschreibe, wie dieser Text aufgebaut ist. Wähle das passende Schema aus.

① 

② 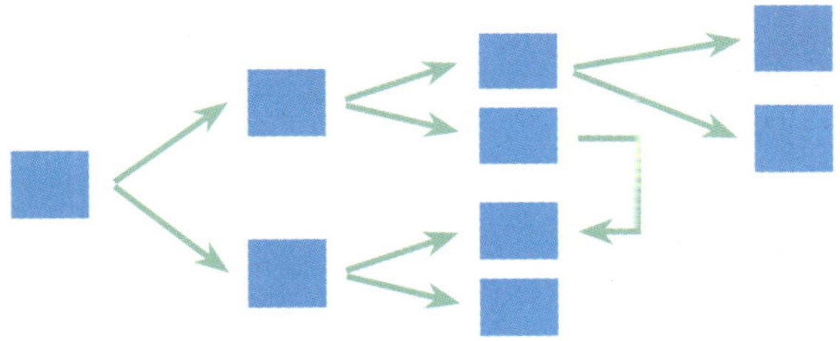

**!** Ein **Hypertext** ist ein Text, der durch **Hyperlinks** (Verknüpfungen) netzartig mit anderen Texten oder Textteilen verbunden ist. Hypertexte kann man am besten am Computer erstellen und lesen. Die Textteile werden in verschiedenen Dateien abgespeichert und der Leser bestimmt durch Anklicken eines Hyperlinks, was er als Nächstes lesen möchte.

Eine Hypertext-Geschichte schreiben

**2** Schreibt eine Geschichte als Hypertext.

**a** Schreibt den folgenden Anfang der Geschichte in eine Word-Datei.

**Das weiße Ding im Apfelbaum**

Im Apfelbaum hockte ein weißes Ding, das zu Jan herüberschielte. Er schloss schnell das Fenster. War das ein Mittsommernachts-gespenst? Oder doch nur Nachbars Katze? Als er wieder zum Apfelbaum sah, war das weiße Ding verschwunden.

**Einen Hypertext planen**

**b** Sucht euch aus dem Anfang der Geschichte ein Stichwort heraus, zu dem ihr etwas schreiben wollt. Markiert es und verknüpft es durch einen Hyperlink mit einer neuen Datei.

**So kannst du einen Hyperlink erstellen**

1. Markiere in der Datei das Wort, das du als Stichwort für deine Weiterführung der Geschichte ausgewählt hast.
2. Wähle in der Menüleiste »Einfügen« und klicke auf »Hyperlink«. Ein Fenster öffnet sich.
3. Klicke in der linken Spalte auf »Link zu: Neues Dokument erstellen« und gib in das Feld »Name des neuen Dokuments« einen Dateinamen ein. Diese Datei soll sich bei einem Klick auf den Link öffnen.
4. Bestätige deine Eingabe mit OK.

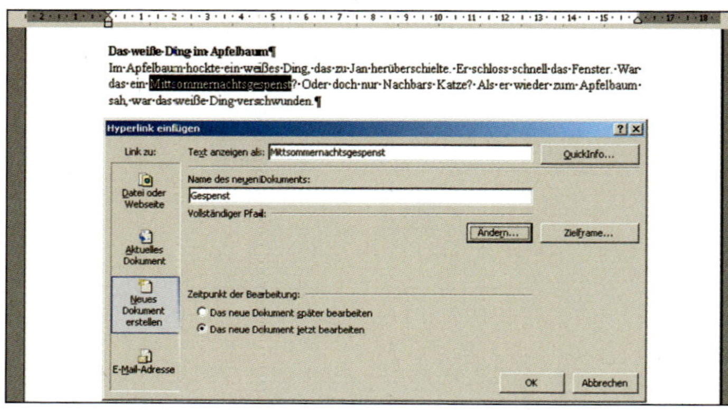


**c** Erstellt zuerst einen Erzählplan für die Fortsetzung eurer Geschichte.

**Einen Textentwurf schreiben**

**d** Schreibt euren Textentwurf in die neue Word-Datei.

**Den Entwurf überarbeiten**

**e** Überarbeitet danach eure Geschichte noch einmal sorgfältig. Nutzt dazu auch die Möglichkeiten des Computers, z.B. das Rechtschreibprogramm.

**f** Gestaltet eure Texte, indem ihr mit verschiedenen Schriften, Schriftgrößen oder Farben arbeitet und eventuell Bilder einfügt.

**3** Ihr könnt eure Geschichte vielen Lesern vorstellen. Veröffentlicht sie mithilfe eures Informatik-Lehrers auf der Homepage eurer Schule.

# Einen Cluster entwerfen

**!** Ein **Cluster** (engl. *cluster* – Haufen, Schwarm, Anhäufung) ist, wie das Brainstorming, eine Methode zum Sammeln von Ideen. Dabei häuft man Begriffe an, die mit dem Thema in Zusammenhang stehen. In die Mitte eines Blattes schreibt man einen zentralen Begriff des Themas und ordnet ringsherum weitere Begriffe zum Thema an. Dann verdeutlicht man die Beziehungen zwischen den Begriffen durch Verbindungslinien, sodass ein Netz entsteht.

**1** Sieh dir das folgende Beispiel zu Aufgabe 1a (S. 23–24) an.

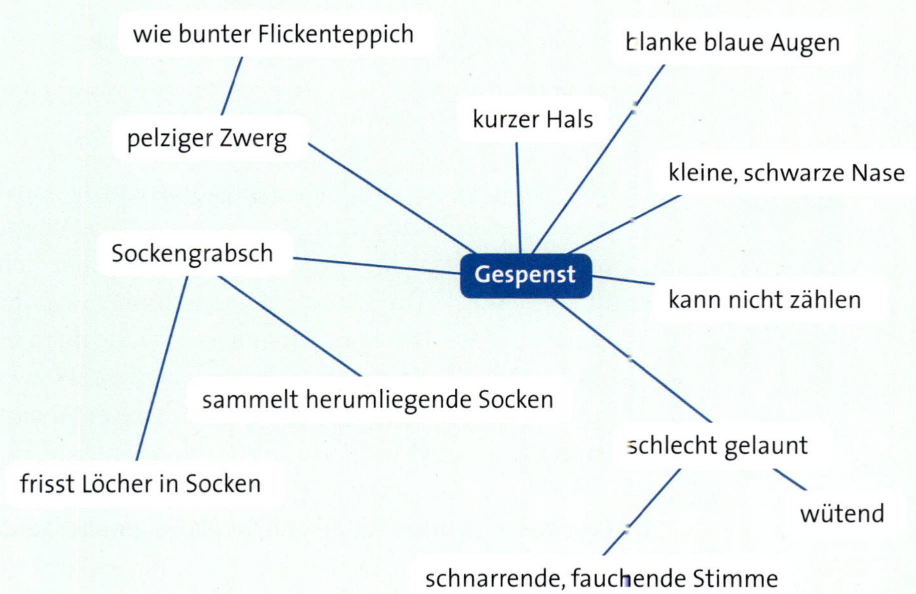


**2** Erstelle einen Cluster für eine Geschichte.

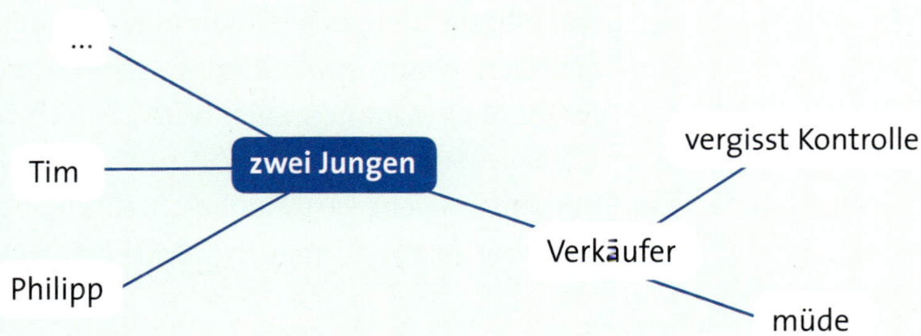

# Beschreiben

## Eine Person beschreiben

**1** Beim Wandertag in einem Vergnügungspark wird ein Schüler aus eurer Klasse gesucht.

**a** Ihr sollt ihn beschreiben. Als Hilfe könnt ihr zuerst einen Steckbrief anfertigen. Überlegt, was ihr dabei beachten müsst.

**b** Tragt zusammen, in welchen Situationen ihr schon einmal jemanden beschreiben musstet. Was war jeweils wichtig bei der Beschreibung?

**2** Marvin wird in der Schule sein Handy gestohlen.

**a** Lies, was Marvin seinem Sportlehrer erzählt.

Wir hatten in der Turnhalle Sportunterricht. Plötzlich fiel mir ein, dass ich mein Handy nicht bei Ihnen abgegeben hatte. Es war noch im Schulrucksack im Klassenzimmer. Schnell lief ich in den Raum, um es zu holen. Die Tür zum Klassenzimmer war offen und ein Junge kam aus dem Klassenraum und rannte mich fast um. Es ging alles so schnell. Er hatte, glaube ich, einen dunklen Pullover und eine dunkle Hose an. Und Turnschuhe trug er. Aber mein Handy ist weg …

Eine Personenbeschreibung untersuchen

**b** Ein anderer Schüler hat den Jungen auch gesehen und kann ihn beschreiben.

Der Junge war ungefähr 11 Jahre alt, etwa 1,50 m groß und sah sehr kräftig aus. Er trug ein schwarzes T-Shirt mit weißen Streifen an den Ärmeln, eine dunkelblaue Jeans und weinrote Turnschuhe, die vorn einen breiten, silbern leuchtenden Streifen hatten. Seine Augen und die Haare waren dunkelbraun. Ich weiß das so genau, weil er einen Augenblick vor mir stehen blieb.

**c** Überlege, welche Personenbeschreibung besser geeignet ist, den Täter zu überführen. Begründe deine Meinung.

**3** Ein Steckbrief kann dir bei der Personenbeschreibung helfen.

### Eine Personenbeschreibung planen

**a** Übertrage die folgende Tabelle in dein Heft. Suche aus Aufgabe 2 b die für eine Beschreibung wichtigen Angaben heraus und trage sie in die rechte Spalte ein.

| Merkmal | Beschreibung |
|---|---|
| Alter<br>... | 11 Jahre<br>etwa 1,50 m groß |

**b** Ergänze nun in der linken Spalte das beschriebene Merkmal.

**!** Beim **Beschreiben einer Person** informiert man andere über die **äußeren Merkmale** eines Menschen, sodass die Person wiedererkannt werden kann. Umfang und Inhalt einer Personenbeschreibung hängen vom Adressaten und vom Zweck der Beschreibung ab. Folgende Angaben sollten enthalten sein:

| | |
|---|---|
| • **Gesamterscheinung:** | Geschlecht, Alter, Größe, Figur |
| • **Einzelheiten:** | Gesicht, Augen, Nase, Mund, Haare, Arme, Beine, Kleidung, Schmuck, ... |
| • **besondere Merkmale:** | Narben, Leberfleck, ... |

Eine Personenbeschreibung darf niemanden lächerlich machen oder beleidigen.

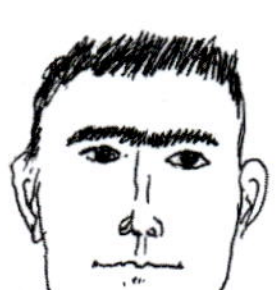

**4** Übertrage die folgende Liste in dein Heft und ergänze sie.

| | |
|---|---|
| Figur: | breitschultrig, groß, schmächtig, ... |
| Gesicht: | bleich, eckig, länglich, pausbäckig, ... |
| Augen: | braun, mandelförmig, groß, Kulleraugen, ... |
| Augenbrauen: | buschig, schmal, zusammengewachsen, ... |
| Nase: | lang, krumm, Stupsnase, ... |
| Lippen: | breit, dünn, ... |
| Zähne: | schief, strahlend weiß, sichtbare Plomben, ... |
| Haare: | blond, kurz, lockig, ... |
| Ohren: | abstehend, groß, spitz, ... |
| Kinn: | breit, vorspringend, mit Grübchen, ... |

**5** Ihr wollt euch in der Klasse mit dem Thema »Kinder hier und anderswo« beschäftigen. Unter anderem könnt ihr dazu Fotos nutzen und sie genau betrachten.

Eine Personenbeschreibung planen

**a** Suche dir aus, welche der folgenden Personen du beschreiben möchtest.

**b** Fertige zunächst einen Steckbrief an. Nutze den Merkkasten auf S. 31 und deine Aufzeichnungen von Aufgabe 3 und 4.

Einen Textentwurf schreiben

**c** Formuliere deine Personenbeschreibung in zusammenhängenden Sätzen.

*Jan ist ein 11-jähriger Junge, der ca. 1,50 m groß ist und gerne Fußball spielt. ...*

Den Entwurf überarbeiten

**d** Lest euch gegenseitig eure Personenbeschreibung vor und sucht das passende Foto aus Aufgabe a heraus. Gebt euch gegenseitig Hinweise zur Verbesserung der Beschreibung.

**6** Du hast die Aufgabe, zum Thema »Kinder hier und anderswo« ein weiteres Kind zu beschreiben. Suche dir in einem Buch oder im Internet ein passendes Foto und beschreibe die Person.

## Eine Pflanze beschreiben

!

Eine **Beschreibung von Pflanzen** muss sehr genau und anschaulich sein, damit man die Pflanze wiedererkennen und von anderen eindeutig unterscheiden kann. Sie sollte folgende Angaben enthalten:

- Vorkommen, z.B.: *wächst von Juni bis Oktober in Nadelwäldern,*
- Bestandteile, z.B.: *besteht aus Wurzeln, Stamm und Ästen, hat Nadeln,*
- Blüten, z.B.: *hat große weiße Blüten,*
- Früchte, z.B.: *trägt kleine rote Beeren,*
- Essbarkeit der einzelnen Bestandteile, z.B.: *die Früchte sind essbar.*

**1** Jessica möchte am Wochenende Pilze sammeln. Sie kennt viele Pilze genau, aber bei einigen liest sie lieber nach.

**a** Lies den folgenden Ausschnitt aus dem Pilzbuch.

**Birkenpilz** (Leccinum scabrum)
*Beschreibung*
*Hut:* Durchmesser 6–12 cm, jung halbkugelig, später konvex, dickfleischig, feinfilzig, Farbe sehr variabel, von mausgrau, graubraun bis rotbraun, selten weißlich.
*Röhren:* jung weißlich, dann hellgrau, an Druckstellen bräunlich, englöcherig, Röhrenschicht bauchig vorgewölbt, um den Stiel ausgebuchtet. Sporenpulver oliv-bräunlich.
*Stiel:* 8–15 cm lang, schlank, nach oben zu verschmälert, Grundfarbe weißlich mit auf ganzer Länge graubraunen oder schwärzlichen Schüppchen dicht besetzt.
*Fleisch:* weiß, jung fest, später weich und schwammig, Geruch und Geschmack angenehm.
*Typische Merkmale* Unter Birken wachsender, großer, schlanker Röhrenpilz mit graubraunem Hut, hellgrauen Röhren und einem weißlichen Stiel, der dicht besetzt ist mit schwärzlichen Schüppchen.
*Vorkommen* Juni bis Oktober immer bei Birken, in Wäldern, Heiden, Mooren, einzeln oder gesellig.
*Wert* Jung ein guter Speisepilz, ältere Exemplare sind sehr weich und wässrig. Pilzfleisch wird beim Kochen grauschwarz.

Eine Pflanzenbeschreibung untersuchen

**b** Suche aus Aufgabe a heraus, auf welche Bestandteile du bei der Beschreibung von Pilzen achten musst.

**2** Wähle einen der Pilze aus und beschreibe ihn.

Eine Pflanzenbeschreibung planen

**a** Übertrage die Tabelle in dein Heft. Ordne die folgenden Wortgruppen richtig zu.

scharlach- bis kirschrot – weiße, warzige Flocken – schlank mit Manschette – kastanienbraun – ockerbraun bis rostbraun – Hutrand stark und lange eingerollt – schlank, hellbraun – giftig – blassgelbe, später gelbgrüne Röhren – kräftig, hellbraun bis ockerbraun – weiße Lamellen – essbar – ockergelbe, am Stiel herablaufende Lamellen – giftig

Fliegenpilz

Maronenröhrling

Kahler Krempling

| Merkmale | Fliegenpilz | Maronenröhrling | Kahler Krempling |
|---|---|---|---|
| Hut | | | |
| Stiel | | | |
| Futter | | | |
| Essbarkeit | | | |

Eine Pflanzenbeschreibung verfassen

**b** Formuliere eine Pilzbeschreibung in zusammenhängenden Sätzen.

*Der Fliegenpilz hat einen roten Hut, der …*

**3** Im Biologieunterricht sollt ihr einen Baum beschreiben und bestimmen. Dabei helfen dir die Fotos.

Eine Pflanzenbeschreibung planen

**a** Überlege, welche Angaben deine Beschreibung enthalten sollte. Orientiere dich am Merkkasten auf S. 33. Übertrage die folgende Tabelle in dein Heft und ergänze sie.

| Bestandteil | Beschreibung |
|---|---|
| Vorkommen | Mitteleuropa, sommergrüner, mittelgroßer Baum |
| Stamm | kräftig, … |
| Krone | … |
| … | … |

**b** Sammle Wortmaterial zur Beschreibung der Bestandteile.

*Stamm: kräftig, braune kleinschuppige Borke, …*

Einen Textentwurf schreiben

**c** Schreibe einen Textentwurf.

Den Entwurf überarbeiten

**d** Überarbeite deine Beschreibung. Achte besonders auf eine treffende Wortwahl. Schreibe die Endfassung in dein Heft.

**So kannst du eine Beschreibung verfassen**

1. Denke über die Schreibaufgabe nach (Wem beschreibst du was? Zu welchem Zweck?).
2. Ordne die zu beschreibenden Merkmale in der richtigen Reihenfolge.
3. Schreibe einen Entwurf. Lass einen breiten Rand zum Überarbeiten.
4. Überarbeite den Entwurf.
5. Schreibe die Endfassung.

## Einen Vorgang beschreiben

**1** Im Alltag stoßt ihr auf verschiedene Anleitungen zum Handeln.

**a** Tragt zusammen, in welchen Situationen ihr schon jemandem eine Handlungsanleitung gegeben habt. Welche Besonderheiten waren zu beachten?

**b** Überlegt, was ihr beachten müsst, wenn ihr jemandem beschreibt, wie man einen Kuchen bäckt.

Informationen sammeln und ordnen

**2** Das folgende Rezept ist durcheinandergeraten.

**a** Lies das Rezept.

Alle Zutaten zu einem glatten Teig verrühren, 0,5 l Milch, etwas Bratfett in der Pfanne erhitzen, 250 g Mehl, 2 Eier, Teig mit einer Kelle in die Pfanne geben und breitlaufen lassen, Salz, 1 Messerspitze Backpulver, mit Eierkuchenwender den auf der Unterseite goldgelben Eierkuchen wenden. Dazu kann Apfelmus, Marmelade oder Nutella gereicht werden.

**b** Schreibe die Zutaten heraus.

*Zutaten: 0,5 l Milch, …*

**c** Schreibe die Handlungsanweisung in der richtigen Reihenfolge auf.

*Zubereitung: 1. alle Zutaten zu einem glatten Teig verrühren*
*2. …*

**d** Formuliere das Rezept neu und schreibe es in dein Heft.

**!** **Vorgangsbeschreibungen,** wie Rezepte, Spiel- oder Bastelanleitungen, beginnen mit einer Materialliste, danach folgt die Handlungsanleitung. Die Handlung wird so beschrieben, dass man sie nachvollziehen kann. Deshalb muss man darauf achten, dass die einzelnen Teilhandlungen in der richtigen Reihenfolge beschrieben werden.

**3** Blumen gibt es in unterschiedlichen Farben und Formen.
Wenn es deine Lieblingsblume nicht in deiner Lieblingsfarbe gibt, färbe sie ein.

### Eine Vorgangsbeschreibung untersuchen

**a** Lies die folgende Handlungsanleitung.

**Man nehme:**
– weiße Blumen (z. B. Nelken)
– farbige Tinte
– Wasser
– ein Glas

Die farbige Tinte gebt ihr in das Glas. Füllt außerdem noch Wasser dazu. Dann stellt ihr die Blume hinein und wartet. Die Blüten verfärben sich nach einiger Zeit – je nachdem, welche Tintenfarbe ihr gewählt habt.
Ihr könnt auch zweifarbige Blumen herstellen. Dafür schneidet ihr den Stängel einer Blume längs von unten bis ungefähr zur Hälfte durch. Dann stellt ihr eine Stängelhälfte in ein Glas mit beispielsweise blauer Tinte und die andere Stängelhälfte in das Glas mit roter Tinte. Die Blüten verfärben sich dann rot-blau.

**b** Schreibe alle Teilhandlungen in Form von Stichpunkten auf.

*1. farbige Tinte in das Glas geben*
*2. …*

**4** Um Vorgänge und Handlungen möglichst genau zu benennen, verwendet man treffende Verben. Untersuche den Text in Aufgabe 3 a.

**a** Suche alle Verben heraus und überprüfe, ob sie die Vorgänge und Handlungen genau genug benennen.

**b** Bestimme Person und Zahl der finiten Verbformen. Nenne auch die infiniten Verbformen.

→ S. 110 Finite und infinite Verbformen

**c** Wähle ein passendes Verb aus und setze es ein

**1** Zuerst musst du das Material (besorgen, holen, zurechtlegen).
**2** Deinen Arbeitsplatz solltest du immer (pflegen, aufräumen, ordnen).
**3** Den Stängel musst du frisch (abschneiden, anschneiden).
**4** Du kannst zweifarbige Blumen (gestalten, übergeben).
**5** Zum Färben solltest du Handschuhe (überwerfen, anziehen).

**5** Die Sätze einer Handlungsanleitung müssen sinnvoll miteinander verknüpft werden, sodass die Reihenfolge der Teilhandlungen deutlich wird.

**a** Beurteile die Verknüpfung der folgenden Sätze.

Zuerst schneidet ihr den Stängel einer Blume längs von unten bis ungefähr zur Hälfte durch. Dann stellt ihr eine Stängelhälfte in ein Glas mit blauer Tinte. Dann wird die andere Stängelhälfte in das Glas mit roter Tinte gestellt. Dann verfärben sich die Blüten rot-blau.

**TIPP**
Sammle zuerst weitere Wörter, mit denen du die Sätze verknüpfen kannst, z. B.: *danach, …*

**b** Überarbeite die Sätze, indem du unterschiedliche Wörter zur Satzverknüpfung verwendest. Schreibe in dein Heft.

**c** Probiere aus, ob sich die Satzverknüpfung durch Umstellung der Satzglieder verbessern lässt.

**d** Untersuche die Satzverknüpfungen im Text von Aufgabe 3 a (S. 37). Welche Verknüpfung würdest du ändern? Begründe deine Meinung.

**!**

**Vorgangsbeschreibungen/Handlungsanleitungen** werden meist im Präsens verfasst.
Man kann sich entscheiden, wie man eine Beschreibung formuliert:
- **persönlich,** z. B.:
*Du kannst Blumen einfärben, indem du sie in farbiges Wasser stellst.*
*Die farbige Tinte gebt ihr in das Glas.*
- **unpersönlich,** z. B.:
*Man füllt anschließend das Glas mit Wasser auf.* (*man*-Form)
*Das Glas wird mit Wasser aufgefüllt.* (Verbform im Passiv)

→ S. 115 Aktiv- und Passivformen der Verben

**6**

**a** Untersuche, wie die Handlungsanleitung in Aufgabe 3 a (S. 37) formuliert ist.

**b** Formuliere die Handlungsanleitung von Aufgabe 3 a um. Verfasse sie in unpersönlicher Ausdrucksweise.

*Die farbige Tinte gibt man in …*

**7** Verfasse jetzt selbst eine Handlungsanleitung. Beschreibe, wie du Blattadern sichtbar machen kannst.

**Eine Vorgangsbeschreibung planen**

**a** Ordne die Stichpunkte in der richtigen Reihenfolge. Beginne mit der Materialliste.

Wachsmalstift – ein Blatt vom Malblock nehmen – Blätter im Wald sammeln – Malblock – das Blatt Papier über das Blatt legen – mit jedem Strich werden die Adern besser sichtbar – mit dem Wachsmalstift vorsichtig über das Papier streichen – eine Blattcollage anfertigen – viele Blätter mit unterschiedlichen Farben abmalen

**Einen Textentwurf schreiben**

**b** Formuliere die Vorgangsbeschreibung und schreibe sie in dein Heft. Entscheide dich für die persönliche oder die unpersönliche Ausdrucksweise.

**Den Entwurf überarbeiten**

**c** Überarbeite deine Vorgangsbeschreibung. Achte besonders auf die Zeitform und auf abwechslungsreiche Satzverknüpfungen.

→ **S.58** Eine Schreibkonferenz durchführen

●●● **8** Wähle ein Spiel, das dir gut gefällt, und beschreibe es. Überlege, was du bei einer Spielanleitung alles bedenken musst.

*Name des Spiels, Anzahl der Spieler, …*

**Was habe ich gelernt?**

**9** Überprüfe, was du über das Beschreiben gelernt hast. Beantworte dazu die folgenden Fragen.

1. Warum beschreibt man z.B. Personen, Pflanzen, Vorgänge?
2. Welche der Beschreibungen sind dir leichtgefallen?
3. Was ist dir in diesem Kapitel schwergefallen?
4. Wie kann man eine Personenbeschreibung gliedern?
5. Welche Merkmale sind bei einer Pflanzenbeschreibung wichtig?
6. Worauf musst du bei einer Vorgangsbeschreibung/Handlungsanleitung besonders achten?

# Berichten

**1** Vielleicht hat deine Klasse auch schon eine Lesenacht durchgeführt.

**a** Lies die beiden folgenden Texte.

**A** Endlich! Am Freitag war es so weit. Wir, die Schüler der Klasse 6 a, blieben über Nacht in der Schule. Mit Isomatte, Schlafsack, Taschenlampe und Unmengen von Chips und Trinkerei stürmten wir ins Klassenzimmer, um einen guten Platz zu ergattern. Nach 30 Minuten hatte sich endlich jeder bequem zurechtgelegt. Unsere Lehrerin las aus einem Buch vor und erklärte uns, warum es ihr so gefällt.

Dann waren wir an der Reihe. Jeder hatte sein Lieblingsbuch mit, das war Pflicht. Wir bekamen 5 Minuten Zeit, um unser Buch vorzustellen. Es war schon interessant, was da jeder so mitgebracht hatte. Dann durften wir in unseren Büchern allein weiterlesen. Manchmal lachte plötzlich jemand oder sagte: »Oh, wie gruselig!«

Gegen 24 : 00 Uhr machte unsere Klassenlehrerin das Licht aus, da doch schon einige müde waren. Die »Starken« durften aber mit Taschenlampe ihre Bücher durchschmökern. Lisa, Benedikt und Nico lasen bis 1 : 30 Uhr. Dann holte auch sie die Müdigkeit ein.

**B** Am Freitag fand für die Klasse 6 a eine Lesenacht statt. Die Schüler und ihre Klassenlehrerin trafen sich, bestückt mit Isomatte, Schlafsack, Taschenlampe, Essen, Trinken und einem Buch, um 18 : 30 Uhr in ihrem Klassenzimmer. Die Schüler stellten kurz ihr Buch vor und lasen ab 20 : 00 Uhr still für sich weiter. Gegen 24 : 00 Uhr wurde das Licht ausgemacht, aber drei Schüler schafften es, bis 1 : 30 Uhr aufzubleiben. Die Meinung war einheitlich: Eine Lesenacht gibt es wieder.

**b** Bestimme, welcher Text eine Erzählung und welcher ein Bericht ist.

**c** Tragt zusammen, woran man einen Bericht erkennt.

**!** Ein **Bericht** informiert knapp und sachlich über Ereignisse. Er beantwortet meist die wichtigsten *W*-Fragen. Die Auswahl der Informationen und die Gestaltung eines Berichts hängen davon ab, worüber, in welcher Situation, für welchen Zweck und für wen man berichtet.

## Über das Leben von Kindern berichten

**1** Eure Klasse möchte eine Wandzeitung über »Kinder in aller Welt« gestalten. Du sollst dafür einen Bericht verfassen.

**a** Lies den folgenden Text.

**Peru: Leben auf dem See**

Bei jedem ihrer Schritte sinken Marias Füße ein bisschen in den Boden ein. Auf den Uros-Inseln im Titicacasee, dem größten See in Südamerika, läuft man wirklich so weich wie auf einem Waldboden. Denn jede der rund 40 Inseln im Nordwesten Perus besteht aus einer dicken Matte Schilf! Marias Vorfahren haben solche schwimmenden Teppiche schon vor 500 Jahren geflochten, um sich vor Feinden zu schützen. Ständig werden die Matten ausgebessert und erneuert. Maria lebt hier seit ihrer Geburt. Die Zwölfjährige verlässt die Insel nur, um zur Schule zu gehen. Jeden Morgen setzt sie mit fünf anderen Kindern in einem kleinen Schilfboot zum Ufer über. Nach dem Unterricht kehrt sie zur Insel zurück und hilft ihrer Mutter bei der Arbeit. Marias Eltern leben von den Touristen, die ihre Insel besuchen. Sie verkaufen ihnen »Artesanias« – zu Deutsch: Kunsthandwerk. Nachmittag für Nachmittag verzieren Maria und ihre Mutter Decken und Wandteppiche. Die Motive, die sie sticken, zeigen das traditionelle Leben ihres Volkes.

Einen Hauch von Fortschritt und Modernität genießt das Mädchen am Abend mit ihrem Bruder. Dann läuft in der Ecke der Schilfhütte ein winziger Fernsehapparat, der mit Batterien betrieben wird. Einen Anschluss an das Stromnetz gibt es auf der Insel nämlich nicht.

Den Bericht planen

**b** Stelle eine Liste mit *W*-Fragen für einen Bericht zusammen.

*Wer? Wo? Was? …*

**c** Beantworte die *W*-Fragen mithilfe des Textes stichpunktartig.

*Wer? Maria*
*Wo? Uros-Inseln im Titicacasee (Nordwesten Perus)*
*Was? geht auf dem Festland zur Schule, …*

Den Bericht entwerfen

**d** Schreibe den Bericht über das Leben von Maria mithilfe deiner Notizen. Lass einen breiten Rand für spätere Überarbeitungen.

## Den Textentwurf überarbeiten

→ S. 58 Eine Schreibkonferenz durchführen

**e** Überarbeite deinen Entwurf. Nutze dazu die Arbeitsschritte und Tipps im Merkkasten.

**!** **Einen Bericht überarbeiten**

| | |
|---|---|
| **1. Die Schreibaufgabe überdenken** | |
| • Warum und für wen soll berichtet werden? | Lege vor dem Überarbeiten eine Pause ein. |
| **2. Den Inhalt überarbeiten** | |
| • Sind alle wichtigen *W*-Fragen beantwortet?<br>• Was müsste ergänzt, was könnte gestrichen werden?<br>• Sind alle Aussagen verständlich?<br>• Passt die Überschrift?<br>• Sind die Aussagen gut geordnet? | Überlege, welche Fragen die Leser deines Berichts haben könnten.<br><br>Formuliere Teilüberschriften und ordne die Aussagen zu. |
| **3. Die Wortwahl überprüfen** | |
| • An welchen Stellen könnte anders formuliert werden?<br>• Welche Wortwiederholungen sind vermeidbar?<br>• Sind alle Begriffe (Namen, Bezeichnungen, Fachbegriffe) richtig verwendet?<br>• Welche Zeitform ist sinnvoll? | Bilde Wortfelder. Probiere aus, welche Wörter/Wendungen am besten in deinen Text passen.<br> |
| **4. Den Satzbau kontrollieren** | |
| • Sind alle Sätze vollständig?<br>• Sind die Sätze gut miteinander verbunden?<br>• Wurden abwechslungsreiche Satzanfänge verwendet? | Oft lässt sich die Satzverbindung durch Umstellung der Satzglieder verbessern. |
| **5. Die Rechtschreibung korrigieren** | |
| • Welche Wörter muss ich nachschlagen?<br>• Sind alle Satzschlusszeichen und Kommas richtig gesetzt? | Lies deinen Text Wort für Wort und Satz für Satz.<br> |

**2** Schreibe für die Klassenwandzeitung einen weiteren Bericht über das Leben von Kindern in Ecuador.

Informationen sammeln

**a** Lies den folgenden Text.

**Gefährliche Arbeit auf Müllkippen**

Rund ein Fünftel aller arbeitenden Kinder in Ecuador schuftet unter extrem harten und gefährlichen Bedingungen. Für tausende Familien ist das Sammeln und Sortieren von Müll die einzige Einnahmequelle. Häufig arbeiten die Eltern schon seit Jahren als Müllsammler, die Kinder müssen früh mithelfen. Zur Schule gehen die Kinder – wenn überhaupt – nur wenige Jahre. Bei der Arbeit auf den Müllkippen droht ständig Gefahr: Die Lastwagenfahrer nehmen keinerlei Rücksicht auf Kinder. Im Abfall lauern zudem Glas- und Metallsplitter, chemische Giftstoffe oder nicht getrennt entsorgter Abfall aus Krankenhäusern. Durch verschmutztes Wasser oder Schädlinge kommt es häufig zu Haut- und Augeninfektionen oder Darmkrankheiten.

Das Bewusstsein für Kinderrechtsverletzungen ist gering: Viele Plantagenbesitzer oder Müll-Aufkäufer ignorieren, dass Kinder unter 15 Jahren nicht arbeiten dürfen. Verstöße werden bisher kaum geahndet.

Den Bericht planen

**b** Beantworte mithilfe des Textes stichpunktartig die *W*-Fragen.

*Wer? Wo?* *Kinder in Ecuador*
*Was?* *arbeiten auf Müllkippen ...*

Den Bericht entwerfen

**c** Schreibe mithilfe deiner Notizen einen Bericht über das Leben von Kindern in Ecuador. Lass einen breiten Rand für spätere Überarbeitungen.

Den Textentwurf überarbeiten

**d** Überarbeite deinen Entwurf mithilfe der Arbeitsschritte auf S. 42.

**3** Weltweit müssen Millionen Kinder für den Lebensunterhalt ihrer Familie arbeiten.

Informationen sammeln

**a** Sieh dir das folgende Diagramm an und ordne die entnommenen Informationen.

→ **S.89** Einer Tabelle oder Grafik Informationen entnehmen

**Kinderarbeit im Alter von 5 bis 14 Jahren**

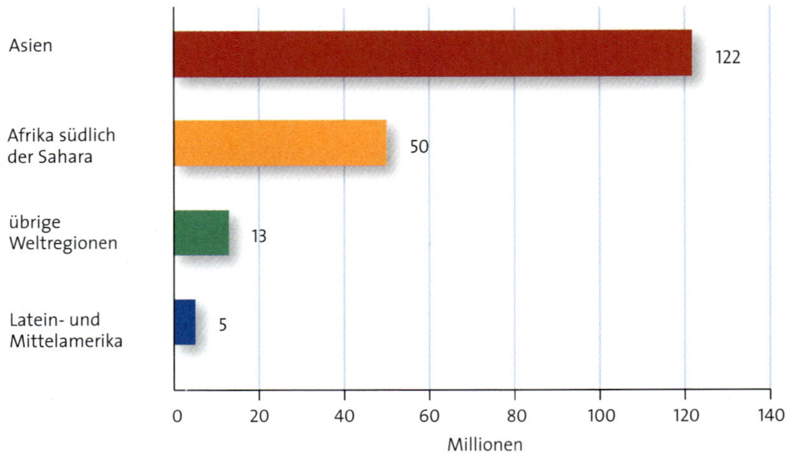


Textteile formulieren

**b** Formuliere die Informationen, die du dem Diagramm entnehmen kannst, in zusammenhängenden Sätzen.

*In Asien arbeiten … Im Vergleich dazu …*
*Weltweit betrachtet …*

Einen Bericht verfassen

**4** Schreibe für die Wandzeitung einen Bericht zum Thema »Kinder in aller Welt«. Nutze dazu die Ergebnisse der Aufgaben 1 bis 3.

**So kannst du einen Bericht schreiben**

1. Denke über die Schreibaufgabe nach (Wem berichtest du worüber? Zu welchem Zweck?).
2. Ordne die Fakten, die du berichten möchtest, in der richtigen Reihenfolge. Nutze dazu z.B. die *W*-Fragen.
3. Schreibe einen Entwurf. Lass einen breiten Rand zum Korrigieren.
4. Überarbeite den Entwurf.
5. Schreibe die Endfassung.

## Über ein Ereignis berichten

Berichte untersuchen

**1** In welcher Zeitform hast du deine Berichte über Kinder in aller Welt verfasst? Begründe, warum du diese Zeitform verwendet hast.

**2** Untersuche, in welcher Zeitform der folgende Bericht verfasst ist. Begründe, warum diese Zeitform gewählt wurde.

**TIPP**
Informiere dich genauer über Kinderrechte.

→ S. 73 Informationen sammeln

**Konferenz der Kinder**
Letzte Woche fand an unserer Schule eine Kinderkonferenz statt. Zuerst wurden internationale Kinderrechte vorgestellt und diskutiert. Anschließend einigte man sich auf Möglichkeiten ihrer Umsetzung an der Schule. Zum Schluss wurde ein Arbeitsplan besprochen und der nächste Konferenztermin beschlossen.

**3** Untersuche, welche Zeitformen im folgenden Bericht vorkommen. Begründe, warum diese Zeitformen gewählt wurden.

**Internationale Kinderrechte**
Vor einigen Jahren wurden internationale Kinderrechte formuliert. Zwar hat man sie in den reichen Industriestaaten oft diskutiert, nicht alle wurden jedoch verwirklicht. Auch hier werden manche Kinder ungerecht behandelt oder vernachlässigt, wie man jüngsten Meldungen entnehmen konnte. In vielen ärmeren Ländern sind die Kinderrechte aber überhaupt nicht bekannt. Das Leben der Kinder hat sich dort nur in einigen Regionen verbessert, weil man z. B. für sauberes Wasser gesorgt oder Schulen gebaut hat.

**!** Welche Zeitform in Berichten verwendet wird, hängt von ihrem Inhalt und ihrem Zweck ab. **Schriftliche Berichte** über vergangene Ereignisse werden meist im **Präteritum** verfasst.

**4**

**a** Diese Sätze wurden mündlich vorgetragen. Bestimme die Zeitform.

**TIPP**
Untersuche die Verbformen.

1 Gestern hat an unserer Schule eine Kinderkonferenz stattgefunden.
2 Die meisten Schülerinnen und Schüler haben daran teilgenommen.
3 Zuerst sind die Gäste vorgestellt worden.
4 Dann haben Yildiz und Tanja über Schulen in ihrer Heimat berichtet.

**b** Schreibe die Sätze für einen schriftlichen Bericht im Präteritum auf.

→ S. 115 Aktiv- und Passivformen der Verben

**!** Berichte, in denen es unwichtig ist, wer handelt, werden in **unpersönlicher Ausdrucksweise** verfasst, z. B.:

- *Ein Zeitplan wurde beschlossen.* (Verbform im Passiv)
- *Man hat einen Zeitplan beschlossen.* (*man*-Form)

**5**

**a** In den Berichten der Aufgaben 2 und 3 wurden Mittel der unpersönlichen Ausdrucksweise verwendet. Schreibe sie heraus.

**TIPP**
Nutze Verbformen im Passiv und die *man*-Form.

**b** Formuliere die folgenden Sätze in unpersönliche Ausdrucksweise um.

**1** Die Schülerinnen und Schüler besprachen Maßnahmen zur Durchsetzung von Kinderrechten.
**2** Sie überlegten, wie sie Kindern helfen könnten.
**3** Sie sammelten viele Ideen.
**4** Sie beschlossen, Expertengruppen zu bilden.

*1. Es wurden Maßnahmen zur …*

## Einen Bericht verfassen

**TIPP**
Halte dich an die Arbeitsschritte auf S. 44.

**6** Berichte für die Schülerzeitung, nutze dazu die folgenden ungeordneten Stichpunkte. Achte besonders auf das Präteritum und überlege, an welchen Stellen du unpersönlich formulieren solltest.

**Internationaler Kindertag an unserer Schule**
– Spiele, Sport, Kuchenbasar, internationale Snacks
– Höhepunkte: internationales Bühnenprogramm, Völkerball gegen Lehrer
– Teilnehmer, Gäste
– 1. Juni, Schulhof, Turnhalle geschmückt
– von Schülerinnen/Schülern organisiert

## Was habe ich gelernt?

**7** Überprüfe, was du über das Berichten gelernt hast. Beantworte dazu die folgenden Fragen.

**1** In welchen Situationen und zu welchen Zwecken wird berichtet?
**2** Was muss man beim Berichten beachten?
**3** Wie kann man beim Überarbeiten eines Berichts vorgehen?
**4** Was ist dir in diesem Kapitel leicht- oder schwergefallen?

# Präsentieren: Ein Buch vorstellen

**1** Cornelia Funke hat das Buch »Tintenherz« geschrieben.

**a** Lies den folgenden Ausschnitt aus dem ersten Kapitel.

Es fiel Regen in jener Nacht, ein feiner, wispernder Regen. [...]
In jener Nacht [...] lag eins von Meggies Lieblingsbüchern unter ihrem Kissen, und als der Regen sie nicht schlafen ließ, setzte sie sich auf, rieb sich die Müdigkeit aus den Augen und zog das Buch unter dem Kissen hervor. Die Seiten raschelten verheißungsvoll, als sie es aufschlug. Meggie fand, dass dieses erste Flüstern bei jedem Buch etwas anders klang, je nachdem, ob sie schon wusste, was es ihr erzählen würde, oder nicht. [...]
In Mos Zimmer brannte noch Licht. Er war oft bis tief in die Nacht wach und las. Die Bücherleidenschaft hatte Meggie von ihm geerbt. Wenn sie sich nach einem schlimmen Traum zu ihm flüchtete, ließ sie nichts besser einschlafen als Mos ruhiger Atem neben sich und das Umblättern der Seiten. Nichts verscheuchte böse Träume schneller als das Rascheln von bedrucktem Papier. [...]

Überall in ihrem Haus stapelten sich Bücher. Sie standen nicht nur in Regalen wie bei anderen Leuten, nein, bei ihnen stapelten sie sich unter den Tischen, auf Stühlen, in den Zimmerecken. Es gab sie in der Küche und auf dem Klo, auf dem Fernseher und im Kleiderschrank, kleine Stapel, hohe Stapel, dicke, dünne, alte, neue ... Bücher. Sie empfingen Meggie mit einladend aufgeschlagenen Seiten auf dem Frühstückstisch, trieben grauen Tagen die Langeweile aus – und manchmal stolperte man über sie.

**b** Nenne die Gründe, warum Meggie Bücher liebt.

**c** Welche Bedeutung hat das Lesen für dich? Was interessiert dich besonders?

**d** Sammelt in der Klasse Meinungen zum Thema »Lesen oder Fernsehen?« und wertet sie aus.

**e** Habt ihr Lust bekommen, mehr über Meggie und Mo zu erfahren? Besorgt euch das Buch »Tintenherz« in der Buchhandlung oder in der Bibliothek und lest es.

**2** *Dieses* Buch möchte ich auch einmal lesen!

**a** Tragt zusammen, welche Informationsquellen ihr kennt und nutzt, um etwas über Bücher zu erfahren.

**b** Sicherlich kennst du Kinder- und Jugendbücher, die dir besonders gefallen. Notiere die Titel einiger Bücher.

**3**

**a** Tauscht euch darüber aus, was ihr von einer gelungenen Buchvorstellung erwartet. Wie könnte man sie gestalten?

**b** Wählt aus den folgenden Angaben diejenigen aus, die eurer Meinung nach sehr wichtig für eine Buchvorstellung in der Klasse sind.

Verlag — Erscheinungsjahr — Erscheinungsort — Seitenzahl — vollständige Inhaltsangabe — Biografie der Autorin / des Autors — Preis — Beschreibung der Hauptfiguren — Schwachstellen des Buches — Buchgestaltung — Verfilmung — Erzählperspektive — empfohlenes Lesealter — Zusammenfassung der Handlung — Textauszug — Art des Buches

**c** Ordnet sie nach ihrer Wichtigkeit, beginnt dabei mit der wichtigsten Angabe.

**!**

Durch eine **Buchvorstellung** kann man Bücher zum Lesen weiterempfehlen.
Dabei sollten folgende Informationen genannt werden:
- Autorin/Autor und Titel des Buches,
- handelnde Personen,
- kurze Zusammenfassung der Handlung des Buches,
- Vortrag einer besonders witzigen oder spannenden Stelle.

Zum Schluss sollte man zusammenfassen, warum einem das Buch besonders gefallen hat.

**4** Bereite dich auf eine Buchvorstellung vor.

Informationen sammeln und ordnen

**a** Erste Informationen über ein Buch findest du auf dem Buchcover. Betrachte die Cover und nenne Autorin/Autor und Titel der Bücher.

**b** Lies den Klappentext zu »Rico, Oskar und die Tieferschatten«.

Eigentlich soll Rico ja nur ein Ferientagebuch führen. Schwierig genug für einen, der leicht den roten Faden verliert – oder war er grün oder blau? Als er dann auch noch Oskar kennen lernt und die beiden dem berüchtigten Entführer Mister 2000 auf die Spur kommen, geht in seinem Kopf alles ganz schön durcheinander. Doch zusammen mit Oskar verlieren sogar die Tieferschatten etwas von ihrem Schrecken. Es ist der Beginn einer wunderbaren Freundschaft …

**c** Nenne die Informationen zum Buch, die du dem Klappentext entnehmen kannst.

**5**

**a** Lege eine Karteikarte zu den handelnden Personen an. Gestalte die Karte so, dass du sie später ergänzen und für deine Buchvorstellung verwenden kannst.

handelnde Personen
– Rico: soll Ferientagebuch führen, ..
– …

**b** Lies die folgenden Informationen zum Buchinhalt und ergänze deine Karteikarte zu den handelnden Personen.

Der Leser hat das Ferientagebuch vor sich, das Rico schreiben sollte. Rico, der tiefbegabte Junge, in dessen Kopf es manchmal so durcheinandergeht wie in einer Bingotrommel, wohnt in Berlin-Kreuzberg in der Dieffenbachstraße 93. Er glaubt ab und zu, hinter den Schatten im dritten Stock des leeren Hinterhauses noch tiefere Schatten herumhuschen zu sehen, vor denen er sich fürchtet.
Rico lernt in der Dieffenbachstraße Oskar kennen. Der ist hochbegabt und übervorsichtig, er verlässt nie ohne seinen blauen Sturzhelm das Haus. Beide freunden sich miteinander an. Als Oskar eines Tages spurlos verschwindet, beginnt Rico, nach Oskar und dessen Entführer, Mister 2000, zu suchen.
Eines Nachmittags besucht Rico seinen Nachbarn Herrn Westbühl, den er immer nur *Bühl* nennt. Plötzlich benimmt sich dieser sehr verdächtig …

**TIPP**
Stichpunkte sind unvollständige Sätze. Lass das Subjekt weg oder nutze Infinitive.

**c** Notiere Stichpunkte zum Handlungsablauf auf einer Karteikarte.

Handlungsablauf
– lernen sich kennen
– …

→ S. 73 Informationen sammeln

**d** Suche in einem Lexikon oder im Internet biografische Angaben zum Autor und schreibe sie auf eine Karteikarte.

Autor: Andreas Steinhöfel
– geboren 1962 in Battenberg
– arbeitet als Übersetzer, schreibt Drehbücher
– Autor zahlreicher Kinder- und Jugendbücher
– …

**e** Überlege, wie du die Buchvorstellung gliedern könntest, und ordne die Karteikarten sinnvoll.

1. Titel, Autorin/Autor
2. …

**Den Vortrag gestalten**

**f** Denke darüber nach, wie du deinen Vortrag anschaulich gestalten kannst. Notiere deine Ideen auf den Karteikarten.

Autor: Andreas Steinhöfel
– geboren 1962 in Battenberg
– ...
–> Foto zeigen

**6** Bereite eine interessante Textstelle für den Lesevortrag vor.

**a** Lies die folgende Textstelle aus »Rico, Oskar und die Tieferschatten«.

Wo versteckt man jemanden, den man entführt hat? Kommt darauf an, wie man ihn unterbringt. Wenn man dafür sorgt, dass er genug zu essen und zu trinken hat und ein Klo in der Nähe, kann man ihn weit von sich weg verstecken. Das Opfer kann sich dann um sich selber kümmern. Aber Bühls Opfer waren kleine Kinder [...] Nein, je länger ich nachdachte, umso überzeugter war ich davon, dass der Bühl die entführten Kinder in seiner Nähe gefangen hielt, und...

... und seine Nähe war auch meine Nähe!

*Exzellente Leistung, Rico!*

Ich muss an dieser Stelle zugeben, dass ich allein für den letzten Nachdenkschritt ungefähr zwei Stunden brauchte. Na gut, beinahe drei. [...] Draußen war es längst ratzeduster. Nur der Mond schickte etwas Licht durch die Fenster. Es gab keine Gardinen und ich wagte nicht, das Licht anzuknipsen. Nachdem er gemerkt hatte, dass ich die Polizei nicht verständigt hatte, hielt der Bühl sicher immer noch nach mir Ausschau. [...]

Im dritten Stock vom Hinterhaus marschierte der Tieferschatten von Fräulein Bonhöfer an einem der Fenster ihrer ehemaligen Wohnung vorbei. [...] Der Tieferschatten verschwand. Und in mir klackerte etwas. Erst dachte ich, es wären die Bingokugeln, die sich bisher erstaunlich ruhig verhalten hatten. Aber das hier hörte und fühlte sich anders an. Es hörte und fühlte sich an, als wären ein paar Puzzlesteinchen, die bis jetzt geduldig gewartet hatten, soeben an ihren richtigen Platz gefallen.

Plötzlich wusste ich alles.

Also gut, fast alles.

Auf jeden Fall wusste ich, was ich nun tun musste.

→ S.72 Eine Sage vorlesen (Lesehilfen)

**b** Kopiere den Text und trage Lesehilfen in die Kopie ein.

**c** Lest euch den Textausschnitt gegenseitig vor.
Gebt Hinweise, was noch verbessert werden könnte.

**d** Wenn ihr Lust bekommen habt, das Buch »Rico, Oskar und die Tieferschatten« zu lesen, besorgt es euch in der Buchhandlung oder in der Bibliothek und findet heraus, wie die Geschichte endet.

**7** Erprobt eure Buchvorstellung mithilfe eurer Karteikarten. Gebt euch gegenseitig Hinweise zur Verbesserung. Wenn nötig, überarbeitet eure Karteikarten und ordnet alles noch einmal.

**TIPP**
Entwerft zuerst einen Bewertungsbogen.

**So kannst du ein Buch vorstellen**

1. Nenne die wichtigsten Informationen:
   - Autorin/Autor und Titel,
   - handelnde Personen,
   - kurze Zusammenfassung der Handlung des Buches.
2. Lies eine besonders witzige oder spannende Stelle aus dem Buch vor. Trage dazu vorher Lesehilfen in eine Kopie des Textes ein.
3. Veranschauliche deinen Vortrag, z.B. durch das Zeigen des Buches und eines Fotos der Autorin / des Autors.
4. Übe deinen Vortrag mehrmals mithilfe deiner Karteikarten.

**TIPP**
Nutzt den Bewertungsbogen.

**8** Stelle in der Klasse ein Buch vor, das du den anderen zum Lesen empfiehlst.

Was habe ich gelernt?

**9** Überprüfe, was du über Buchvorstellungen gelernt hast. Beantworte dazu die folgenden Fragen.

**1** Welche Informationen solltest du nennen?
**2** Wo findest du Informationen über interessante Bücher?
**3** Worauf musst du beim Vorlesen einer bestimmten Textstelle achten?
**4** Welche Anschauungsmittel kannst du nutzen?

# Mitteilungen verfassen

## Eine SMS schreiben

**1** Viele Jugendliche besitzen heute ein Handy.

**a** Lies die folgende Zeitungsmeldung.

**In die Handy-Falle getappt**
Ein 12-Jähriger hat nach seinem Umzug in eine andere Stadt innerhalb eines Monats über 2500 SMS an seine Freunde verschickt. Das sind mehr als 80 Kurzmitteilungen pro Tag! Als sein Vater die Telefonrechnung erhielt, wollte er es zuerst nicht glauben…

**b** Nenne zwei Gründe, warum das SMS-Schreiben sehr beliebt ist.

→ S.12 Auskünfte einholen

**c** Erkundige dich, wie teuer das Versenden einer SMS ist.

**2**

**a** Tragt zusammen, welche Vor- und Nachteile die Verständigung per SMS für euch hat. Stellt eure Ergebnisse in einer Tabelle dar.

| Vorteile | Nachteile |
|---|---|
| … | … |

**b** Tauscht euch darüber aus, in welchen Situationen ihr eine SMS schreiben würdet. Wann würdet ihr euch für eine E-Mail oder ein Telefongespräch entscheiden?

**c** Wann würdet ihr einen Brief schreiben, wann eine E-Mail? Begründet eure Meinung.

**!** Mit einem Handy kann man **SMS** (engl. *short message service* – Kurznachrichtendienst) zu einem anderen Handy schicken. Diese Kurzmitteilungen können 160 Zeichen enthalten.

**3** Auch SMS-Botschaften unterliegen verschiedenen Regeln.

**a** Lest die folgenden SMS-Botschaften.

**b** Tauscht euch darüber aus, ob die SMS der Situation entsprechend formuliert sind.

**c** Formuliert unpassende SMS dem Anlass oder Empfänger entsprechend neu.

**!** Auch beim SMS-Schreiben sollte man genau überlegen, **an wen** und aus welchem **Anlass** man schreibt. Danach richtet sich:
- ob man die Person mit *du* oder *Sie* anredet,
- ob man ausführlicher und persönlich oder kurz und sachlich schreibt,
- wie man sich ausdrückt.

**4** In SMS werden oft Emoticons und Abkürzungen verwendet.

→ http://www.blinde-kuh.de/smiley/tabelle.html

**a** Sieh dir die folgenden Emoticons an und ergänze eigene Beispiele.

| | | | |
|---|---|---|---|
| :-) | Ich bin glücklich. | :-( | Ich bin traurig. |
| :D | Ich lache. | :'-( | Ich weine. |
| ;-) | Ich scherze. | :-c | Ich bin unglücklich. |

**b** Suche aus den Beispielen aus Aufgabe 3 a Emoticons heraus und erkläre ihre Bedeutung.

**c** Überlegt, ob man in allen SMS Emoticons verwenden könnte. Wann ist es vielleicht weniger angebracht? Besprecht, wovon das abhängt.

> **!** In SMS kann man **Emoticons** (engl. *emotion* – Gefühl, *icon* – Bild, Zeichen) benutzen, um schnell seine Stimmung auszudrücken, z. B.:
> :-) *Ich bin glücklich.* :-( *Ich bin traurig.*
> Oft werden auch **Abkürzungen** aus Wortanfängen verwendet, z. B.:
> *FG freches Grinsen* *LG Liebe Grüße*

**d** Prüfe, ob in den Beispielen in Aufgabe 3 a Abkürzungen verwendet wurden. Erkläre, was sie bedeuten könnten.

**e** Trage zusammen, welche Abkürzungen du noch kennst.

**5** Julia will an ihre Freundin eine SMS schreiben.

**a** Lies ihren Entwurf.

Liebe Pia,
wir haben uns doch neulich darüber unterhalten, dass ich in den Osterferien mit meinen Eltern zu meiner Tante aufs Dorf fahre. Sag mal, was hältst du davon, wenn du mitfährst? Dann bin ich nicht so alleine und du kommst auch mal raus aus deiner Bude. Wir könnten uns gemeinsam ein paar nette Tage machen. Willst du? Dann frage doch gleich mal deine Eltern.
Liebe Grüße, bis bald!
Julia

**b** Prüfe, ob der Entwurf sich für eine SMS eignet.

**TIPP**
Nutze auch Emoticons und Abkürzungen.

**c** Schreibe für Julia einen Entwurf für die SMS.
Beachte, dass du nur 160 Zeichen zur Verfügung hast.

**6** Schreibe einen kurzen SMS-Text an eine Freundin oder einen Freund.

1. Lade sie/ihn zu einem Kinobesuch ein.
2. Bitte sie/ihn, dir eine bestimmte CD auszuleihen.
3. Entschuldige dich, dass du zu eurer Verabredung leider nicht kommen kannst.

## Ein Formular ausfüllen

**1** In vielen Situationen müsst ihr Formulare ausfüllen.

**a** Tauscht euch darüber aus, wann und wo ihr schon einmal Formulare ausgefüllt habt.

**b** Wenn ihr Leser in einer Bibliothek seid, habt ihr ein Anmeldeformular ausgefüllt. Tauscht euch darüber aus, wie euch das gelungen ist.

**2** Der Fahrradpass ist ein Formular, das dich – richtig ausgefüllt und gut aufgehoben – vor viel Ärger schützen kann.

**a** Schau dir zunächst den folgenden Fahrradpass an.

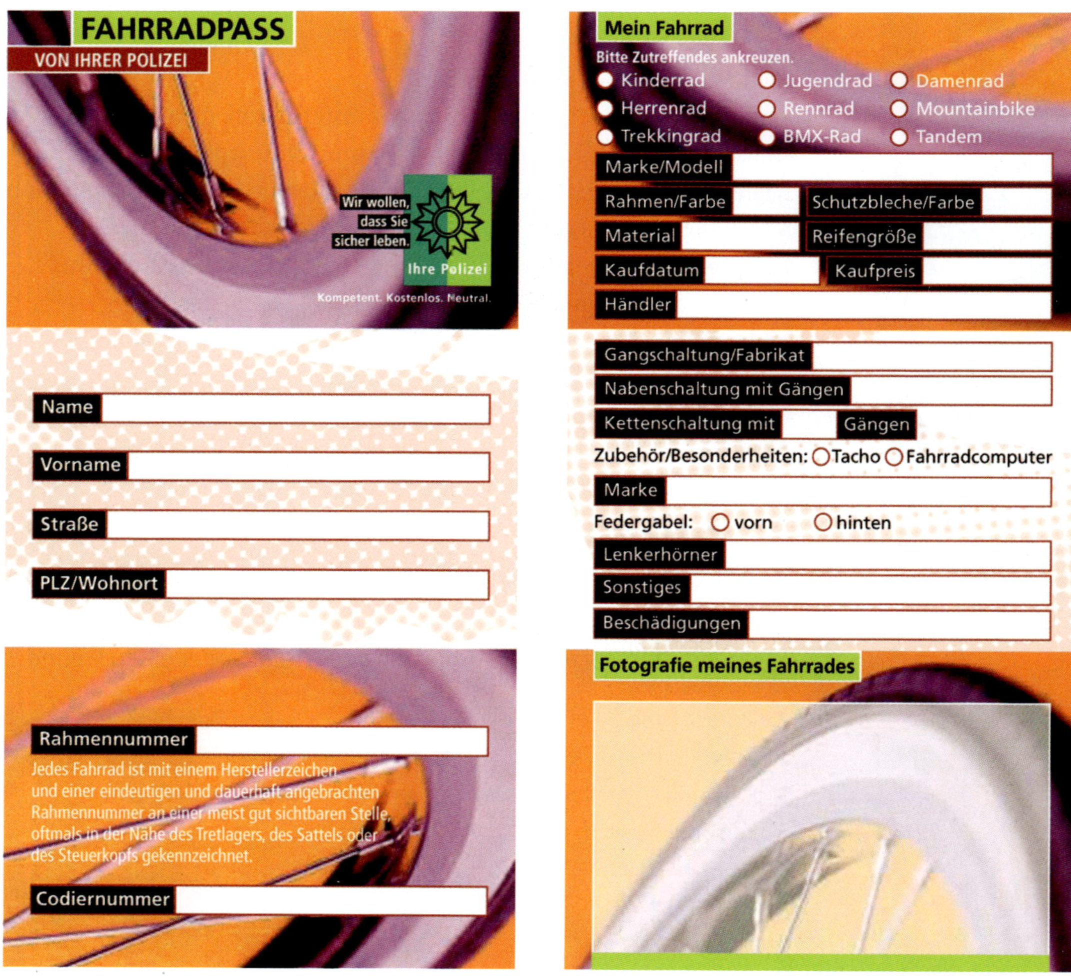
FAHRRADPASS
VON IHRER POLIZEI
Wir wollen, dass Sie sicher leben.
Ihre Polizei
Kompetent. Kostenlos. Neutral.

Name
Vorname
Straße
PLZ/Wohnort

Rahmennummer
Jedes Fahrrad ist mit einem Herstellerzeichen und einer eindeutigen und dauerhaft angebrachten Rahmennummer an einer meist gut sichtbaren Stelle, oftmals in der Nähe des Tretlagers, des Sattels oder des Steuerkopfs gekennzeichnet.
Codiernummer

Mein Fahrrad
Bitte Zutreffendes ankreuzen.
○ Kinderrad ○ Jugendrad ○ Damenrad
○ Herrenrad ○ Rennrad ○ Mountainbike
○ Trekkingrad ○ BMX-Rad ○ Tandem
Marke/Modell
Rahmen/Farbe | Schutzbleche/Farbe
Material | Reifengröße
Kaufdatum | Kaufpreis
Händler

Gangschaltung/Fabrikat
Nabenschaltung mit Gängen
Kettenschaltung mit Gängen
Zubehör/Besonderheiten: ○ Tacho ○ Fahrradcomputer
Marke
Federgabel: ○ vorn ○ hinten
Lenkerhörner
Sonstiges
Beschädigungen

Fotografie meines Fahrrades

**b** Überlege, wann er ausgestellt wird und wozu er dient.

**c** Wo ist der ausgefüllte Fahrradpass am sichersten aufgehoben? Begründe.

**TIPP**
Schreibe in gut lesbaren Druckbuchstaben.

**e** Schreibe alle Angaben, die du ins Formular eintragen möchtest, zuerst in dein Heft.

**f** Trage dann alle Angaben in eine Kopie des Formulars ein.

**!**

Für viele Zwecke gibt es **Formulare**. Sie sollten möglichst sorgfältig in gut lesbaren Druckbuchstaben ausgefüllt werden.
Verwende bei Bedarf **Abkürzungen**, z. B. *Straße – Str.*
Vor dem Ausfüllen sollte man sich das ganze Formular ansehen und überlegen, welche Angaben einzutragen sind. Man kann auch zuerst eine Kopie des Formulars ausfüllen, die man für seine eigenen Unterlagen aufbewahrt.

**3** Stelle dir vor, du möchtest Mitglied in einem Sportverein werden.

**a** Besorge dir ein Aufnahmeformular und lies es genau.

**b** Schreibe alle Angaben, die du eintragen musst, zuerst in dein Heft.

**c** Fülle dann das Aufnahmeformular aus.

Was habe ich gelernt?

**4** Überprüfe, was du über SMS und das Ausfüllen von Formularen gelernt hast. Beantworte dazu die folgenden Fragen.

1. In welcher Situation schreibst du eher eine SMS, wann eine E-Mail? Wann telefonierst du?
2. Worauf musst du beim Schreiben einer SMS achten?
3. Was beachtest du beim Ausfüllen von Formularen?
4. Für welche Aufgabe hast du lange gebraucht, bis du mit der Lösung zufrieden warst?

# Eine Schreibkonferenz durchführen

!

In einer **Schreibkonferenz** werden Texte gemeinsam überarbeitet. Dabei überlegt und berät man in Gruppen, welche Stärken und Schwächen ein Text hat und welche Verbesserungsvorschläge unterbreitet werden können.

**1** Besprecht, welche Vorteile es hat, Texte gemeinsam zu überarbeiten. Überlegt auch, welche Schwierigkeiten dabei auftreten können.

**2** Begründet, warum man folgende Regeln einhalten sollte.

**Regeln für eine Schreibkonferenz**
- Kein Text wird lächerlich gemacht.
- Zuerst werden immer die Stärken genannt.
- Kritik wird immer mit Verbesserungsvorschlägen verbunden.
- Jede/Jeder entscheidet selbst, was sie/er ändern möchte.

**3** Der Erfolg eurer Schreibkonferenz hängt davon ab, wie gut ihr die Gruppenarbeit organisiert. Wiederholt, was man dabei beachten sollte. Gestaltet ein Plakat mit den wichtigsten Regeln.

**4** Seht euch die folgenden Karteikarten an. Tauscht euch darüber aus, warum sie für eine Schreibkonferenz hilfreich sein können.

**Wortwahl**
Wurden genaue Bezeichnungen (Nomen, Adjektive, Verben) gefunden? Welche Wortwiederholungen könnte man vermeiden?

**Rechtschreibung/Zeichensetzung**
Welche Fehler sind zu korrigieren? Welche Wörter sollten nachgeschlagen werden? Sind alle Satzschlusszeichen und Kommas gesetzt?

**Inhalt**
Was könnte man ergänzen oder streichen? Passt die Überschrift?

**Schreibaufgabe**
Warum und für wen ist der Text geschrieben? Wurde die richtige Form gewählt?

**Sätze**
Sind die Sätze vollständig? Welche Satzanfänge sollte man ändern? Welche Satzglieder könnte man umstellen?

**5** Probiert eine Schreibkonferenz aus.

→ S. 42 Berichten

**a** Wiederholt zuerst, was man beim Überarbeiten von Berichten beachten sollte.

**TIPP**
Beachtet die unten stehenden Arbeitsschritte.

**b** Notiert Hinweise und Verbesserungsvorschläge für Ella, die folgenden Entwurf für einen Bericht in der Schulzeitung geschrieben hat.

**Diskussion über den neuen Schulhof**
Letzten Dienstag hat eine Diskussion über unseren Schulhof stattgefunden. Ich sollte teilnehmen und unsere Meinung sagen. Zuerst hat aber unser Schuldirektor seine Meinung gesagt. Danach waren einige Eltern dran, die ich nicht kenne. Danach hat noch jemand von der Baufirma geredet. Dann war ich endlich dran. Ich habe gesagt, was unsere Klasse von dem Vorschlag hält. Außer mir sind auch noch andere Klassensprecher zu Wort gekommen. Alle waren der gleichen Meinung. Am Schluss wurde abgestimmt.

**So könnt ihr eine Schreibkonferenz durchführen**
1. Bildet Gruppen und richtet eure Arbeitsplätze ein.
2. Schreibt wichtige Arbeitsschritte zum Überarbeiten von Texten auf Karteikarten.
3. Besprecht, in welcher Reihenfolge ihr vorgehen wollt. Ordnet eure Karteikarten entsprechend. Beginnt immer mit dem Nachdenken über die Schreibaufgabe.
4. Einigt euch, welcher Textentwurf zuerst überarbeitet werden soll. (Ihr könnt auch losen.)
5. Lest die Texte mehrfach laut vor und macht euch beim Zuhören Notizen. Konzentriert euch am besten immer auf eine der Karteikarten.
6. Vergleicht eure Notizen und formuliert Hinweise und Vorschläge für die Schreiberin / den Schreiber.
7. Am Schluss überarbeitet jede/jeder den eigenen Text und entscheidet selbst, welche Vorschläge sie/er aufnehmen möchte.

**TIPP**
Ihr könnt auch anonym (unerkannt) bleiben. Schreibt eure Texte mit dem Computer, werft sie in einen Karton und zieht dann Text für Text.

**6** Wählt jetzt eigene Textentwürfe aus, die ihr gemeinsam überarbeiten wollt. Ihr könnt z. B. schon verfasste Erzählungen, Beschreibungen oder Berichte überarbeiten.

# Mit literarischen Texten umgehen

## Fabeln lesen und verstehen

**1** Die Fabeln von Äsop, einem Sklaven, gehören zu den ältesten.

**a** Lies die folgende Fabel.

**Der Löwe und die Maus**

Als der Löwe schlief, lief ihm eine Maus über den Körper. Aufwachend packte er sie und war drauf und dran, sie aufzufressen. Da bat sie ihn, er solle sie doch freilassen: »Wenn du mir das Leben schenkst, werde ich mich dankbar erweisen.« Lachend ließ er sie laufen. Es geschah aber, dass bald darauf die dankbare Maus dem Löwen das Leben rettete. Denn als er von Jägern gefangen und mit einem Seil an einen Baum gebunden wurde, hörte ihn die Maus stöhnen. Sie lief zu ihm, und indem sie das Seil rundherum benagte, befreite sie ihn. »Damals«, sagte sie, »hast du gelacht über mich und nicht erwartet, dass ich es dir vergelten könnte, jetzt weißt du, dass auch Mäuse dankbar sein können!«

**b** Formuliere in einem Satz, was der Löwe von der Maus lernt.

**Eine Fabel nacherzählen**

→ S. 18 Eine Geschichte nacherzählen

**c** Lies die Fabel noch einmal. Notiere Stichpunkte zum Inhalt und erzähle die Fabel nach.

**d** Begründe, warum dieser Text eine Fabel ist. Nutze den Merkkasten.

**!**

Die **Fabel** (lat. *fabula* – Erzählung) ist ein kurzer erzählender oder gereimter Text. Zu ihren **Merkmalen** zählen:

- Tiere denken, handeln und sprechen wie Menschen,
- den Tieren sind bestimmte menschliche Eigenschaften zugeordnet, z. B.: *starker Wolf, listiger Fuchs,*
- Fabeln enthalten eine Lehre (zentrale Aussage), die aus dem Text erschlossen werden kann oder die sogar genannt wird.

Bekannte Fabeldichter sind Äsop (6. Jh. v. Chr.), Martin Luther (16. Jh.), Jean de La Fontaine (17. Jh.), Gotthold Ephraim Lessing (18. Jh.) und Iwan Krylow (19. Jh.). Zu den bekannten Fabelautoren des 20. Jahrhunderts zählen u. a. Wolfdietrich Schnurre und James Thurber.

**Eine Fabel untersuchen**

**2**

**a** Betrachte das Verhalten der Maus genauer. Welchen Eindruck hinterlässt sie bei dir? Zeichne die Maus nach deinen Vorstellungen.

**b** Einem von beiden Tieren wird eine Wesenseigenschaft zugeschrieben. Suche die entsprechende Textstelle heraus. Ergänze weitere Adjektive, um das Tier treffend zu beschreiben.

**TIPP**
Nutze auch das Ergebnis der Aufgabe b.

**c** Der Löwe und die Maus – gegensätzlicher kann ein Paar kaum sein. Suche für beide Tiere aus der Fabel Eigenschaften heraus, die das verdeutlichen. Stelle deine Ergebnisse in einer Tabelle dar.

**3**

**a** Lies die Fabel von Martin Luther (1483–1546) in der Sprache des 16. Jahrhunderts.

**Vom Frosch und der Maus**

Eine Maus wäre gern über ein Wasser gewest und konnte nicht und bat einen Frosch um Rath und Hülfe. Der Frosch war ein Schalk und sprach zur Maus: »Binde deinen Fuß an meinen Fuß, so will ich schwimmen und dich hinüberziehen.« Da sie aber aufs Wasser kamen, tauchet der Frosch hinunter und wollte die Maus ertränken. Indem aber die Maus sich wehret und arbeitet, fleuget eine Weihe[1] daher und erhaschet die Maus, zeucht den Frosch auch mit heraus und frisset sie beyde.

Lehre: Siehe dich für, mit wem du handelst! Die Welt ist falsch und Untreu voll. Denn welcher Freund den andern vermag, der steckt ihn in 'n Sack. Doch schlägt Untreu allzeit ihren eigen Herrn, wie dem Frosch hie geschieht.

[1] mittelgroßer Greifvogel

**b** Tauscht euch über das Verhalten des Frosches und der Weihe aus.

**c** Schreibe dir unbekannte Wörter aus dem Text von Martin Luther heraus und übersetze sie. Übertrage den Text in heutiges Deutsch.

*gewest – gelangt, …*

**d** Lest euch eure Textfassungen gegenseitig vor und vergleicht sie.

**e** Formuliere die Lehre aus dem Text von Martin Luther neu. Nutze dabei z. B. bekannte Sprichwörter.

**4** Wählt einen der im Merkkasten auf S. 60 genannten Fabeldichter aus und informiert euch über dessen Schaffen.

**TIPP**
Ihr könnt in der Bibliothek oder im Internet suchen.

**a** Sammelt Informationen zu seinem Lebenslauf und stellt ihn mithilfe eines Plakats vor.

**b** Tragt eine Fabel des Dichters mit verteilten Rollen vor. Begründet eure Auswahl.

**c** Formuliert die Lehre der gewählten Fabel in einem Satz.

**d** Weist an dem ausgewählten Text die Merkmale einer Fabel nach.

### Eine Fabel schreiben

**5** Deine Klasse möchte für einen Schreibwettbewerb selbst ein Fabelbuch schreiben.

*Über die Aufgabe nachdenken*

**a** Überlege, für wen und aus welchem Anlass du eine Fabel schreiben möchtest.

*Den Inhalt planen*

→ S. 154 Redewendungen, Sprichwörter und feste Vergleiche

**b** Wähle eins der Sprichwörter aus oder suche selbst eins.

Wer andern eine Grube gräbt, fällt selbst hinein.

Der Klügere gibt nach.

Wenn zwei sich streiten, freut sich der Dritte.

**c** Überlege, welche Tiere mit welchen »menschlichen Eigenschaften« in deine Fabel passen würden.

**d** Notiere die Handlung in Stichpunkten.

*Einen Textentwurf schreiben*

**e** Schreibe einen Textentwurf, lass einen breiten Rand zum Überarbeiten. Verwende wörtliche Rede und formuliere eine Lehre.

→ S. 58

**f** Führt zu euren Entwürfen eine Schreibkonferenz durch.

*Den Entwurf überarbeiten*

**g** Überarbeite deinen Entwurf. Schreibe die Endfassung und gestalte die Fabel mit Zeichnungen.

**h** Stellt euch eure Fabeln gegenseitig vor und sammelt sie in eurem Fabelbuch.

**6** Fabeln gibt es auch in gereimter Form.

Eine Fabel vortragen

**a** Lies folgende Fabel von Jean de La Fontaine (1621–1695). Versuche, den richtigen Sprechrhythmus zu finden.

### Der Frosch und der Ochse

Ein Frosch sah einen Ochsen stehn
von mächt'gem Wuchs auf einer Wiese.
Selbst winzig wie ein Ei, wollt er vor Neid vergehn.
Groß möchte er sein wie dieser Riese!

Er bläht sich auf, wird dicker, mehr und mehr.
»He, Schwester«, ruft er, »schau mal her!
Sag, ist es schon so weit? Ich schaff 's auf jeden Fall!«
»Ach, keineswegs!« – »Und jetzt?« – »Nie wirst du solch Koloss!«
»Und jetzt?« – »Hör auf!« – »Und jetzt?« – Da gab es einen Knall.
Geplatzt war er, der Gernegroß!

Es wimmelt auf der Welt von aufgeblähten Bäuchen.
Ein Schloss möcht sich erbau'n der kleinste Krämer[1] schon,
Gesandte hielte gern sich ein Provinzbaron
Und Pagen[2] jeder Geck[3], um großen Herrn zu gleichen.

[1] Händler
[2] Diener
[3] Angeber

→ S. 70 Eine Sage vorlesen

**b** Übt den Vortrag mit verteilten Rollen und verstellten Stimmen.

**c** Weise anhand des Textes die Merkmale einer Fabel nach.

**d** Schreibe den Text in ungereimter Form auf. Achte auf die Wirkung deiner Textfassung im Vergleich zur gereimten.

Was habe ich gelernt?

**7** Überprüfe, was du über Fabeln gelernt hast. Wähle dazu eine der folgenden Aufgaben aus.

1. Lies eine Fabel deiner Wahl vor und baue absichtlich einen falschen Satz ein. Die anderen müssen ihn herausfinden.
2. Wähle zwei Fabeln aus, schreibe diese ordentlich am Computer ab und zerschneide sie. Deine Mitschüler sollen aus den Puzzleteilen die Fabeln wiederherstellen.
3. Lies den anderen eine Fabel vor. Ergänze diese mit zwei erfundenen Lehrsätzen und lass sie den richtigen herausfinden.

## Mit Gedichten umgehen

**1**

**a** Lies das folgende Gedicht von Heinrich Heine (1797–1856).

**Der Wind zieht seine Hosen an**

Der Wind zieht seine Hosen an,
Die weißen Wasserhosen!
Er peitscht die Wellen, so stark er kann,
Die heulen und brausen und tosen.

Aus dunkler Höh', mit wilder Macht,
Die Regengüsse träufen;
Es ist, als wollt die alte Nacht
Das alte Meer ersäufen.

An den Mastbaum klammert die Möwe sich
Mit heiserem Schrillen und Schreien;
Sie flattert und will gar ängstiglich
Ein Unglück prophezeien.

Ein Gedicht untersuchen

**b** Wie wirkt das Gedicht auf dich? Male ein Stimmungsbild.

**c** Nenne das Thema, um das es in diesem Gedicht geht.

**d** Untersuche den Aufbau des Gedichts mithilfe des Merkkastens.

**e** Suche die sprachlichen Bilder heraus, die der Dichter verwendet.

*der Wind zieht seine Hosen an, …*

**!**

**Gedichte** weisen folgende **Merkmale** auf:
- sie drücken bestimmte Stimmungen, Gedanken oder Gefühle des Dichters zu einem Thema aus,
- der Dichter verwendet sprachliche Bilder und Vergleiche,
- Gedichte sind oft in Strophen unterteilt, die aus Versen bestehen,
- die Verse können sich nach einem bestimmten Schema reimen:
  - Paarreim: zwei aufeinanderfolgende Verse reimen sich (a a b b),
  - Kreuzreim: ein Vers reimt sich mit dem übernächsten (a b a b),
  - umarmender Reim: ein Paarreim wird von einem anderen Reim umschlossen (a b b a).

**2**

**a** Lies das folgende Gedicht von Joseph von Eichendorff (1788–1857).

**Mondnacht**

Es war, als hätt der Himmel
Die Erde still geküsst,
Dass sie im Blütenschimmer
Von ihm nun träumen müsst.

Die Luft ging durch die Felder.
Die Ähren wogten sacht,
Es rauschten leis die Wälder,
So sternklar war die Nacht.

Und meine Seele spannte
Weit ihre Flügel aus,
Flog durch die stillen Lande,
Als flöge sie nach Haus.

**b** Überlegt, wie ihr eure Gedanken und Gefühle zu diesem Gedicht ausdrücken könntet. Stellt eine Variante vor.

**c** Nenne das Thema, um das es in diesem Gedicht geht.

**d** Untersuche den Aufbau des Gedichts. Welches Reimschema hat der Dichter verwendet?

**e** Suche die sprachlichen Bilder heraus, die der Dichter benutzt.

*der Himmel küsst still die Erde, …*

**f** Stelle Vermutungen darüber an, was ein unreiner Reim sein könnte.

**Ein Gedicht vortragen**

→ **S. 72** Eine Sage vorlesen (Lesehilfen)

**3** Wähle eins der beiden Gedichte aus Aufgabe 1 a und 2 a (S. 64–65) aus. Bereite es für einen Lesevortrag vor.

**a** Kopiere das Gedicht und trage Lesehilfen in die Kopie ein.

**b** Übe deinen Lesevortrag mehrmals. Bringe die Grundstimmung des Gedichts durch deinen Tonfall und dein Sprechtempo zum Ausdruck.

**c** Tragt beide Gedichte vor. Vergleicht eure Eindrücke von der Grundstimmung beider Gedichte miteinander.

Gedichte vergleichen

**4** Vergleiche die Gedichte »Der Wind zieht seine Hosen an« und »Mondnacht« genauer.

**TIPP**
Nutze dazu die Ergebnisse aus den Aufgaben 1 bis 3.

**a** Übertrage zuerst folgende Tabelle in dein Heft und ergänze sie.

| | **Der Wind zieht seine Hosen an** | **Mondnacht** |
|---|---|---|
| Dichter | Heinrich Heine | Joseph von Eichendorff |
| Thema | stürmische Nacht auf dem Meer | eine ruhige Mondnacht |
| Stimmung | … | … |
| Strophen | | |
| Verse | | |
| Reimschema | | |
| sprachliche Bilder | | |
| sprachliche Besonderheiten | | |

**b** Suche Gemeinsamkeiten und Unterschiede heraus.

**c** Fasse die Ergebnisse deines Vergleichs in wenigen Sätzen zusammen. Beginne mit den Gemeinsamkeiten.

**5** Wählt eins der beiden Gedichte aus und gestaltet ein Gedicht-Plakat oder ein Gedicht-Bild. Ihr könnt auch einen passenden Rahmen basteln.

**So kannst du Gedichte miteinander vergleichen**

1. Lies die Gedichte aufmerksam.
2. Untersuche die Gedichte genauer: Dichter, Thema, Grundstimmung, Strophen, Verse, Reimschema, sprachliche Bilder, sprachliche Besonderheiten.
3. Finde Gemeinsamkeiten und Unterschiede heraus.
4. Formuliere das Ergebnis des Vergleichs in wenigen Sätzen.

**6**

**a** Lies die beiden Herbstgedichte.

*Elisabeth Borchers* **Oktober**

Es kommt eine Zeit
Da fragen wir uns:
Was soll denn nur werden?

Die Luft schmeckt
So bitter.

Die Vögel sind
Über alle Berge.

Der Nebel macht
Die Häuser bleich.

Die kleinen Tiere gehen
Unter der Erde spazieren.

Aufs Dach trommeln
Kastanien.

Wir müssen ins Haus zurück
Da hält uns der Regen gefangen.

*Eduard Mörike* **Septembermorgen**

Im Nebel ruhet noch die Welt,
Noch träumen Wald und Wiesen:
Bald siehst du, wenn der Schleier fällt,
Den blauen Himmel unverstellt,
Herbstkräftig die gedämpfte Welt
In warmem Golde fließen.

**b** Überlege, wie die Gedichte auf dich wirken. Welche Grundstimmung bringen sie zum Ausdruck?

**c** Vergleiche die Gedichte genauer. Gehe dabei vor wie in Aufgabe 4.

**TIPP**
Du kannst auch in deinem Lesebuch suchen.

**7** Suche zwei Naturgedichte zu einem Thema und vergleiche sie miteinander.
- Untersuche den Inhalt (Thema, Grundstimmung).
- Untersuche die Form (Strophen, Verse, Reimschema).
- Untersuche die sprachliche Gestaltung (sprachliche Bilder, sprachliche Besonderheiten).

**8**

**a** Lies die beiden Gedichte von Renate Golpon.

**lesen lesen lesen**
**lesen lesen lesen**
**lesen nesel lesen**
**lesen eseln lesen**
**lesen selen lesen**
**lesen eelsn lesen**

**zeichen setzen**
ich lese, also denke ich.
ich denke, also lese ich.
ich denke also: lese ich?
ich lese also, denke ich!

**b** Erkläre, woran du erkennst, dass es sich um Gedichte handelt.

**!** Gedichte, in denen mit Sprache so experimentiert und gespielt wird, dass besondere bildliche oder klangliche Formen entstehen, bezeichnet man als **konkrete Poesie**. Dabei werden Wörter, Buchstaben oder Sätze so angeordnet, dass mit der Form eine überraschende Aussage und Wirkung verbunden ist.

**9**

**a** Lies das folgende Gedicht von Renate Welsh.

**Die Brücke**

Worte Worte Worte
Worte Worte Worte Worte
Worte Worte
Worte Worte
Worte Worte
ICH Worte Worte DU

**b** Erkläre, woran du erkennst, dass es sich um konkrete Poesie handelt.

**c** Tauscht euch über die Aussage des Gedichts aus.

**d** Vergleiche das Gedicht aus Aufgabe a mit einem Gedicht von Václav Havel. Untersuche den Inhalt und die Form.

Worte
Worte
Worte
Worte
Worte
Worte
Worte
Worte
Worte
Worte
Worte
Worte
Worte
ich Worte du
ich ich Worte du du
ich ich Worte du du
ich ich Worte du du
ich ich Worte du du
ich ich Worte du du
ich ich Worte du du
ich ich Worte du du
ich ich Worte du du

**10** Versuche nun selbst, konkrete Poesie zu gestalten. Denke dir zuerst eine Überschrift aus oder nutze eine der folgenden.

Trauriger Baum | Im Regen | Schneckentempo

Was habe ich gelernt?

**11** Überprüfe, was du über Gedichte gelernt hast. Beantworte dazu die folgenden Fragen.

1 Welche Schritte solltest du bei einem Gedichtvergleich gehen?
2 Welche Merkmale weist konkrete Poesie auf?

# Eine Sage vorlesen

**1**

**a** Tragt zusammen, was ihr bereits über Sagen wisst.
Welche Sagen kennt ihr?

**b** Lies die folgende Sage.

**Der fliegende Holländer**

Tagelang schon hatte es gestürmt, und das Schiff im Hafen konnte nicht ausfahren. Das war dem Kapitän nicht recht, der ein grober und ungehorsamer Mann war. [...] So schrie er dem Sturm entgegen: »Morgen segeln wir!«

»Herr Kapitän«, sagte der Steuermann vorsichtig, »morgen ist Ostern. An Ostern fährt man nicht aus, das ist ein heiliger Tag.«

»Was schert mich Ostern«, erwiderte der Kapitän finster, »ich fahre aus!« »Nicht am Tag der Auferstehung«, sagte der Steuermann leise.

In dieser Nacht wuchs der Sturm zum Orkan, aber schon ganz früh befahl der Schiffer: »Wir stechen in See!«

Da fingen die Osterglocken zu läuten an. Die Matrosen hörten zu singen auf und starrten auf die Kirche, die rief und rief: Christus ist auferstanden!

»Ich fahre!«, rief der Kapitän.

»Das wirst du bereuen, Mann. Du siehst keinen Hafen mehr.«

Man hörte nur, wie der Sturm durch das Tauwerk pfiff und wie er mit den Segeln klapperte. Und man hörte die Osterglocken. Schweigend lichteten sie den Anker und warteten auf weiteren Befehl ihres Schiffers. Doch es kam kein Befehl.

Die Leute auf dem Kai wurden unruhig. Hier geschah etwas, das keiner fassen konnte. Die Segel des Schiffes blähten sich gegen den Wind! Das Schiff schoss gegen den Wind aus dem Hafen! Die Osterglocken läuteten. Und das Schiff fuhr trotzdem aus? Das konnte nur eine Totenreise werden. Es wurde still auf dem Kai.

Das Schiff wurde in keinem Hafen mehr gesehen. Nach vielen Jahren aber geschah es, dass in der Nähe des Kaps der Guten Hoffnung an Backbord eines friedlich dahinsegelnden Schiffes plötzlich ein anderes Schiff auftauchte, mit blutroten Segeln und einem pechschwarzen Rumpf. Dem alten Matrosen, der es als Erster

entdeckte, standen die Haare zu Berge und er schrie laut auf. Das Schiff fuhr gegen den Wind. Es war keine lebende Seele an Deck. »Ein Gespensterschiff wollt ihr gesehen haben?«, lachte der Kapitän, als man ihn herbeiholte. »Ans Takelwerk mit euch! Es gibt keine Gespenster!«
Am nächsten Tag aber warf ein fliegender Sturm das Schiff auf die Felsen, wo es zersplitterte. Der alte Matrose, der das Geisterschiff zuerst gesehen hatte, war der Einzige, der lebend an Land kam, und er war der Erste, der über den »Fliegenden Holländer« berichtete.
Immer wieder tauchte das Gespensterschiff in der Nähe des Kaps der Guten Hoffnung auf, und wehe dem Schiff, dessen Weg es kreuzt, es muss untergehen.
Seitdem kreuzt der »Fliegende Holländer« das Meer.

**c** Tauscht euch darüber aus, warum diese Sage wohl erzählt und überliefert wurde.

**2**

Eine Sage untersuchen

**a** Untersuche den Inhalt der Sage aus Aufgabe 1b.
- Nenne den Tag und den Ort, an dem die Sage spielt.
- Beschreibe den Konflikt zwischen dem Kapitän und dem Steuermann.
- Erzähle, wie es zur plötzlichen Ausfahrt des Schiffes kommt.
- Überlege, wer der »Fliegende Holländer« sein könnte. Begründe deine Meinung.

**b** Untersuche die sprachlichen Besonderheiten der Sage.
- Nenne Wortarten, die besonders häufig auftreten.
- Suche Satzzeichen heraus, die besonders häufig verwendet werden.
- Nenne weitere sprachliche Besonderheiten, die dir auffallen.

**c** Tauscht euch darüber aus, wie der Erzähler Spannung erzeugt.

Eine Sage nacherzählen

**3** Erzähle die Sage nach. Beachte dabei, was besonders spannend ist.

## Eine Sage vortragen

**3** Bereite die Sage für einen Lesevortrag vor.

**a** Lies die Sage zuerst mehrmals nur für dich: laut, halblaut oder leise. Achte auf die Satzzeichen.

**b** Trage Lesehilfen ein, die deinen Lesevortrag unterstützen sollen. Nimm dazu die folgende Schrittfolge zu Hilfe.

**TIPP**
Wenn das Buch nicht dir gehört, lege zum Arbeiten eine Folie über den Text oder nutze eine Kopie.

**So kannst du deinen Vortrag mit Lesehilfen vorbereiten**

1. Teile den Text in Abschnitte ein.
2. Unterstreiche die Wörter und Wortgruppen, die du betonen willst.
3. Setze einen Schrägstrich für eine kurze Pause, /
   zwei Schrägstriche für eine lange Pause. //
4. Zeichne die Satzmelodie ein:
   - Stimme senken
   - Stimme heben
5. Gestalte die wörtliche Rede abwechslungsreich, aber auch typisch für die einzelnen Sprecher.
6. Bringe die Grundstimmung der Sage durch deinen Tonfall zum Ausdruck: aufregend, spannend, fröhlich, laut, leise usw.
7. Beachte dein Sprechtempo.

**c** Übe das Vorlesen des folgenden Textabschnitts. Achte auf die Lesehilfen.

Tagelang schon hatte es gestürmt, / und das
Schiff im Hafen konnte nicht ausfahren. //
Das war dem Kapitän nicht recht, /
der ein grober und ungehorsamer
Mann war. [...] // So schrie er
dem Sturm entgegen: /
»Morgen segeln wir!«

**d** Tragt euch jetzt die gesamte Sage gegenseitig vor. Einigt euch vorher, wer welchen Abschnitt vorliest. Gebt euch Hinweise, was noch verbessert werden könnte.

# Informationen sammeln

## Sich in Zeitschriften informieren

**1**

**a** Überlegt, für welche Zwecke ihr im Alltag nach Informationen sucht.

**b** Tragt zusammen, wo man sich allgemeine Informationen besorgt und wo man Informationen zu speziellen Themen erhalten kann.

**c** Tauscht euch darüber aus, welche Quellen ihr selbst zur Informationssuche nutzt.

**2** Für Kinder gibt es viele verschiedene Zeitschriften.

**a** Tragt zusammen, welche Kinderzeitschriften ihr kennt und gerne lest.

**b** Tauscht euch darüber aus, wie ihr beim Lesen dieser Zeitschriften vorgeht.

**3** Eine bekannte Kinderzeitschrift ist GEOlino.

**a** Betrachte die Titelseite der Zeitschrift und sage, welche Inhalte du erwartest.

**b** Lies das Inhaltsverzeichnis. Überlege, welche Textinhalte du erwartest. Welches Thema interessiert dich besonders? Begründe, warum.

**Inhalt**

c Lies noch einmal das Inhaltsverzeichnis aus Aufgabe b. Nenne die Seiten, auf denen du etwas über Kinder aus aller Welt erfahren könntest. Begründe deine Entscheidung.

**!**

**Zeitschriften** erscheinen **regelmäßig** (einmal pro Woche, einmal pro Monat usw.) und richten sich an bestimmte Leser, z. B. an Kinder.
Bei einer Zeitschrift erkennt man meist schon am **Titelbild,** welche Leitthemen in der Ausgabe behandelt werden.
Das **Inhaltsverzeichnis** hilft einem dabei, sich einen schnellen Überblick über den Inhalt der Zeitschrift zu verschaffen und gezielt nach Informationen zu suchen.

**4** Sieh dir die Titelbilder der folgenden Zeitschriften an. Überlege, in welcher von ihnen du Informationen über das Leben in anderen Ländern findest.

**5** Neben GEOlino gibt es weitere Zeitschriften, die viele interessante Themen und Fakten für Kinder bereithalten.

a Nimm deine Lieblingszeitschrift und beschreibe das Titelbild. Welche Inhalte erwartest du in diesem Heft?

b Lies und untersuche das Inhaltsverzeichnis. Bestätigt sich deine Vermutung, die du beim Betrachten des Titelbildes hattest?

# Im Lexikon Informationen suchen

!

Ein **Lexikon** (Plural: Lexika) ist ein alphabetisch geordnetes Nachschlagewerk. Darin werden Begriffe und Namen aus allen Wissensgebieten erklärt. Auch Wörterbücher gehören zu den Lexika, da in ihnen die Bedeutung von Wörtern erklärt wird.

**1** Beschreibe den Aufbau des folgenden Lexikonartikels.

Landesnatur: Die Anden nehmen fast zwei Drittel von Peru ein. Sie gliedern sich im Süden in zwei z. T. vulkanische Ketten (Misti 5842 m, Nudo Coropuna 6613 m), die an der Grenze nach Bolivien ein trockenes Hochbecken, das *Altiplano* mit dem Titicacasee, einschließen, während im Norden drei Ketten ausgebildet sind. Nach Osten senkt sich das Land über die Hügellandschaft der *Montaña* zum Amazonastiefland *(Selva)*. – Das Gebirge *(Sierra)* trägt überwiegend Kältesteppen, das Küstenland *(Costa)* ist teilweise wüstenhaft. Die Montaña und Selva werden von tropischen Regenwäldern eingenommen.

**2** Suche aus einem Lexikon Informationen über Peru heraus.

**a** Übertrage die folgende Tabelle in dein Heft und ergänze sie.

| Information über Peru | Lexikon, Verlag, Erscheinungsjahr |
|---|---|
| Staat in Südamerika,<br>27,9 Millionen Einwohner,<br>... | Bertelsmann Jugendlexikon,<br>Wissen Media Verlag, 2008<br>... |

**b** Beschreibe, wie du bei der Suche im Lexikon zum Thema »Peru« vorgegangen bist.

**c** Sieh dir auf einer Weltkarte das Land Peru an.

→ S. 40 Berichten

**3** Sucht in verschiedenen Lexika Informationen zu Kinderrechten.

**a** Tragt die Informationen in einer Tabelle wie in Aufgabe 2 a zusammen.

**b** Tauscht euch darüber aus, welche Informationen ihr gefunden habt.

## In Sachbüchern Informationen suchen

**1** Sachtexte informieren den Leser über ein bestimmtes Thema.

**a** Tragt zusammen, was ihr außerdem über Sachtexte wisst.

**b** Stellt Vermutungen darüber an, was Sachbücher sein könnten.

**c** Nennt Sachbücher, die ihr kennt und gerne lest.

**2** Du suchst in einem Sachbuch Informationen zum Thema »Kinderrechte«.

**a** Beschreibe, wie du bei der Suche vorgehen würdest.

**b** Tragt zusammen, welche Möglichkeiten es gibt, schnell zu erkennen, über welche Themen ein Sachbuch informiert.

! **Sachbücher** vermitteln in allgemein verständlicher Sprache Wissen für eine breite Leserschaft. Um Informationen zu einem bestimmten Thema zu finden, muss man geeignete Sachbücher suchen. **Inhaltsverzeichnis, Klappentext** und **Register** helfen, sich einen ersten Überblick über die im Buch behandelten Fragen zu verschaffen.

**c** Wähle ein Sachbuch aus und beschreibe seinen Aufbau.

**3** Im Sachbuch »Die Kinder-Uni 2: Forscher erklären die Rätsel der Welt« können sich Kinder über wissenschaftliche Themen informieren.

**a** Stelle mithilfe des Klappentextes Vermutungen an, ob du in diesem Buch Informationen zum Thema »Kinderrechte« finden wirst.

Start frei für das zweite Semester an der Kinder-Uni!
Warum dürfen Erwachsene mehr als Kinder?
Warum sind die griechischen Statuen nackt?
Warum bin ich Ich?
Warum fallen die Sterne nicht vom Himmel?
Ein geistreiches und unterhaltsames Wissensbuch
nicht nur für junge Leser.

**b** Lies das Inhaltsverzeichnis. In welchem Kapitel könntest du Informationen über Kinderrechte finden?

## Inhalt



**4** Sucht weitere Sachbücher für Kinder, in denen ihr Informationen über Kinderrechte finden könntet.

**a** Lest den Klappentext. Stellt Vermutungen an, ob die gesuchten Informationen hier zu finden sind.

**b** Seht euch das Inhaltsverzeichnis und das Register an. Prüft, ob ihr das Gesuchte findet.

**!** Wenn man einem Buch **Informationen** zum gesuchten Thema **entnommen** hat, muss man die genaue Quelle angeben. Eine **Quellenangabe** sollte Folgendes enthalten:

- Autorin/Autor: *Janßen, Ulrich und Steuernagel, Ulla:*
- Titel: *Die Kinder-Uni 2: Forscher erklären die Rätsel der Welt.*
- Ort, Verlag, Jahr: *München: Deutsche Verlagsanstalt, 2004,*
- Seitenzahl, woher die Information stammt: *S. 54–58.*

**c** Wenn ihr in eurem Buch Material gefunden habt, stellt eine Quellenangabe nach dem folgenden Muster zusammen.

*Autorin/Autor: Titel. Ort: Verlag, Jahr, Seitenzahl.*

## Im Internet Informationen suchen

**1** Ihr könnt auch im Internet Material über Kinderrechte suchen.

**a** Nennt Suchmaschinen, die ihr schon benutzt habt.

**b** Wählt eine Suchmaschine aus. Gebt die Adresse in das Adressfeld des Internetfensters ein.

Adressfeld

Suchfeld

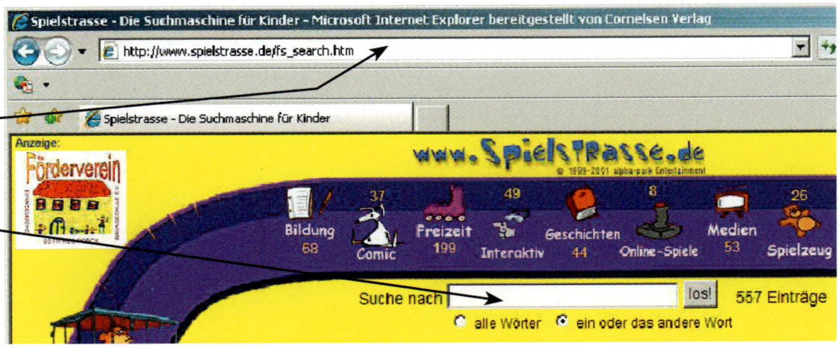


**c** Überlegt euch Schlagwörter zum Thema »Kinderrechte«, die ihr ins Suchfeld eingeben könnt.

*Kinderrechte, Kinderschutz, …*

**!** Wenn man Informationen und Textstellen **aus dem Internet** entnimmt, muss man, wie bei Büchern auch, die **Quellenangabe** notieren. Sie sollte folgende Angaben enthalten:
- Autorin/Autor (wenn möglich): *Eichholz, Reinald:*
- Titel und Untertitel des Beitrags: *Die Rechte des Kindes.*
- »Online im Internet« sowie die Internetadresse: *Online im Internet: http://kindersache.de/rechte/default.htm?a=./rechte_un.htm*
- Abrufdatum, z. B.: *[20.11.2009]*

**d** Schreibt die Informationen zum Thema »Kinderrechte« auf und notiert dahinter die Quelle.

*– Jeder Mensch hat das Recht zu leben, auch jedes Kind.*
*– …*
*Aus: Eichholz, Reinald: Die Rechte des Kindes. Online im Internet: http://kindersache.de/rechte/default.htm?a=./rechte_un.htm [20.11.2009]*

!

Du kannst auch ohne Suchmaschine im Internet nach Informationen zu interessanten Themen suchen. Dazu musst du geeignete Internetseiten kennen. Bekannte **Internetadressen für Kinder** sind z. B.:

| | |
|---|---|
| *logo!* | logo.tivi.de |
| *GEOlino* | http://www.geo.de/GEOlino |

Wenn man eine bestimmte Internetseite häufiger und schnell aufsuchen möchte, kann man sie auch in seinem Internetbrowser als Lesezeichen bzw. Favorit speichern.

**2**

**a** Gib die Adresse von *logo!* in das Adressfeld ein Beschreibe die geöffnete Internetseite.

**b** Suche im Nachrichtenlexikon oder über die Suchfunktion mindestens einen Text zum Thema »Kinderrechte«.

**c** Schreibe die Informationen, die du gesammelt hast, in dein Heft. Notiere auch die Quellenangabe.

**So kannst du Informationen suchen**

1. Überlege dir Schlüsselwörter zum Thema.
2. Lies den Klappentext, das Inhaltsverzeichnis und das Register von Zeitschriften und Büchern.
3. Gib die Schlüsselwörter im Internet in eine Suchmaschine ein.
4. Blättere die gefundenen Seiten durch und überfliege den Text.
5. Überprüfe, ob er die gesuchte Information enthält.

**TIPP**
Sammelt Informationen zu möglichst vielen Kinderrechten.

**3** Wähle dir ein Kinderrecht aus und informiere dich darüber, wie es mit der Umsetzung dieses Rechts in der Welt aussieht.

**a** Suche in allen möglichen Informationsquellen nach Informationen: in Lexika, Kinderzeitschriften, Sachbüchern und dem Internet.

→ S. 47 Präsentieren
→ S. 40 Berichten

**b** Bereite einen kurzen Vortrag vor und halte ihn in der Klasse.

**c** Gestaltet mithilfe der gesammelten Informationen eine Wandzeitung zum Thema »Kinderrechte in der ganzen Welt«.

# Sachtexte erschließen

## Einem Text Informationen entnehmen

!

Um einen Sachtext richtig und vollständig zu verstehen, kann man die **5-Gang-Lesetechnik** nutzen:

**1. Den Text überfliegen:**
- einen ersten Eindruck vom Inhalt verschaffen
- auf Überschriften, Einleitungen, Grafiken oder Bilder achten

**2. Fragen an den Text stellen:**
- überlegen, welche Fragen der Text beantworten kann

**3. Den Text gründlich lesen:**
- den Text in Abschnitte gliedern und Teilüberschriften formulieren
- unbekannte Wörter erschließen oder nachschlagen

**4. Das Wichtigste zusammenfassen:**
- abschnittsweise lesen, wichtige Informationen markieren oder notieren

**5. Den Text noch einmal lesen:**
- kontrollieren, ob alles Wichtige erfasst wurde

Den Text überfliegen

**1** Um zu erfassen, worüber ein Text etwas aussagt, können dir vorhandene oder selbst gebildete Überschriften helfen.

**a** Lies die Überschrift des Textes in Aufgabe e und leite Vermutungen zum Thema und zum Inhalt des Textes ab.

**b** Tauscht euch über eure Vermutungen zum Textinhalt aus.

**c** Erkläre, warum die Überschrift des Textes unterschiedliche Erwartungen zum Textinhalt hervorruft.

**d** Suche dir die Art des überfliegenden Lesens aus, die dir am leichtesten fällt und die du verwenden möchtest:
- Diagonallesen,
- Slalomlesen oder
- Zickzacklesen.

**e** Überfliege den Text und überprüfe, ob deine Erwartungen zutreffen.

**Auf die Plätze, fertig, los**

Was braucht der Mensch zum Glücklichsein? Genügend zu essen, ein Dach über dem Kopf, Freunde und: Bewegung. Ja, ihr habt richtig gelesen. Unser Motor muss regelmäßig auf Touren kommen, damit er reibungslos funktioniert. Das haben wir unseren Urahnen zu verdanken.

Bewegung brauchen wir wie die Luft zum Atmen. Denn unser Körper funktioniert nach einem Programm, das vor mehr als 10 000 Jahren geschrieben wurde: Die Menschen der Steinzeit mussten fit sein, wenn sie nicht verhungern wollten. Bei der Jagd nach Hirschen oder Wildschweinen blieb den Männern keine Zeit zur Rast. Sie liefen kilometerweit querfeldein, sprangen über Stock und Stein und trugen Speere oder gar Steine bei sich, die am Ende auch noch ihr Ziel treffen mussten. Ein Dauertraining!

Die Knochen und Muskeln der Jäger passten sich diesen Lebensbedingungen an. Machte einer dank seiner starken Oberarme und schnellen Beine besonders häufig Beute, stiegen seine Überlebenschancen und somit die Wahrscheinlichkeit, dass er eine Familie gründen würde. Den genetischen Bauplan seiner Arme und Beine vererbte er seinen Kindern. Die wiederum gaben ihn an ihre Kinder und so weiter. Dadurch haben wir heute die perfekte körperliche Ausrüstung für viel Bewegung.

Der Haken an der Sache: Um satt zu werden, muss heute niemand mehr flitzen. Was wir zum Leben brauchen, kann man bequem im Supermarkt kaufen. Aber noch immer verlangt unser Körper nach Bewegung. Bekommt er zu wenig, stockt der menschliche Motor. Wer dagegen regelmäßig trainiert, bringt seinen Körper auf Touren und wappnet ihn gegen Angriffe jeder Art. Krankheitserreger etwa ziehen den Kürzeren, weil sich unsere körpereigene »Armee«, das Immunsystem, dank der Bewegung verstärkt hat. Ein Stolperer wirft uns nicht gleich aus der Bahn, denn trainierte Muskeln und Sehnen geben Halt wie ein Gerüst. Die Fettpolster schmelzen, im Gehirn sprießen neue Nervenzellen – Speicherplatz für neues Wissen! Zu guter Letzt schütten die Schilddrüse und andere körpereigene Stimmungslenker beim Training gleich säckeweise Gute-Laune-Hormone aus. Machst du dir diese Seiten des Sports schon zunutze? Einen Versuch ist es wert. Du wirst sehen: Wer den S-Zauber einmal gespürt hat, der möchte ihn nie mehr missen.

**2** Du suchst Informationen, warum der Mensch Bewegung braucht.

Fragen an den Text stellen

**a** Überlege dir Fragen, die du vom Text beantwortet haben möchtest.

*Was bewirkt Bewegung im menschlichen Körper? …*

**b** Stelle zu diesen Fragen Schlüsselwörter zusammen, nach denen du beim Lesen gezielt suchen kannst.

*Bewegung, Körper, Muskeln, …*

**3**

Den Text gründlich lesen

**a** Unterteile den Text aus Aufgabe 1e (S. 81) in Abschnitte. Lies diese gründlich.

**b** Notiere unbekannte Begriffe. Schlage ihre Bedeutung nach, wenn du sie nicht aus dem Zusammenhang erschließen kannst.

**c** Formuliere für jeden Abschnitt eine passende Teilüberschrift.

**TIPP**
Die Antworten können in mehreren Abschnitten enthalten sein.

**d** Beantworte folgende Fragen schriftlich. Orientiere dich bei der Suche nach Antworten an deinen Teilüberschriften und Schlüsselwörtern.

1 Warum ist Bewegung für den Menschen heute so wichtig?
2 Warum braucht unser Körper viel Bewegung?
3 Welche positiven Auswirkungen hat Sport auf den Menschen und welche Gründe gibt es dafür?

**TIPP**
Im Text werden fünf positive Auswirkungen von Sport genannt.

**e** Überlege genau, welches Thema im Text angesprochen wird. Formuliere die Hauptaussage des Textes als neue Überschrift.

**4** Du suchst Antwort auf die Frage »Wodurch haben wir heute die perfekte körperliche Ausrüstung für viel Bewegung?«.

**a** Überlege dir Schlüsselwörter zu dieser Frage und suche sie im Text.

**b** Suche mithilfe deiner Schlüsselwörter im Text von Aufgabe 1e die Textstelle heraus, die die Frage beantwortet.

**c** Lies diese Textstelle gründlich. Schreibe die Frage in dein Heft und notiere die Antwort in Stichworten.

Das Wichtigste zusammenfassen

**TIPP**
Wenn das Buch nicht dir gehört, lege eine Folie über den Text.

Den Text noch einmal lesen

**5**

**a** Lies den Text noch einmal und markiere in jedem Abschnitt die wichtigsten Informationen.

**b** Fasse mit eigenen Worten zusammen, was das Wichtigste in jedem Abschnitt ist. Notiere Stichpunkte in deinem Heft.

**c** Lies den Text noch einmal und überprüfe, ob du alle wichtigen Informationen erfasst hast.

**6** Lies den folgenden Text mithilfe der 5-Gang-Lesetechnik.

Den Text überfliegen

**a** Überfliege den Text und nenne das Thema, um das es geht. Achte auf Überschriften, Teilüberschriften und Bilder.

Für den Sport-Neuling ist das ungewohnte Training zu Beginn anstrengend. Aber schon nach wenigen Wochen beginnen sich die Kraftwerke in den Zellen, die Mitochondrien, zu vergrößern und mehr Energie zu produzieren. Gleichzeitig wird mehr Sauerstoff transportiert. Sport fällt jetzt spürbar leichter. Durch das Training bilden sich in den Muskeln neue Blutgefäße. Außerdem weiten sich die Blutgefäße und die roten Blutkörperchen fließen besser.
Das führt dazu, dass die Muskeln besser mit Sauerstoff und Nährstoffen versorgt werden. Das heißt, die Muskeln werden leistungsfähiger. Deshalb muss sich ein Sportler weniger anstrengen, um die gleiche Strecke zu absolvieren, als ein untrainierter Mensch.

Wie die übrigen Muskeln wird auch das Herz durch das Training leistungsfähiger. Weil es kräftiger schlägt, kommt es mit weniger Schlägen aus, um die gleiche Menge Blut in den Körper zu pumpen. Das Sportlerherz kann also im Schongang arbeiten, weil es Energie und vor allem lebenswichtigen Sauerstoff spart. Da die Gefäße im Körper weit gestellt sind, sinkt durch den regelmäßigen Sport auch ein erhöhter Blutdruck. Weil die Blutzuckerwerte durch regelmäßige Bewegung deutlich sinken, verringern sich auch die Blutfettwerte. Dadurch lässt sich Übergewicht reduzieren.

Fragen an den Text stellen

**b** Überlege, was du zum Thema des Textes weißt und was du erfahren möchtest. Stelle Fragen an den Text.

Den Text gründlich lesen

**c** Lies den Text gründlich. Entscheide, ob die folgenden Aussagen richtig oder falsch sind.

1. Ohne Sport fließen die roten Blutkörperchen besser.
2. Durch Sport werden die Muskeln besser mit Nährstoffen versorgt.
3. Ein trainiertes Herz schlägt öfter.
4. Die Kraftwerke in den Zellen heißen Mitrochandrien.
5. Durch Ausdauersport lässt sich Übergewicht reduzieren.
6. Ein Sportlerherz braucht mehr Sauerstoff.

Das Wichtigste zusammenfassen

**d** Notiere das Wichtigste aus jedem Abschnitt in Stichpunkten in deinem Heft.

Den Text noch einmal lesen

**e** Lies den Text noch einmal. Überprüfe, ob du alle wichtigen Informationen erfasst hast.

**7**

**a** Überfliege den Text und verschaffe dir einen Überblick über den Inhalt.

Der Mensch hat 650 verschiedene Muskeln. Und all diese Muskeln übernehmen verschiedene Aufgaben. Muskeln braucht man nicht nur, um sich fortzubewegen [...]. Ohne Muskeln könnte man gar nicht leben, denn [...] der wichtigste Muskel im menschlichen Körper ist das Herz. Auch essen, atmen, sprechen und lachen wären ohne Muskeln undenkbar. [...]

Man unterscheidet zwischen glatter Muskulatur und quergestreifter Muskulatur: Die glatte Muskulatur lässt sich nicht von unserem Willen beeinflussen. Sie macht, was sie will. Wenn man zum Beispiel eine Gänsehaut bekommt, sorgt die Muskulatur unter der Haut dafür, dass die Härchen sich aufstellen. Darauf hat man keinen Einfluss.

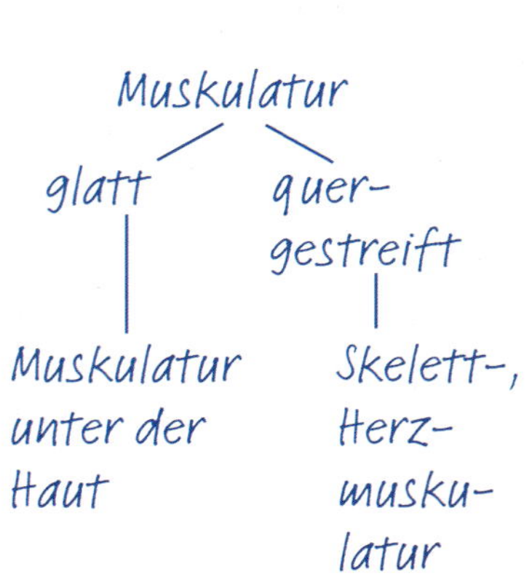

Die quergestreifte Muskulatur (so nennt man die Skelettmuskulatur und die Herzmuskulatur) wird vom zentralen Nervensystem gesteuert und ist eurem Willen unterworfen. Damit könnt ihr Bewegungen ausführen. Eine Ausnahme ist natürlich der Herzmuskel: Der besitzt auch eine quergestreifte Muskulatur und macht trotzdem nicht, was ihr wollt, sondern arbeitet unabhängig. [...] Der kräftigste Muskel ist der »Gluteus Maximus«, der Gesäßmuskel. Der kleinste Muskel ist der »Stapedius«, der sitzt im Ohr und der längste Muskel heißt »Sartorius«. Der verbindet das Knie mit der Hüfte. Auch diese drei Muskeln gehören zur Skelettmuskulatur. Sie hält unseren Körper nicht nur in Bewegung, sondern bestimmt auch unsere Körperhaltung. Und ist die schlecht, hilft nur Sport! Nach dem Sport haben viele Menschen einen Muskelkater. Und was ist das nun wieder? Der Schmerz, den man empfindet, entsteht durch feine Risse und Blutergüsse im Muskel, die man sich beim Sport – oder bei jeder anderen Art von ungewohnter Belastung der Muskeln – zugezogen hat. Das passiert meist dann, wenn man sich und seine Muskeln vor dem Sport nicht ausreichend aufgewärmt hat. Aber keine Sorge – meist verschwindet der Muskelkater innerhalb von ein paar Tagen wieder.

*Ausnahme!*

*Bsp. für Skelettmuskulatur:*
*1. Gluteus Maximus (kräftigster M., Gesäß)*
*2. Stapedius (kleinster M., im Ohr)*
*3. Sartorius (längster M., Knie-Hüfte)*

*Muskelkater:*
*– entsteht durch feine Risse und Blutergüsse im M.*
*– bei ungewohnter Belastung*
*– wenn die M. vor dem Sport nicht ausreichend aufgewärmt wurden*

**b** Formuliere eine Textüberschrift und notiere sie in deinem Heft.

**8** Der Text wurde bereits mit Markierungen, Randnotizen und Anmerkungen versehen.

**a** Prüfe, wie sie dir helfen, den Text besser zu verstehen.

**b** Tauscht euch über die Möglichkeiten aus, Wichtiges im Text oder am Rand kenntlich zu machen.

**c** Lies den ersten Abschnitt des Textes (S. 84–85, Aufgabe 7 a) gründlich und notiere das Wichtigste unter deiner Textüberschrift im Heft.

**!**

Oft muss man aus Sachtexten **Informationen herausschreiben**, um sie in anderen Zusammenhängen verwenden zu können.
Achte dabei auf:

- **Lesbarkeit**: sauber und nicht zu klein schreiben,
- **Übersichtlichkeit**: z. B. Unterstreichungen vornehmen, verschiedene Farben nutzen, Wörter einrücken, Abkürzungen und Zeichen bzw. Pfeile verwenden, Wichtiges groß oder fett schreiben,
- **Kürze**: Formulierung genau überlegen, nicht zu viel aufschreiben.

**9**

**a** Verschaffe dir durch Überfliegen des Textes einen Überblick über den Textinhalt. Nenne das Thema, um das es geht.

Die Geschichte der Olympischen Spiele beginnt vor bald 3000 Jahren im alten Griechenland. In den Stadien von Olympia kämpften bereits die besten Athleten des Altertums vor bis zu 50 000 Zuschauern um den Sieg. Manche mit ziemlich brutalen Methoden. Dabei hat das Spektakel, das alle vier Jahre in der westgriechischen Provinz Elis stattfand, ganz klein angefangen: als Fest zu Ehren des Göttervaters Zeus. Im Jahr 776 vor Christus kam jemand auf die Idee, bei der Feier auch einen Lauf zu veranstalten. Man einigte sich auf den Sprint. Ein paar Männer aus der Umgebung machten mit; es gewann angeblich ein Koch. Weil der Lauf beliebt war, wurde er bald wiederholt. Mit der Zeit kamen immer mehr Wettbewerbe hinzu: weitere Läufe, Ringen, Boxen und ein Fünfkampf. Nach knapp 100 Jahren auch die geschätzten Pferderennen. Bald pilgerten zehntausende Fans nach Olympia. Ohne jede Gefahr – denn die griechischen Staaten, die sonst oft im Krieg miteinander lagen, hatten sich darauf geeinigt, während der Spiele Frieden zu halten.

Für die Sportler ist bei den Olympischen Spielen im alten Griechenland nicht viel zu gewinnen: Der Sieger bekommt einen Kranz aus den Zweigen des Olivenbaums aufgesetzt. Außerdem darf er eine Bronzestatue von sich im heiligen Hain Olympias aufstellen lassen. Schon der Zweite gilt bei den Griechen als Verlierer und geht leer aus. Viele Menschen glauben deshalb heute, dass die antiken Sportler Amateure waren, die vor allem aus Spaß bei diesem Kräftemessen mitmachten. Doch das stimmt nicht. Denn die Sieger von Olympia können bei anderen Sportfesten in Griechenland hohe Startgelder kassieren. Manche, wie der Boxer Theogenes aus Thasos, werden auf diese Weise steinreich. Er kann es sich sogar leisten, einmal 12 000 Drachmen Strafe zu zahlen, weil er nicht mit vollem Einsatz kämpft. Das sind über 30 Jahresgehälter eines Arbeiters.

Wo so viel Geld zu verdienen ist, geht es nicht immer fair zu. Zwar schwören die Sportler in Olympia, den Regeln zu gehorchen – aber das vergessen sie danach schnell wieder. Bei den Sprints gehört Beinstellen zu den beliebten Tricks. Pferdebesitzer, die ihre Wagen siegen sehen wollen, bestechen die Fahrer ihrer Konkurrenten oder vergiften gar deren Pferde. Es gibt wohl Schiedsrichter. Doch auch von denen sind einige bestechlich. Manchmal lassen sie sogar ihre eigenen Gespanne an den Wettbewerben teilnehmen und erklären sie dann zum Sieger.

**b** Besprecht passende Überschriften zum Text und schreibt eine in euer Heft.

**TIPP**
Wenn das Buch nicht dir gehört, kopiere den Text.

**c** Lies den Text noch einmal und markiere unbekannte Wörter und wichtige Stellen, mache Randnotizen und Anmerkungen.

**d** Schlage die dir unbekannten Wörter im Wörterbuch nach, wenn du sie nicht aus dem Textzusammenhang erschließen kannst.

**e** Notiere zu jedem Abschnitt eine Teilüberschrift in Form einer Frage.

*1. Seit wann gibt es Olympische Spiele?*
*2. …*

**f** Notiere zu den Teilüberschriften Antworten in Form von Stichpunkten.

## Schwierige Textstellen entschlüsseln

**1**

**a** Lies den folgenden Satz mehrmals laut.

In einer anonymen Umfrage unter US-Sportlern hatte vor einiger Zeit mehr als die Hälfte von ihnen angegeben, dass, wenn man ihnen garantiere, dass sie von nun an jeden Wettkampf gewännen, sie alles schlucken würden, selbst wenn sie wüssten, dass sie nach fünf Jahren daran sterben.

**b** Löse den Satz in mehrere kürzere Sätze auf. Gehe dabei so vor:
- Überlege, welche Aussagen zusammengehören.
- Trenne diese Sinneinheiten mit einem Schrägstrich voneinander ab.
- Bilde aus den Sinneinheiten jeweils einen vollständigen Satz.

In einer anonymen Umfrage unter US-Sportlern / hatte vor einiger Zeit mehr als die Hälfte von ihnen angegeben, dass ...

*Vor einiger Zeit wurde unter US-Sportlern eine anonyme Umfrage durchgeführt. ...*

**2** Teile den folgenden Satz in vier kurze Sätze auf. Schreibe diese in dein Heft.

Die am häufigsten verwendeten Dopingmittel sind Muskelaufbaupräparate, so genannte Anabolika, die die Muskeln wachsen lassen, sodass Sportler bessere Leistungen erzielen.

*Die am häufigsten ...*

**So kannst du schwierige Textstellen entschlüsseln**
1. Lies den Text mehrmals, auch laut.
2. Markiere die Textstellen, die du nicht verstehst. Lies sie mehrmals.
3. Schlage Wörter, die du nicht aus dem Textzusammenhang erschließen kannst, im Wörterbuch nach.
4. Zerlege längere Sätze in mehrere einfache Sätze.

## Einer Tabelle oder Grafik Informationen entnehmen

**!** In Sachtexten sind häufig grafische Schaubilder, z. B. **Tabellen** oder **Grafiken**, enthalten. Sie informieren die Leser in anschaulicher Form über Zahlen, Vorgänge und Entwicklungen.

**1**

**a** Lies den folgenden Text.

**Training für den Nachtisch**

Wer isst nicht gerne Süßes oder verzichtet freiwillig auf den Nachtisch? Um dennoch nicht kugelrund zu werden, hilft Sport, überflüssige Kalorien wieder zu verbrauchen. Die folgende Tabelle zeigt, wie lange ein Erwachsener, der 75 Kilogramm schwer ist, eine Sportart betreiben muss, um eine bestimmte Menge Kalorien zu verbrauchen.

Spalte

Zeile

| Sportart | Ungefährer Kalorienverbrauch pro Minute Sport (kcal/min) | Minuten Trainingszeit pro Stück Schwarzwälder Kirschtorte (etwa 350 kcal) | Minuten Trainingszeit pro Nussecke (etwa 280 kcal) |
|---|---|---|---|
| Federball | 5 | 70 | 56 |
| Fußball | 10 | 35 | 28 |
| Gymnastik | 5 | 70 | 56 |
| Inlineskating | 9 | 39 | 31 |
| Jogging (mittelschnell) | 13 | 27 | 22 |
| Radfahren (mittelschnell) | 12 | 29 | 23 |
| Schwimmen (Brust) | 5 | 70 | 56 |
| Spazierengehen | 4 | 88 | 70 |
| Tennis | 8 | 44 | 35 |
| Tischtennis | 5 | 70 | 56 |

Eine Tabelle untersuchen

**b** Erfasse den Inhalt der Tabelle in Aufgabe a. Beantworte folgende Fragen.

1. Was wird in der Tabelle dargestellt?
2. Welche Daten werden aufgeführt? Lies dazu die Überschriften der Spalten.
3. Welche Informationen werden in den Zeilen der Tabelle gegeben?

**c** Beantworte mithilfe der Tabelle die folgenden Fragen.

1. Nach dem Essen welchen Gebäcks muss man mehr Sport treiben, um die aufgenommenen Kalorien abzubauen?
2. Wie viele Kalorien verbraucht ein Erwachsener, wenn er eine Minute mittelschnell Rad fährt?
3. Welche aufgeführte Sportart verbrennt am meisten Kalorien?
4. Wie lange muss ein Erwachsener spazieren gehen, um die Kalorien von einem Stück Schwarzwälder Kirschtorte abzubauen?
5. Sind mit einer halben Stunde Gymnastik die Kalorien der Nussecke verbraucht?

**d** Denke dir für deine Mitschülerinnen und Mitschüler weitere Fragen zur Tabelle aus.

**2**

**a** Sieh dir das folgende Diagramm an.

**Sportliche Aktivität von Jungen und Mädchen im Alter von 11 bis 13 Jahren**

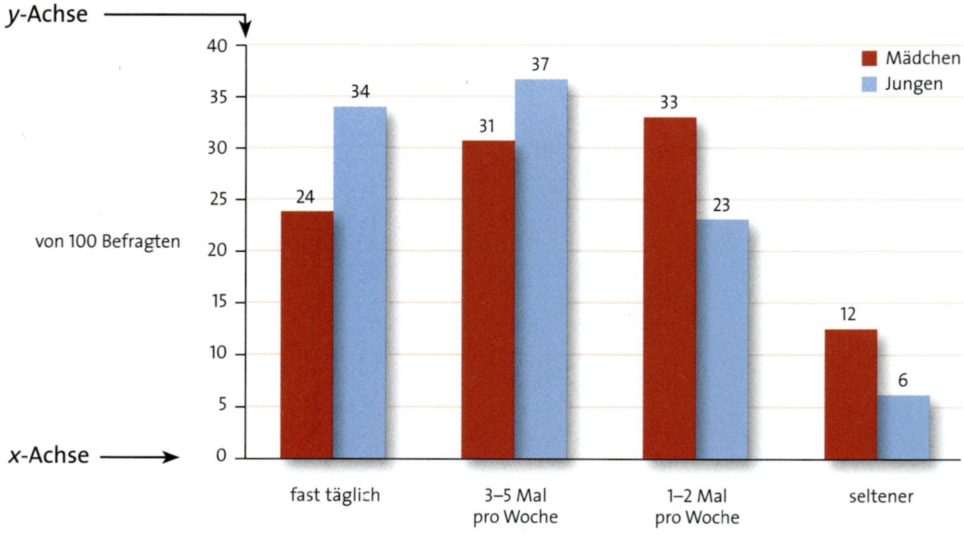

Eine Grafik untersuchen

**b** Erfasse den Inhalt des Diagramms. Beantworte folgende Fragen.

**1** Was ist im Diagramm dargestellt?
**2** Welche Größen kannst du der *x*-Achse des Diagramms entnehmen?
**3** Welche Größen kannst du der *y*-Achse des Diagramms entnehmen?

**c** Beantworte mithilfe des Diagramms die folgenden Fragen.

**1** Treiben in dem angegebenen Alter Mädchen oder Jungen häufiger Sport?
**2** Gibt es mehr Mädchen oder mehr Jungen, die seltener als ein- bis zweimal in der Woche Sport treiben?
**3** Wie viele Jungen von 100 Befragten treiben fast täglich Sport?
**4** Welcher ist der höchste Wert im Diagramm?

**So kannst du Informationen aus Tabellen und Grafiken entnehmen**

1. Lies die Überschrift. Welches Thema wird behandelt?
2. Lies die Bezeichnungen der Achsen des Diagramms bzw. der Spalten und Zeilen der Tabelle. Was wird jeweils angegeben?
3. Entnimm den Darstellungen die konkreten Werte.
4. Vergleiche die Werte miteinander.
5. Ziehe Schlussfolgerungen aus dem Vergleich.

**3** Sieh dir die folgende Grafik an. Welche Informationen kannst du ihr entnehmen? Schreibe eine Zusammenfassung in dein Heft.

**Welche Sportarten Kinder betreiben**

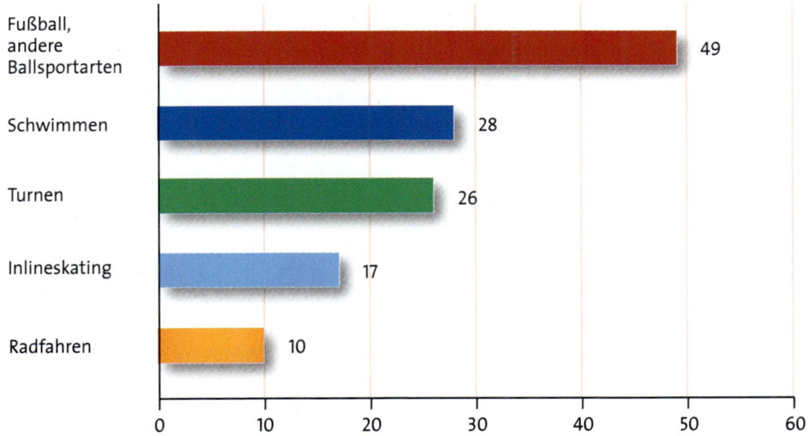


von 100 Befragten
Es waren Mehrfachnennungen möglich.

# Teste dich selbst!

**1**

Den Text überfliegen

**a** Überfliege den folgenden Text und erfasse das Thema.

Einmal Milliardär sein – wer wünscht sich das nicht? So verwegen ist der Wunsch gar nicht, denn tatsächlich verfügen deutsche Kinder und Jugendliche über viel Geld. Zusammen besitzen sie über 6,4 Milliarden Euro! 3,8 Milliarden davon liegen auf Sparkonten. 2,6 Milliarden aber bringt ihr für Kino, Klamotten, Naschen usw. wieder unters Volk.
Ihr investiert euer Geld, das heißt, ihr gebt es für etwas aus, und das ist auch in Ordnung. Denn so wird die Wirtschaft am Laufen gehalten. Wenn alle nur sparen, ist das sogar schlecht für die Volkswirtschaft.
Doch ihr müsst auch gut überlegen, wie ihr euer Geld ausgebt. Wer wenig Taschengeld hat, kennt dieses Problem nur zu gut. Ein Taschengeldplan hilft, dass das Portmonee nicht schon Mitte des Monats wieder leer ist.
Richtig Geld auszugeben, ist fast so schwierig wie Geld zu verdienen. Denn eure vielen Milliarden geben euch auch Macht. Deshalb überlegt gut: Wen und was wollt ihr damit unterstützen? Zum Beispiel sind Bioprodukte oder fair gehandelte Waren zwar teurer als Billigwaren, aber langfristig besser für Umwelt und Gesellschaft.
Wer dagegen nur nach der Devise »Je billiger, desto besser« kauft, darf sich nicht wundern, wenn seine Waren unter unwürdigen Bedingungen in Dritte-Welt-Ländern hergestellt wurden – und das kleine Geschäft um die Ecke, in dem einen die Verkäufer wirklich noch beraten, verschwindet. Es lohnt sich also zu überlegen, wofür und warum ihr euer Geld ausgebt.

**b** Notiere eine Überschrift, die auf das Thema des Textes hinweist.

**2**

Fragen an den Text beantworten

**a** Lies den Text gründlich und beantworte die Fragen schriftlich.

1 Warum ist das Taschengeld der Kinder und Jugendlichen für die Wirtschaft interessant?
2 Wie sollte man sein Geld richtig ausgeben?

**b** Formuliere den letzten Satz als Bitte der Autorin.

c Überlege, warum die Autorin ihren Text nicht gleich mit dem zweiten Abschnitt begonnen hat. Notiere mindestens einen Grund.

Das Wichtigste zusammenfassen

**3**

a Lies den Text Abschnitt für Abschnitt und überlege, was das Wichtige in jedem Abschnitt ist. Notiere es in Stichpunkten.

b Lies den Text noch einmal und überprüfe, ob du alle wichtigen Informationen erfasst hast.

Einzelne Informationen finden

**4** Wie viel Geld besitzen deutsche Kinder?

a Suche den Abschnitt, der die Antwort auf diese Frage enthält.

b Lies diesen Abschnitt gründlich. Antworte in ein bis zwei Sätzen.

Ein Diagramm auswerten

**5**

a Welche Größen beinhalten die beiden Achsen des Diagramms?

**Werden schon Kinder durch Werbung dazu verleitet, Dinge zu kaufen, die sie nicht brauchen?**

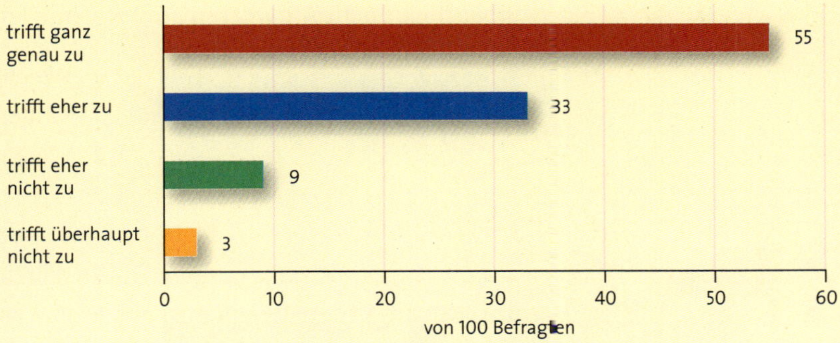


b Entscheide mithilfe des Diagramms, ob die folgenden Aussagen richtig oder falsch sind.

1 Die Mehrheit der Befragten meint, dass die Werbung Kinder nicht dazu verleitet, Dinge zu kaufen, die sie nicht brauchen.
2 33 von 100 Befragten meinen, die Aussage trifft ganz genau zu.
3 Nur 3 von 100 Befragten glauben, dass die Werbung einen geringen Einfluss darauf hat, was Kinder kaufen.

# Mit Medien umgehen

**1** Die Welt der Bücher ist auch eine Welt der Rekorde.

**a** Lies den folgenden Text.

Wusstest du schon, dass
- die UNESCO ein Buch erst ab einem Mindestumfang von 49 Seiten als solches bezeichnet und damit alle Bücher mit exakt 49 Seiten die dünnsten der Welt sind?
- das größte Buch der Welt Abmessungen von 3,07 Meter mal 3,42 Meter besitzt? Es handelt sich um einen Bildband des Autoherstellers Mazda.
- das teuerste Buch bei einer Auktion im Jahr 2000 den Rekordpreis von 8 802 500 US-Dollar erzielte?
- das aus öffentlichen Bibliotheken meistgestohlene Buch der Welt das Guinness-Buch der Rekorde ist?
- das schwerste Buch aus 300 Seiten großformatigen Pergaments 210 Kilogramm wiegt?

**b** Sammelt weitere spektakuläre und interessante Rekorde rund ums Buch. Nutzt dazu das Internet oder Lexika bzw. Bücher aus der Bibliothek. Sucht Antworten auf folgende Fragen.

→ http://www.buecher-wiki.de

Skulptur »Der moderne Buchdruck«, Berlin 2006

1. Welche ist die meistverkaufte Kinderbuchreihe der Welt?
2. Wie groß ist das kleinste Buch?
3. Wie schwer ist das größte lieferbare Buch?
4. Wie heißt das wertvollste Buch?
5. In welcher Zeit entstand das schnellste Buch der Welt?

**c** Präsentiert eure Ergebnisse auf einem Plakat.

**2** An der Entstehung eines Buches sind Menschen mit verschiedenen Berufen beteiligt.

**a** Ordne den Berufen die richtigen Erklärungen zu. Notiere die Nummer des Berufs und den Buchstaben der dazugehörigen Erklärung.

| | |
|---|---|
| **1** Buchbinder | **A** jemand, der sich z. B. um die zeitliche Planung, die Kosten und die Papiersorte kümmert |
| **2** Lektor | **B** jemand, der mit Druckmaschinen die Buchseiten auf große Papierbogen druckt |
| **3** Verlagshersteller | **C** jemand, der die an den Verlag gegebenen Texte liest, mit dem Autor bespricht und eventuell Verbesserungsvorschläge macht |
| **4** Autor | **D** jemand, der die Bilder für das Buch zeichnet |
| **5** Drucker | **E** jemand, der einen Text, z. B. einen Roman oder ein Gedicht, geschrieben hat |
| **6** Illustrator | **F** jemand, der die großen Druckbogen maschinell falzt, beschneidet, zusammenleimt oder -heftet und mit einem Einband versieht |

**b** Wie entsteht ein Buch? Bringe die Berufe in die richtige Reihenfolge vom Autor bis zum Buchbinder.

**!**

**Bücher** brauchen vom Manuskript bis zum Erscheinen einen sehr langen Zeitraum.
**Zeitungen** erscheinen in der Regel täglich außer sonntags, z. B.: *Leipziger Volkszeitung, Thüringer Allgemeine, Sächsische Zeitung.*
Es gibt aber auch **Wochenzeitungen**, die nur einmal in der Woche erscheinen, z. B.: *Die Zeit, Die Welt am Sonntag, Frankfurter Allgemeine Sonntagszeitung.*
**Zeitschriften** erscheinen in regelmäßigen größeren Abständen: wöchentlich, alle zwei Wochen, monatlich oder sechs Mal im Jahr, z. B.: *GEOlino, Stafette, Bravo.*
Zeitungen und Zeitschriften kann man am Zeitungsstand bzw. im Buchladen kaufen oder nach Hause bestellen (abonnieren).

**3**

**a** Finde heraus, welche Zeitungen und Zeitschriften bei dir zu Hause regelmäßig gelesen werden. Sind es Tages- oder Wochenzeitungen?

**b** Stellt Vermutungen darüber an, wie eine Tageszeitung entstehen könnte.

**c** Lies den folgenden Text.

**Wie eine Zeitung entsteht**

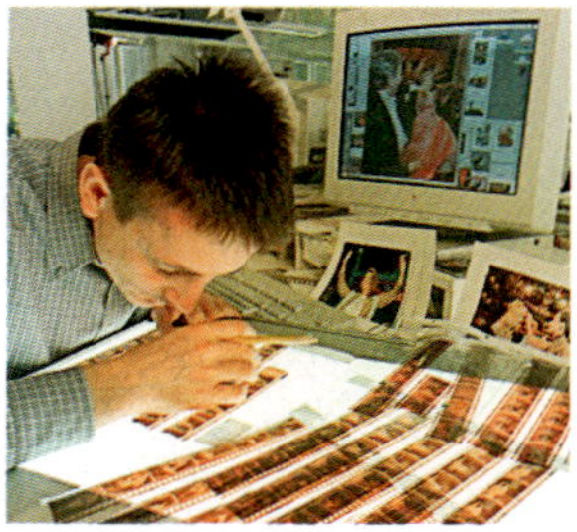

| | |
|---|---|
| 9 Uhr | • die heutige Zeitung wird gelesen und mit anderen Tageszeitungen verglichen |
| 10 Uhr | Redaktionskonferenz:<br>• die gestrige Ausgabe wird in einer »Blattkritik« besprochen (inhaltliche Mängel, ungünstiges Layout, Fehler)<br>• Themen für die morgige Ausgabe werden festgelegt |
| ab 10 Uhr | • Reporter, Korrespondenten und freie Mitarbeiter besuchen Pressekonferenzen, führen Interviews, telefonieren, schreiben Artikel<br>• Redakteure lesen Agenturmeldungen und wählen passende Nachrichten aus, außerdem lesen und bearbeiten sie die von freien Mitarbeitern geschriebenen Artikel<br>• Bildredakteure wählen Fotos aus<br>• Texte und Bilder werden auf den Seiten platziert (Layout)<br>• Korrekturlesen der Zeitung |
| Redaktions-schluss | • Schlussredaktion überprüft das Layout der Seiten und gibt die Zeitung zum Druck frei |
| ab 21 Uhr | • Druck der Zeitung für den morgigen Tag |
| ab 23 Uhr | • Auslieferung und Verkauf der Zeitung |

**d** Überprüft, ob sich eure Vermutungen bestätigt haben.

**e** Vergleicht die Entstehung einer Tageszeitung mit der eines Buches. Welche Gemeinsamkeiten und welche Unterschiede gibt es?

**!** Einen großen Teil der Informationen, Grafiken und Fotos bekommen Zeitungen von **Nachrichtenagenturen**. Von welcher Agentur die Nachricht stammt, sieht man an der Abkürzung zu Beginn der Meldung, z.B.: *dpa, ddp, ap, afp.*

**4**

**a** Lies, welche großen deutschsprachigen Nachrichtenagenturen es gibt.

**dpa:** *Deutsche Presse-Agentur*, die größte deutsche Nachrichtenagentur (www.dpa.de)
**dapd:** Basisdienst des ddp (*Deutscher Depeschendienst*) und der deutschen AP (amerikanische Agentur *Associated Press*) (www.dapd.de)
**afp:** *Agence France-Presse* (www.afp.com)
**Reuters:** eine auf Finanz- und Wirtschaftsnachrichten spezialisierte englische Nachrichtenagentur (www.reuters.com)

**b** Untersucht eine aktuelle Tageszeitung. Schreibt heraus, von welchen Nachrichtenagenturen Material übernommen wurde.

**5** Gibt es bei euch eine Schülerzeitung?

**a** Ladet die Redakteure ein und lasst euch von ihrer Arbeit berichten.

**b** Vergleicht, ob die Arbeit in einer Schülerzeitung genauso abläuft wie bei Tageszeitungen.

# Die Geschichte unserer Sprache

## Erbwörter

**1** Sicherlich müsst ihr oft englische Vokabeln lernen.

**a** Vergleicht die englischen Wörter mit ihren deutschen Übersetzungen. Was stellt ihr fest?

bread – Brot | water – Wasser | salt – Salz | rain – Regen | sun – Sonne | father – Vater | brother – Bruder | foot – Fuß | hand – Hand | cow – Kuh | (to) drink – trinken | (to) run – rennen | (to) eat – essen | red – rot

**b** Stellt Vermutungen an, wieso Wörter aus den beiden Sprachen sich ähneln.

! Die deutsche Sprache gehört zur Gruppe der **germanischen Sprachen**, wie auch das Englische, Friesische, Niederländische, Dänische, Isländische und Norwegische. Die ältesten Wörter unserer Sprache bezeichnen wir als **Erbwörter**. Sie entstanden vor ungefähr 5000 Jahren und geben uns heute noch Auskunft über die Lebensweise der germanischen Stämme. Sie können sich deshalb innerhalb der Gruppe der germanischen Sprachen ähneln.

**c** Sucht weitere Wörter, die im Deutschen und Englischen ähnlich sind.

**TIPP**
Sucht z. B. Bezeichnungen für Verwandte, Körperteile, Haustiere, Farben und Zahlen.

**2** Untersuche, was dir Erbwörter über das Leben der Menschen in der damaligen Zeit verraten.

**a** Übertrage dazu die folgende Tabelle in dein Heft.

| Familie | ... | Arbeitsgeräte | Pflanzen | ... |
|---|---|---|---|---|
| ...<br>... | Schwein<br>... | ...<br>... | ...<br>... | säen<br>... |

**b** Ordne die Erbwörter in die richtige Spalte ein.

Rind – Vater – Hund – Beil – weben – Gerste – Zange – Sohn – Ziege – Tochter – zähmen – Hacke – Kuh – bauen – Erbse – Hengst – sprechen – Wolf – Sippe – Rad – Schaf – flechten – Eiche

**c** Ergänze die fehlenden Oberbegriffe im Tabellenkopf.

**d** Schreibe 3–4 Sätze in dein Heft, in denen du über das Leben der Menschen früher erzählst. Benutze die Wörter aus der Tabelle.

> **!** Etwa ab 2000 v. Chr. bis ungefähr 500 n. Chr. wanderten viele Stämme aufgrund von Naturkatastrophen und Kriegen in neue Siedlungsgebiete in Europa. Dort lernten sie **neue Lebensweisen** kennen.
> Aus dieser Zeit stammen **weitere Erbwörter**, die von vielen Veränderungen zeugen.

**3**

→ S. 75 Im Lexikon Informationen suchen

**a** Lies die folgenden Wörter. Schlage dir unbekannte Wörter nach.

ringen – Adel – Reuse – König – Netz – Graf – Steuer – Herzog – Waffe – Schiff – Herd – Schwert – rösten – Hafen – Bogen – Fleisch – Schild – Brot – Helm – Hof – Halle – Saal – Brett – Bank – Bett – Dieb – Bann – Herr – Speck – braten – See – Segel – Kahn – Strand – Salz – raufen

**b** Ordne die Wörter den folgenden Lebensbereichen zu.

*alltägliches Leben: ringen, …*
*Leben bei Hofe: Adel, …*
*Seefahrt und Fischfang: Reuse, …*

**c** Vergleiche sie mit den ältesten Erbwörtern aus Aufgabe 2 b. Was fällt dir auf?

**d** Nenne mögliche Gründe für die Veränderungen im Leben der Germanen.

## Lehnwörter

! Wörter, die aus anderen Sprachen »entliehen« wurden, heißen **Lehnwörter**. Sie haben sich im Laufe der Zeit in **Aussprache**, **Schreibung** und **Beugung** der deutschen Sprache so weit **angepasst**, dass wir ihre eigentliche Herkunft oft gar nicht mehr erkennen, z. B.: *Portal* (von lateinisch *porta*), *Fenster* (von lateinisch *fenestra*).

**1** Weite Teile Germaniens wurden in den ersten Jahrhunderten n. Chr. von den Römern besetzt gehalten. Dadurch lernten die Germanen die Lebensweise der Römer kennen und »entliehen« auch entsprechende Bezeichnungen aus der Sprache der Römer, dem Lateinischen.

**a** Sieh dir die Abbildung eines römischen Hauses an.

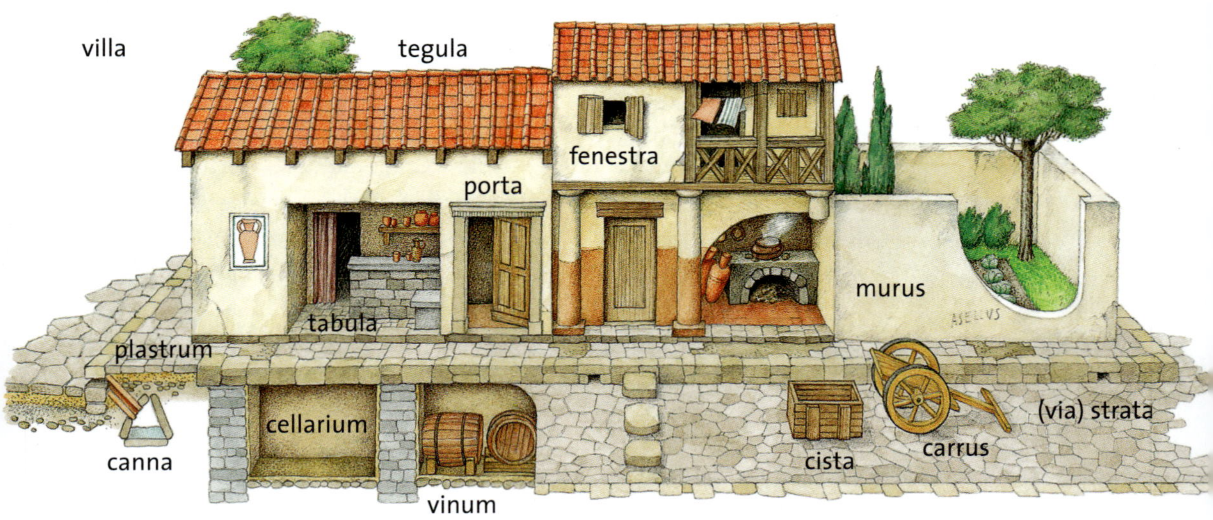


**b** Welche deutschen Wörter haben sich aus den lateinischen Bezeichnungen entwickelt? Schreibe sie in dein Heft.

*tegula – Ziegel, …*

**c** Überlege, wie die Häuser der Germanen ausgesehen haben könnten, bevor sie der Hausbau von den Römern gelernt haben.

**2**

a Lies den folgenden Text.

Die Germanen lernten von den Römern, Ziegel herzustellen, mischten Kalk mit anderen Materialien und errichteten Mauern statt der alten Holz- oder Lehmwände. Sie ließen Platz für Fenster und bauten unter dem Haus einen Keller. Für das Dach verwendeten sie Schindeln.
Neu war für die Germanen auch der Handel mit Geld. Im Austausch mit den Römern lernten sie, ihre Waren in Korb, Sack oder Kiste zu verpacken, sie auf einen Markt zu bringen und mit Münzen zu bezahlen. Viele Handelswege führten schon über befestigte Straßen.

b Ordne den unterstrichenen Lehnwörtern die lateinischen Wörter zu.

tegula – moneta – saccus – fenestra – scindula – cista – murus – mercatus – (via) strata – cellarium – corbis – calx

*Ziegel – tegula, ...*

**3** Das 12./13. Jahrhundert war stark durch die Kultur des Rittertums geprägt. Viele Lehnwörter aus diesem Bereich stammen aus dem Französischen.

a Setze die Wörter richtig in die Lücken des folgenden Textes ein.

Page – Turnier – Panzer – Abenteuer – Tanz – Preis

**1** Der Sohn eines Ritters wurde mit 7 Jahren zum ___ ausgebildet.
**2** Er musste alle Fertigkeiten erlernen, die für einen Ritter lebensnotwendig waren, z. B. reiten, jagen, fechten, aber auch höfische Umgangsformen, wie den ___.
**3** Ausgerüstet mit ___ und Schild kämpften sie in einem ___ um den ___.
**4** So musste jeder junge Ritter viele ___ bestehen.

b Ordne die altfranzösischen Wörter den Lehnwörtern aus Aufgabe a zu.

page – pris – aventure – tornoi – pancier – danse

*1. Page – page, 2. Turnier – ...*

## Fremdwörter

! Wörter, die aus anderen Sprachen zu uns kamen, sich aber in **Aussprache, Schreibung** und **Betonung nicht** oder nur zum Teil dem Deutschen **angepasst** haben, nennt man **Fremdwörter**.

**1**

a Überlege, woran du erkennst, dass diese Wörter Fremdwörter sind.

Cousine – Baguette – Jeans – Ragout – Sweatshirt – Ingenieur – T-Shirt – Screen – Bassin – Porto – Restaurant – Zucchini – Operateur – Pasta – Portemonnaie – Broccoli – Makkaroni

b Tragt alle Wörter zusammen, deren Bedeutung ihr nicht kennt.

c Findet die Bedeutung der unbekannten Wörter heraus.

d Erklärt, warum man im Rechtschreibwörterbuch zu einigen Fremdwörtern zwei verschiedene Schreibweisen findet, z. B.: *Cousine – Kusine, Portemonnaie – Portmonee.*

e Ordne die Wörter aus Aufgabe a nach den Sprachen, aus denen sie übernommen wurden.

*Französisch: Cousine, …*
*Englisch: Jeans, …*
*Italienisch: Porto, …*

**TIPP**
Schlagt z. B. in einem Fremdwörterbuch nach.

**2** Schreibe die folgenden Fremdwörter in dein Heft und schlage in einem Wörterbuch ihre Bedeutung nach.

Chip – Rendezvous – Interview – Internet – Agreement – Champion – Havarie – Input – Freak – Comedy – Headline

→ S. 75 Im Lexikon Informationen suchen

! Heute bestehen zwischen Ländern der ganzen Welt enge Kontakte und ein ständiger Austausch in Wirtschaft und Wissenschaft. Deshalb werden **viele Fremdwörter** in unsere Sprache **übernommen**, z. B.:
aus dem Französischen: *Pommes frites, Limousine, Croissant,*
aus dem Englischen: *Computer, Download, Fastfood, Outfit,*
aus dem Italienischen: *Zucchini, Broccoli, Pizza.*

**3** Bei Tina ist in den Ferien die Oma zu Besuch. Die beiden haben manchmal Verständigungsprobleme.

**a** Ersetze die markierten Wörter durch deutsche Bezeichnungen.

Sieh mal, Oma, ich habe eine E-Mail von Anne bekommen! Morgen gehe ich zu ihr, denn sie will mir zeigen, wie sie ihre neue Homepage gestaltet hat. Alle Mädchen der Klasse sind jetzt online. Wir treffen uns nachmittags immer im Chatroom. Danach surfe ich noch ein bisschen im Internet.

**b** Nenne Gründe dafür, warum jemand die unterstrichenen Begriffe nicht verstehen könnte.

**c** Sammelt eigene Beispiele für Fremdwörter. Denkt dabei z. B. an moderne technische Geräte.

**4** Es werden ständig neue Wörter aus anderen Sprachen in den deutschen Wortschatz aufgenommen.

**a** Stelle Vermutungen an, warum die Wörterbücher der deutschen Sprache trotzdem nicht immer umfangreicher werden.

**b** Sammelt Wörter, die in den letzten Jahren, z. B. durch die technische Entwicklung, aus dem Sprachgebrauch verdrängt wurden. Fragt auch eure Eltern und Großeltern.

**Was habe ich gelernt?**

**5** Überprüfe, was du über die Entwicklung der deutschen Sprache gelernt hast. Beantworte dazu die folgenden Fragen.

1. Welches sind die ältesten Wörter der deutschen Sprache?
2. Welche Wörter haben sich im Laufe der Zeit der deutschen Sprache angepasst?
3. Woran kannst du Fremdwörter erkennen?

# Wortarten und Wortformen

## Nomen/Substantive

**1**

a Lest euch gegenseitig den folgenden Text ohne die unterstrichenen Nomen vor. Sagt, worum es in dem Text gehen könnte.

*Die* BMX[1]-Fans in Australien kennen *ihren* Namen, denn Caroline Buchanan holt *einen* Meisterpokal nach dem anderen. *Die* BMX-Premiere bei *den* Olympischen Spielen in Peking 2008 hat *die* junge Frau verpasst. Mit *ihren* 17 Jahren war *der* australische Star auf zwei kleinen 20-Zoll-Rädern zu jung für *den* Start. Bei Olympia müssen BMX-Fahrerinnen mindestens 19 sein.

[1] Bicycle Moto Cross

Caroline Buchanan

b Lest den Text noch einmal mit den Nomen und sagt, worum es geht.

c Richtig oder falsch? Überprüft die folgende Aussage.

Auf Nomen/Substantive kann man nicht verzichten. Sie bezeichnen Lebewesen, Gegenstände, Gefühle, Gedanken, Orte und geben einem Text erst einen Sinn.

!

**Nomen/Substantive** bezeichnen Lebewesen, Gegenstände, Gefühle, Vorstellungen, Vorgänge, Orte und Veranstaltungen, z. B.: *Ziege, Rad, Freude, Erholung, Fahrt, Prag, Olympia.*
Nomen haben in der Regel einen **Begleiter** bei sich:
- bestimmter Artikel: *die Bremse,*
- unbestimmter Artikel: *ein Helm,*
- Possessivpronomen: *sein Rad.*

An den Begleitern erkennt man meist
- das grammatische **Geschlecht** (Genus): männlich, weiblich, sächlich,
- die **Zahl** (Numerus): Singular, Plural und
- den **Fall** (Kasus): Nominativ, Genitiv, Dativ, Akkusativ.

Über den Fall der Nomen entscheiden Verben und Präpositionen, z. B.:

| | | | |
|---|---|---|---|
| *Jan fährt ein BMX-Rad.* | Wer? | fährt | Wen? Was? |
| | Nominativ | Verb | Akkusativ |
| *Er schwärmt von seinem Team.* | Von wem? Präposition + Dativ | | |

→ S.128 Subjekt
→ S.131 Objekt (Ergänzung)

**TIPP**
Die Begleiter der Nomen in Aufgabe 1 a sind schräg gedruckt.

**2** Übertrage die Tabelle in dein Heft. Ordne die Nomen aus Aufgabe 1a mit ihren Begleitern richtig ein. Unterstreiche die Begleiter.

| bestimmter Artikel | unbestimmter Artikel | Possessivpronomen | ohne Begleiter |
|---|---|---|---|
| die BMX-Fans | ... | ... | ... |

**3** Die Nomen in den folgenden Sätzen stehen im richtigen Fall.

**a** Setze auch die Begleiter der Nomen und die Adjektive in den richtigen Fall. Schreibe die Sätze in dein Heft.

1 BMX-Fahrer erkennt man an _____ (ihr) Crossrad und _____ (der spezielle) Helm.
2 Früher fuhr Caroline nur mit _____ (die) Jungen.
3 Die Mädchen hielten _____ (dieser) Sport für zu gefährlich.
4 Siebenmal hat sie _____ (der australische) Pokal gewonnen.
5 Bei _____ (die nächste) Olympischen Spielen will sie dabei sein.

**b** Markiere die Dativ- und Akkusativformen verschiedenfarbig.

**TIPP**
Nutze die Frage- oder die Ersatzprobe.

**4** Übertrage die Tabelle in dein Heft, ordne die Nomen aus Aufgabe 3 a in die richtige Spalte ein. Ergänze die jeweils fehlende Zahlform mit dem bestimmten Artikel.

**TIPP**
Ein Nomen hat keine Plural und eins keine Singularform.

| Singular (Einzahl) | Plural (Mehrzahl) |
|---|---|
| der BMX-Fahrer<br>... | die BMX-Fahrer<br>... |

**5** Wähle eine Präposition aus, setze sie ein und schreibe die Wortgruppen in dein Heft. Notiere den Fall, den die Präposition fordert.

vor – von – in – über

BMX-Fahrerinnen/-Fahrer dürfen sich nicht ...

1 _____ einem Sprung fürchten.
2 _____ einer Steilkurve ängstigen.
3 _____ einen Sturz ärgern.
4 _____ einem Mitfahrer abdrängen lassen.

*1. vor einem Sprung fürchten (Dativ), 2. ...*

## Nominalisierte/Substantivierte Verben und Adjektive

!

Im Deutschen kann jedes Wort **als Nomen/Substantiv gebraucht** – also nominalisiert/substantiviert – werden. Es wird dann auch **großgeschrieben** und **dekliniert** (gebeugt) und kann von einem Artikel, Adjektiv, Pronomen, einer Präposition oder einem Zahlwort begleitet werden.

| | |
|---|---|
| Verb: *surfen* | *das Surfen, stundenlanges Surfen, gefährliches Surfen, beim (bei dem) Surfen, nach dem Surfen* |
| Adjektiv: *rot* | *das knallige Rot, mein Rot, mit dem Rot, alles Rote* |

**1** Verben können nominalisiert/substantiviert werden.

a Verwende die Verben in Klammern als Nomen und schreibe sie mit den Wörtern auf, die sie begleiten.

1 Das Hobby von Marta und Layla ist *das* ▬ (schwimmen).
2 Sie gehen aber nicht *zum* ▬ (planschen) ins Schwimmbad.
3 Marta und Layla üben sich *im synchronen* ▬ (schwimmen).
4 Sie trainieren *das gleichzeitige* ▬ (ausführen) von Figuren im Wasser.
5 *Ausdauerndes* ▬ (tauchen) ist dafür eine Voraussetzung.

●●● b Bestimme, welches Wort jeweils das nominalisierte Verb begleitet.

**2** Entscheide, welche Verben hier als Nomen verwendet werden. Begründe deine Entscheidung. Schreibe die nominalisierten Verben mit ihren Begleitern in dein Heft.

1 Die 11- bis 13-jährigen Rettungsschwimmer (ü)ben einmal pro Woche das (k)raulen, das (t)auchen und das (s)chwimmen mit Flossen.
2 Imke und Kim (l)ernen verschiedene Rettungstechniken.
3 Beim (a)bschleppen (z)ieht der Rettungsschwimmer den Verunglückten.
4 Imke und Kim (f)inden das (z)iehen einer Person im Rettungsring sehr anstrengend.
5 Denn zum schnellen (s)chwimmen bleibt ihnen dabei nur ein Arm.

*1. das Kraulen, ...*

**3** Aus Adjektiven werden Nomen. Schreibe die nominalisierten Adjektive mit ihren Begleitern in dein Heft.

**1** Das ____ (besondere) am Kitesurfen ist, dass ein Drachen den Surfer übers Wasser zieht.
**2** Dieser Sport ist nur etwas für ____ (wagemutig).
**3** Das ____ (gefährlich) am Kitesurfen sind die hohen Geschwindigkeiten von bis zu 90 km/h.
**4** Auf einem Brett übers Wasser zu schießen, ist das ____ (faszinierend) am Kitesurfen.
**5** Die Balance auf dem Surfbrett zu halten, ist das ____ (schwierig).
**6** Das ____ (erstaunlich) ist die Erfahrung, wie hart und holprig Wasser sein kann.

*1. das Besondere, 2. …*

**4** Groß oder klein? Schreibe die folgenden Sätze in dein Heft.

**TIPP**
Bezieht sich das Adjektiv auf ein Nomen, wird es kleingeschrieben.

Achtung, Fehler!

**a** Entscheide, ob du die schräg gedruckten Wörter groß- oder kleinschreiben musst. Begründe deine Entscheidung.

**1** Das ist nichts für *ängstliche*. **2** Das ist nichts für *ängstliche* Personen. **3** Dieses Angebot ist etwas für *abenteuerlustige* Jugendliche. **4** Dieses Angebot ist etwas für *abenteuerlustige*. **5** Wellenreiten ist ein *gefährliches* Vergnügen. **6** Das *gefährliche* am Kitesurfen sind die hohen Geschwindigkeiten. **7** Tom ist immer der *schnellste*. **8** Unsere *schnellsten* Schwimmer sind Marek und Tom. **9** Wer kennt diesen *fremden?* **10** Der *fremde* Mann ist der neue Trainer.

**b** Markiere in deinem Heft die Begleiter der nominalisierten Adjektive.

**5** Diktiert euch die Sätze gegenseitig. Schreibt sie richtig auf. Achtet auf die Großschreibung aller Nomen.

Achtung, Fehler!

**1** Beim rettungsschwimmen zählt jede sekunde.
**2** Schnelles schwimmen mit einem arm strengt an.
**3** Beim training feuern wir die kleinen an.
**4** Das interessante am rettungsschwimmen ist seine vielseitigkeit.

## Pronomen als Stellvertreter und Begleiter von Nomen/Substantiven

**1** Suche aus den Sätzen die Pronomen heraus. Nenne jeweils das Nomen, auf das sie sich beziehen.

1 Artur steht an der Spitze des Brettes, das jetzt leicht wippt.
2 Er federt in den Knien, dann springt er ab.
3 Das Sprungbrett lässt ihn fliegen.
4 Mit diesem Sport erfüllt sich Artur seinen Traum vom Fliegen.
5 »Wie oft haben Sie Ihren Sprung geübt?«, wird der Sieger gefragt.

!

**Pronomen** können Stellvertreter oder Begleiter eines Nomens/Substantivs sein. Sie können wie Nomen **dekliniert** (gebeugt) werden.

| | |
|---|---|
| **Personalpronomen**:<br>*ich, du, er, sie, es;*<br>*wir, ihr, sie; Sie, Ihr* | stehen stellvertretend für Nomen, z. B.:<br>*Jugendliche fahren Inlineskates.*<br>*Sie erreichen damit ein hohes Tempo.* |
| **Possessivpronomen**:<br>*mein, dein, sein, ihr, sein;*<br>*unser, euer, ihr* | zeigen den Besitz oder die Zugehörigkeit an, z. B.:<br>*Das sind meine Inlineskates.* |
| **Demonstrativpronomen**, z. B.:<br>*dieser, diese, dieses; diese;*<br>*jener, jene, jenes; jene;*<br>*der, die, das; die* | weisen auf ein vorher genanntes Nomen hin, z. B.:<br>*Gute Skater erreichen eine Geschwindigkeit von bis zu 60 km/h.*<br>*Dies/Das kann gefährlich werden.* |
| **Relativpronomen**, z. B.:<br>*der, die, das; die,*<br>*welcher, welche,*<br>*welches; welche* | leiten Nebensätze ein, die ein Nomen im Hauptsatz näher erklären, z. B.:<br>*Ein Skater, der auf dem Fußweg fährt, nimmt Rücksicht auf Fußgänger.* |

**2** Vermeide die Wortwiederholungen mithilfe passender Pronomen.

**1** Wasserspringer trocknen sich ab, bevor Wasserspringer springen. Die Haut der Wasserspringer darf nicht feucht und glatt sein, sonst finden die Hände keinen Halt an den Beinen. **2** Das Wasserspringen ist eine Sportart. Die Sportart wurde 1904 als olympische Disziplin anerkannt.

**3** Suche mithilfe des Merkkastens von S.108 die Demonstrativpronomen heraus. Nenne ihr Bezugswort und bestimme den Fall.

1 Lena zeigt einen doppelten Salto. Diesen Sprung hat sie oft geübt.
2 Früher ist Lena auch vom Zehnmeterturm gesprungen. Seit jenem missglückten Sprung vor einem Jahr meidet sie diesen Turm.
3 Seit den Olympischen Spielen 2000 in Sydney (Australien) können zwei Turmspringer auf einem Brett nebeneinander den gleichen Sprung ausführen. Diesen Sport nennt man Synchronspringen.
4 Wasserspringen hat einen guten Ruf. Anders als Schwimmen gilt dieser Wassersport nicht als Dopingsportart.

*1. diesen Sprung (Wen? Was? Akkusativ) –> Salto*

→ S.139 Der zusammengesetzte Satz

**4** Nenne das Nomen des Hauptsatzes, auf das sich das unterstrichene Relativpronomen im Nebensatz bezieht.

1 Wasserspringen gehört zu den Sportarten, die so gut wie nie im Fernsehen zu sehen sind.
2 Wasserspringen ist etwas für Leute, die Mut und Ausdauer haben.
3 Der Zehner ist der Turm im Freibad, zu dem Kinder mit einem mulmigen Gefühl im Bauch hochschauen.
4 Jeder Sprung, den Theresa vom Dreier, Fünfer oder Zehner zeigt, muss automatisiert sein.

**TIPP**
Achte auf die Stellung der finiten Verbform.

**5**

**a** Forme die beiden Einzelsätze in einen zusammengesetzten Satz um. Ersetze dabei das Nomen im zweiten Satz durch ein Relativpronomen.

1 Wasserspringen ist ein Sport. Der Sport hat neue Fans gewonnen.
2 Vom Boden des Schwimmbeckens steigen Luftblasen auf. Die Luftblasen markieren für den Springer die Wasseroberfläche.
3 Die Badegäste schauen zum Fünfmeterturm. Auf dem Fünfmeterturm steht Janek.
4 Mehrmals wippt das Brett. Von dem Brett springt Janek.
5 Janek macht einen Fehler. Die Zuschauer hören den Fehler am »Platsch«.

**b** Schreibe die Sätze in dein Heft und unterstreiche jeweils das Nomen und das Relativpronomen.

*1. Wasserspringen ist ein Sport, der . .*

# Verben

## Finite und infinite Verbformen

**TIPP**
Achte darauf, dass Subjekt und finite Verbform in Person und Zahl übereinstimmen.

**1**

a Übertrage die Sätze in dein Heft und setze die finiten Verbformen ein.

1 Inlineskating ___ (haben) in den letzten Jahren viele Fans gewonnen.
2 Diese Sportart ___ (erfreuen) sich großer Beliebtheit in allen Altersgruppen.
3 Die lineare Anordnung der Räder ___ (ermöglichen) Geschwindigkeiten bis zu 60 km/h.
4 Richtiges Bremsen ___ (gehören) deshalb zum A und O des Skatens.

b Unterstreiche in jedem Satz das Subjekt.

**2**

a Setze die Wortpaare in Klammern in der richtigen Form ein.

1 Inlineskating erfreut sich einer ___ (wachsen/Fangemeinde).
2 Die ___ (fließen/Bewegungen) wirken elegant.
3 Dieser Sport eignet sich nicht nur für ___ (trainieren/Sportler).
4 Bei uns können die 6. Klassen unter den ___ (anbieten/Sportkurse) auch Inlineskating wählen.
5 Kostenlos erhalten sie die ___ (passen/Skates) und einen Helm.
6 Knieschützer sollen ___ (aufschlagen/Knie) vorbeugen.

→ S. 128 Subjekt

!

**Verben** bezeichnen Tätigkeiten, Vorgänge und Zustände. Sie haben finite (gebeugte) und infinite (ungebeugte) Verbformen.
Die **finite Verbform** stimmt in Person und Zahl mit dem Subjekt des Satzes überein, z. B.:
*Beim Marathon* *startet* *das Läuferfeld* *hinter den Skatern.*
3. Person Singular
Die **infiniten Verbformen** sind:
- der Infinitiv, z. B.: *fließen, trainieren,*
- das Partizip I, z. B.: *fließend, trainierend,*
- das Partizip II, z. B.: *geflossen, trainiert.*

Beide Partizipien kann man wie Adjektive verwenden, z. B.:
*die fließenden Bewegungen, ein trainierter Sportler.*

**b** Übertrage die Tabelle in dein Heft. Suche aus deiner Lösung der Aufgabe a die Partizipien heraus und ordne sie richtig ein.

| **Infinitiv** | **Partizip I** | **Partizip II** |
|---|---|---|
| wachsen<br>… | wachsend<br>… | gewachsen<br>… |

**c** Ergänze das jeweils fehlende Partizip und den Infinitiv.

**d** Untersucht und erklärt die Bildung der beiden Partizipien. Überlegt euch zuerst, wie ihr dabei vorgehen könnt.

**3**

**a** Schreibe aus dem folgenden Text alle Partizipien heraus.

**Prerow.** Ein Spaziergänger (62) ist bei einem Zusammenstoß mit einem Inlineskater schwer verletzt worden. Der Inlineskater (35) aus G. war vom Dammweg abgekommen und weitgehend ungebremst in eine Wandergruppe gefahren. In Anbetracht der stetig wachsenden Skater-Fangemeinde und der alarmierenden Zahl der Unfälle mit Fußgängern in den vergangenen drei Monaten ermahnt die Polizei zur gegenseitigen Rücksichtnahme.

*Partizip I: …  Partizip II: …*

**b** Entscheide, welche Partizipien als Adjektiv gebraucht werden.

→ S.142 Satzgefüge (Relativsätze)

**4** Formuliere die Nebensätze (Relativsätze) in Partizipien um. Schreibe die neuen Wortgruppen auf.

**1** mehrere Skater, die verletzt worden sind, …
**2** Unfallzahlen, die gesunken sind, …
**3** Bremstechniken, die zu erlernen sind, …
**4** Schutzbekleidung, die nicht getragen wird, ..
**5** Gefahrenstellen, die markiert worden sind, ..
**6** auf Wegen, die ausgeschildert sind, …

*1. mehrere verletzte Skater, 2. …*

## Zeitformen (Tempusformen) der Verben

**1** Ein Märchen und ein Ausschnitt aus einem Interview sind durcheinandergeraten.

**a** Lest die folgenden Sätze und sortiert sie. Schreibt das Märchen und den Interviewausschnitt in euer Heft.

1 Es war einmal ein Junge, der hieß Kristof.
2 Ich trainiere seit zwei Jahren in einem Judoklub.
3 Wie ich dazu gekommen bin? Mich haben die Jungs auf dem Schulhof immer gehänselt, weil ich eine Brille trage und schwächlich aussehe.
4 Die anderen Jungen hänselten ihn, weil er eine Brille trug und schwächlich aussah.
5 Einmal sah er, wie ein zierlicher Mann mit bloßen Händen und Füßen starke Männer in die Flucht schlug. Der Mann beherrschte Judo.
6 In einem japanischen Film habe ich Judokämpfer gesehen. Da wusste ich, das ist der richtige Sport für mich.
7 Da beschloss der Junge, auch ein Judoka zu werden.

**b** Markiert die Zeitformen mit verschiedenen Farben. Bestimmt, welche Zeitformen im Märchen und welche im Interview vorkommen.

**!** Verben bilden **Zeitformen** (Tempusformen). Diese sagen aus, ob eine Tätigkeit, ein Vorgang, ein Zustand schon abgeschlossen ist, noch andauert oder erst in der Zukunft stattfinden wird, z. B.:

| | | |
|---|---|---|
| **Präsens** | *Sie lebt in der Stadt.*<br>*Sie fährt morgen an die See.* | Gegenwart (andauernd)<br>Zukunft |
| **Präteritum** | *Sie lebte in der Stadt.*<br>*Sie fuhr an die See.* | Vergangenheit (abgeschlossen) |
| **Perfekt** | *Sie hat in der Stadt gelebt.*<br>*Sie ist an die See gefahren.* | Vergangenheit (abgeschlossen) |
| **Plusquamperfekt** | *Sie hatte in der Stadt gelebt.*<br>*Sie war an die See gefahren.* | Vergangenheit (bereits vorher abgeschlossen) |
| **Futur** | *Sie wird in der Stadt leben.*<br>*Sie wird an die See fahren.* | Zukunft |

**TIPP**
Überlege, was zuerst und was danach passiert ist.

**2** Präsens oder Perfekt? Setze die Verben in der richtigen Zeitform ein.

1 Meine Freizeit ___ (gehören) dem Rasenhockey, seit unser Sportlehrer das Spiel im Unterricht ___ (vorstellen).
2 Seit ich mein Interesse für den Hockeysport ___ (entdecken), ___ (gehen) ich dreimal in der Woche zum Training.
3 Weil unser Team schon drei Auswärtsspiele ___ (gewinnen), ___ eine kleine Feier ___ (stattfinden).

*1. Meine Freizeit gehört dem Rasenhockey, seit …*

**!** Spricht oder schreibt man im **Präsens**, dann verwendet man das **Perfekt** für die Handlung, die bereits zuvor abgeschlossen ist (**Vorzeitigkeit**), z. B.:
*Wir haben das Training beendet und gehen jetzt ins Kino.*
Perfekt — Präsens

**3** Übertrage die Tabelle in dein Heft. Ordne die Sätze richtig ein.

| Das hatte vorher stattgefunden. | Das fand später statt. |
|---|---|
| **1** Schon im 16. Jahrhundert waren indianische Ureinwohner …,<br>… | aber erst …<br>… |

1 Schon im 16. Jahrhundert waren indianische Ureinwohner mit Bällen übers Eis gejagt, aber erst 1875 fand in Kanada das erste Eishockeyspiel der Welt statt.
2 Niemand verwendete mehr Gummibälle zum Eishockey, nachdem William Fleet Robertson 1877 den Puck erfunden hatte.
3 Robertson hatte von einem Gummiball den oberen und unteren Teil abgeschnitten. Übrig blieb die typische Eishockeyscheibe.
4 Vor 1877 gab es immer wieder Spielunterbrechungen, weil der Ball aus dem Spielfeld gesprungen war.

**!** Spricht oder schreibt man im **Präteritum**, verwendet man das **Plusquamperfekt** für die Handlung, die zuvor bereits abgeschlossen war (**Vorzeitigkeit**), z. B.:
*Nachdem wir das Training beendet hatten, gingen wir ins Kino.*
Plusquamperfekt — Präteritum

## 4 Was ist vorher passiert?

**a** Ergänze die richtige Zeitform.

1. Der Golfball landete im heißen Sand von Namibia, nah am Loch. Reinhold ___ weit ___ (ausholen) und den Ball mit ganzer Kraft ___ (schlagen).
2. Rosa saß strahlend auf dem Gipfel. Sie ___ ihren ersten Felsen in der Sächsischen Schweiz ___ (erklettern).
3. Layla zeigte mit dem Kunstrad in der Turnhalle den Sattellenkerstand. Dafür ___ sie neun Monate lang ___ (trainieren).
4. Vor Enttäuschung kamen Lars die Tränen. Er ___ gerade den entscheidenden Elfmeter ___ (verschießen).
5. Max hielt stolz den Pokal in die Kamera. Er ___ soeben den Sieg im Tischtennis ___ (erringen).

**b** Bestimme die Zeitformen in den Satzpaaren.

## 5 Setze die Verben in der vorgegebenen Zeitform richtig ein.

**Breakdance im Sportunterricht**

**1** In der Aula ___ (warten, Präsens) die Schülerinnen und Schüler auf ihren Auftritt. **2** Viele Wochen ___ sie sich darauf ___ (vorbereiten, Perfekt). **3** Das Projekt Breakdance ___ (starten, Präteritum) im Herbst des vergangenen Jahres. **4** Jede Woche ___ (erhalten, Präteritum) die 6 a eine Stunde Breakdance im Sportunterricht. **5** Nachdem sie die Basisschritte ___ (üben, Plusquamperfekt), ___ (beginnen, Präteritum) sie mit den Proben für den Auftritt. **6** Dieser akrobatische Tanzstil ___ (erfordern, Präsens) Kraft und ein gutes Rhythmusgefühl. **7** Der Sportlehrer der 6 a ___ (sein, Präteritum) ganz überrascht, mit welcher Freude sich alle zur lauten Musik ___ (bewegen, Perfekt).

## Aktiv- und Passivformen der Verben

**1**

a Lies die folgenden Informationen zum Ablauf eines Wettkampfes. Um welche Sportart(en) könnte es sich handeln?

1 Zu Beginn werden die Preisrichter vorgestellt.
2 Dann werden die Wettkämpfer der Reihe nach aufgerufen.
3 Nach jedem Auftritt werden die A- und B-Noten vergeben.
4 Der Sieger wird lautstark bejubelt.
5 Die erreichten Punkte werden zusammengezählt.

b Finde heraus, welche Information in allen Sätzen fehlt.

c Nenne für jede Handlung jemanden, der sie ausführt. Wähle dazu eine der folgenden Personen aus und schreibe die Sätze aus Aufgabe a in dein Heft.

die Wettkampfleiterin – der Bürgermeister – die Sportjournalisten – die Preisrichter – die Zuschauer – die Fans – der Stadionsprecher – der Computer

*1. Die Wettkampfleiterin stellt die …*

d Prüfe, ob und wie sich durch die Personenangabe die Verbformen in den Sätzen jeweils ändern.

**!** Von den meisten Verben kann man eine Aktivform und eine Passivform bilden.
Will man ausdrücklich betonen, wer handelt, verwendet man die **Aktivform** (Verbform im Aktiv), z. B.:
*Der Stadionsprecher ruft den Sieger auf.*
Ist unwichtig oder unbekannt, wer handelt, verwendet man die **Passivform** (Verbform im Passiv), z. B.:
*Der Sieger wird (vom Sprecher) aufgerufen.*

**2** In der folgenden Zeitungsmeldung häufen sich Passivformen.

a Begründe, warum das so ist. Überlege bei jedem Satz, wer handelt und warum sie/er nicht genannt wird.

**Dreiste Einbrecher**

**Leipzig.** In der Nacht zum Montag wurde in zwei Turnhallen eingebrochen. Die Hallen wurden verwüstet, Böden und Matten mit Graffiti besprüht, Bälle und andere Sportgeräte entwendet. Am Dienstag konnte die Polizei noch keine Angaben zu möglichen Tätern machen. Ein 35-Jähriger, der vorläufig festgenommen worden war, wurde wieder freigelassen. Ihm konnte keine Beteiligung an den Einbrüchen nachgewiesen werden. Die Ermittlungen werden fortgesetzt.

b Bestimmt, um welche Zeitform es sich bei den einzelnen Passivformen handelt. Nehmt den Merkkasten zu Hilfe.

**TIPP**
Überlegt zuerst, wie ihr dabei vorgehen wollt.

!

**Passivformen** bildet man mit dem Hilfsverb ***werden*** + **Partizip II** eines anderen Verbs.

| | | | | |
|---|---|---|---|---|
| Präsens: | *Der Sieger* | *wird* | *aufgerufen.* | |
| Präteritum: | *Der Sieger* | *wurde* | *aufgerufen.* | |
| Perfekt: | *Der Sieger* | *ist* | *aufgerufen* | *worden.* |
| Plusquamperfekt: | *Der Sieger* | *war* | *aufgerufen* | *worden.* |
| Futur: | *Der Sieger* | *wird* | *aufgerufen* | *werden.* |

**3**

a Nenne die Handelnden in den folgenden Sätzen.

1. Unbekannte haben im Stadtpark zehn Bäume gefällt.
2. Jemand rief die Polizei.
3. Ein Anwohner hatte verdächtige Personen gesehen.
4. Man befragt jetzt sogar die Taxifahrer.

b Entscheide, ob in allen Sätzen der Handelnde zum Verständnis benötigt wird. In welchen Sätzen kannst du auf ihn verzichten? Forme diese Sätze mithilfe von Passivformen um.

**4**

**a** Übertrage die folgende Tabelle in dein Heft. Ordne die Aktivformen aus Aufgabe 3 a richtig ein.

| Zeitform | Aktivform | Passivform |
|---|---|---|
| Präsens | … | … |
| Präteritum | … | … |
| Perfekt | haben gefällt | … |
| Plusquamperfekt | … | … |

**b** Ergänze die entsprechenden Passivformen.

**c** Markiere in den Passivformen die Partizipien II.

**5** Formuliere die folgenden Sätze zu typischen Meldungen um. Verwende dabei Passivformen.

1. In L. fassten unbekannte Personen einen Bankräuber kurz nach dem Überfall.
2. Mehrere Verkehrspolizisten mussten die Autobahn wegen des Blitzeises vorübergehend sperren.
3. Krankenwagen brachten die Verletzten in Krankenhäuser der Umgebung.

**6** Überprüfe im folgenden Zeitungsbericht, wo die Angabe des Handelnden weggelassen werden kann. Formuliere mithilfe von Passivformen um und schreibe die Sätze in dein Heft.

**Tiefschnee – ein tödliches Vergnügen**

In den letzten Tagen wurden mehrere Wintersportler von Lawinen verschüttet. Wegen der kräftigen Schneefälle hat man in den bayerischen Alpen mit der Warnstufe vier die zweithöchste Warnstufe ausgerufen. In allen analysierten Fällen zeigte sich, so der Leiter der Lawinenwarnzentrale in Bayern, dass leichtsinnige Wintersportler die Lawinen ausgelöst haben. Viele Skifahrer ignorieren jedoch die Gefahr. Heftig diskutiert man nach den Lawinenunglücken der letzten Tage, wer die Kosten zahlt. Eine Hubschrauber-Minute kostet beispielsweise zwischen 40 und 90 Euro. Auch über die Gefahr für die Rettungskräfte, die ihr Leben riskieren, diskutieren viele.

## Adjektive

**1** Welchen der beiden folgenden Texte findest du interessanter? Was unterscheidet sie voneinander?

a Lies die Texte und begründe deine Meinung.

**A** Lacrosse ist heute in Kanada ein Nationalsport. Gespielt wird mit einem Schläger, an dessen Ende sich ein Netz befindet. Ziel dieses Mannschaftsspiels ist es, den Gummiball mit dem Schläger ins Tor zu befördern. Die Spieler müssen eine Schutzbekleidung aus Mundschutz, Helm und Handschuhen tragen. Früher haben Indianerstämme mit ihren Schlägern Kämpfe mit Stämmen nachgespielt.

**B** Lacrosse ist heute in Kanada ein populärer Nationalsport. Gespielt wird mit einem paddelförmigen Schläger, an dessen Ende sich ein geflochtenes Netz befindet. Ziel dieses schnellen Mannschaftsspiels ist es, den tennisballgroßen Gummiball mit dem Schläger ins gegnerische Tor zu befördern. Die Spieler müssen eine umfassende Schutzbekleidung aus Mundschutz, Helm und Handschuhen tragen. Früher haben kanadische Indianerstämme mit ihren hölzernen Schlägern Kämpfe mit feindlichen Stämmen nachgespielt.

b Suche die zusätzlichen Informationen aus Text B heraus. Wie kannst du sie erfragen? Benenne die Wortart, zu der sie gehören.

**!**

**Adjektive** bezeichnen **Eigenschaften** und **Merkmale** von Lebewesen, Gegenständen, Tätigkeiten und Vorgängen. Sie passen ihre Form in Fall (Kasus), Zahl (Numerus) und Geschlecht (Genus) dem Nomen an.
Adjektive lassen sich wie die Nomen **deklinieren** (beugen), z. B.:
*Mit großen Schlägern wird der kleine Ball ins Tor gespielt.*
Dativ Plural — Nominativ Singular
Adjektive kann man auch **komparieren** (steigern), z. B.:

Positiv (Grundstufe): *Rasenhockey ist schnell.*
Komparativ (Mehrstufe): *Lacrosse ist schneller als Rasenhockey.*
Superlativ (Meiststufe): *Eishockey ist am schnellsten.*

Bei **Vergleichen** verwendet man mit dem Positiv *wie* und mit dem Komparativ *als*, z. B.:
*Rasenhockey ist so schnell wie Fußball.*
*Lacrosse ist schneller als Rasenhockey.*

**2** Eure Meinung ist gefragt. Formuliert Vergleiche.

1 Welche Sportarten sind unter Jugendlichen heutzutage beliebter als früher?
Volleyball – Streetball/Surfen – Schwimmen/Radfahren – Turnen

2 Welchen Sport mögen Mädchen lieber als Jungen oder genauso gern wie Jungen?
Inlineskaten – Gymnastik/Boxen – Rodeln/Eishockey – Eiskunstlaufen

3 Welcher Sport ist für die Halle besser geeignet?
Tennis – Federball/Klettern – Turnen/Reiten – Karate/Handball – Fußball

*1. Ich denke, … ist heute beliebter unter Jugendlichen als …*

**TIPP**
Bei Vergleichen gilt: Positiv + ***wie***, Komparativ + ***als***.

**3** Vergleiche die Ergebnisse folgender Sportler und Sportlerinnen miteinander.

| | | | |
|---|---|---|---|
| **Marathon** | Conny (Rumänien) 2:28 h | Cathérine (Kenia) 2:27 h | Li (China) 2:44 h |
| **Hochsprung** | Andrzej (Polen) 2,36 m | Claus (Schweiz) 2,30 m | Raoul (Kuba) 2,29 m |
| **Weitsprung Frauen** | Ying (China) 7,03 m | Frida (Mexiko) 7,01 m | Siri (Schweden) 6,94 m |
| **Weitsprung Männer** | Irving (Panama) 8,34 m | Khotso (Südafrika) 8,24 m | Ibrahim (Kuba) 8,20 m |

a Schreibe vier Sätze in dein Heft.

*1. … lief fast so schnell wie … / schneller als … .*
*2. …*

b Bestimme die Komparationsstufen der Adjektive und markiere sie mit unterschiedlichen Farben.

## Adverbien

**1** Setze jedes Adverb in den Satz ein und prüfe, ob und wie sich der Sinn des Satzes verändert.

abends – oft – morgens – unten – hier – überall – zusammen – deswegen – immer – oben – gemeinsam – dort – manchmal – nie

Die Fußballerinnen spielen ___ in der Halle.

**!** **Adverbien** geben an, wann, wo, wie und warum etwas geschieht.

| | |
|---|---|
| **Adverbien der Zeit**<br>*Ich sah dich gestern.* Wann?<br>*Er trainiert selten.* Wie oft? | **Adverbien der Art und Weise**<br>*Er trainiert gern.* Wie? |
| **Adverbien des Ortes**<br>*Ich warte draußen.* Wo?<br>*Wir rannten hinaus.* Wohin? | **Adverbien des Grundes**<br>*Die Halle war geschlossen. Deshalb konnten wir nicht spielen.* Warum? |

Adverbien sind in der Regel **unveränderbar.** Oft ersetzen sie Wortgruppen oder Sätze, z.B.:
*Carla spielt Fußball. Deshalb trainiert sie oft.* Warum?

**2** Ordne die Adverbien aus Aufgabe 1 den Fragen zu.

Wann? morgens, abends, … Wie oft? …
Wo? … Wie? …
Warum? …

**TIPP**
Manchmal musst du den Satz etwas umformulieren.

**3** Ersetze die schräg gedruckten Wortgruppen durch ein Adverb.

dann – dort – ausnahmslos – bedauerlicherweise – scharenweise

**1** Anstelle von Shorts zogen die Fußballerinnen aus Berlin-Kreuzberg Trainingsanzüge an. **2** Sie banden sich *ohne Ausnahme* auch einen Schleier um. **3** *Nachdem sie sich so angekleidet hatten,* liefen sie auf das Fußballfeld im Teheraner Stadion. **4** *Im Stadion* erwartete sie die iranische Damen-Nationalmannschaft. **5** Die weiblichen Fans waren *in Scharen* herbeigeeilt. **6** Als Zuschauer waren nur Frauen zugelassen, *was bedauerlich war.*

## Numeralien

!

**Numeralien** (Singular: das Numerale) sind Zahlwörter, die eine Menge oder eine Anzahl angeben. Man unterscheidet zwei Arten:

- **bestimmte Numeralien**, z. B.: *eins, zwei, hundert, erster,*
- **unbestimmte Numeralien**, z. B.: *einige, wenige, viele, alle.*

Numeralien gehören **zu verschiedenen Wortarten**, z. B.:

- Nomen: *Millionen Zuschauer sahen die Wettkämpfe im Fernsehen.*
- Adjektiv: *Viele Menschen kennen nur zwei Tennisspieler.*
- Adverb: *Er trat dreimal zum Wettkampf an.*

**1**

a Schreibe alle Numeralien aus dem folgenden Text in dein Heft. Ordne sie nach bestimmten und unbestimmten Numeralien.

**1** »In Afghanistan glauben viele Leute immer noch, Fußball sei nichts für Mädchen, genauso wie Auto fahren, arbeiten, studieren«, sagt Zhela N. (17 Jahre alt). **2** Zum ersten Mal ist die Frauen-Fußballnationalmannschaft für zwei Wochen ins deutsche Trainingslager nahe Stuttgart gekommen. **3** Erst in den letzten Tagen hat sich Zhela fürs Tor entschieden, angereist war sie als Feldspielerin. **4** Ihr Vater unterstützt Zhela und ihre zwei Jahre ältere Schwester, die als Mittelstürmerin spielt. **5** Nur in Kabul, der Hauptstadt, gibt es einige Frauenteams mit ungefähr 600 Spielerinnen. **6** Alle Frauenmannschaften trainieren und spielen unter Ausschluss der Öffentlichkeit **7** Spielen die Männer im Kabuler Stadion, kommen tausende Zuschauer, natürlich nur Männer.

b Bestimme, zu welcher Wortart die Numeralien aus Aufgabe a jeweils gehören.

**2** Wähle das richtige Numerale aus und setze es ein.

viele – tausende – einige – zwei – neun – vier

**1** Jeweils ___ Spieler bilden ein Beachvolleyballteam.
**2** Beim Doppel stehen ___ Tennisspieler auf dem Platz.
**3** Zum Berlin-Marathon melden sich jedes Jahr ___ Läufer an.
**4** In einem Achter-Ruderboot sitzen insgesamt ___ Sportler.

## Konjunktionen

!

**Konjunktionen** (Bindewörter), wie *und, als, wenn, dass, weil,* verbinden Wörter, Wortgruppen und Teilsätze miteinander.
Es gibt verschiedene Arten, z. B.:

- **aufzählende Konjunktionen**, wie *und, sowie, sowohl … als auch, oder, weder … noch,* treten bei Aufzählungen auf, z. B.:
  *Er siegte über 100 und 400 m. Sie lief weder die 100 noch die 400 m.*
- **entgegenstellende Konjunktionen**, wie *aber, doch, nicht nur …, sondern auch …,* drücken einen Gegensatz aus, z. B.:
  *Mark ging als Favorit an den Start, aber Simon gewann.*

**1** Im folgenden Text sind alle Konjunktionen unterstrichen.

**a** Nenne die Wörter, Wortgruppen bzw. Teilsätze, die sie verbinden. Entscheide jeweils, ob es sich um eine Aufzählung oder einen Gegensatz handelt.

**1** Im Nordosten Chinas lernen ca. 60 000 Schüler, überwiegend Jungen, Kung-Fu in 80 Schulen, aber ausschließlich für Mädchen gibt es in ganz China nur eine einzige Kampfkunstschule. **2** Sie erhalten ihre 6-jährige Ausbildung in einem ehemaligen Nonnenkloster. **3** Das Kloster Yongtai war verfallen, doch eine reiche Chinesin ließ es wieder aufbauen und 2001 als Kampfkunstschule eröffnen. **4** Die 70 Schülerinnen zwischen 6 und 18 Jahren kommen aus armen Bauernfamilien. **5** Ihr Traum ist es, später entweder als Polizistin, Stewardess oder Soldatin zu arbeiten oder ein Kung-Fu-Filmstar zu werden.

→ S. 138 Kommasetzung bei Aufzählungen

**b** Formuliere die Regeln für die Kommasetzung vor den Konjunktionen.

**2** Sucht aus dem folgenden Text alle Konjunktionen heraus.

**1** Kung-Fu heißt »geduldige Arbeit«: Die Mädchen müssen Körper und Geist gleichermaßen trainieren. **2** Aber zimperlich dürfen sie nicht sein. **3** Sie schlafen in ungeheizten Zehnbettzimmern und waschen sich im Hof. **4** Ihr Tag beginnt um 5:20 Uhr und endet um 21 Uhr. **5** Sie dürfen weder den Schulunterricht noch ihre Trainingsstunden vernachlässigen. **6** Die Übungen am Anfang sind noch einfach, doch dann folgen schwere Sprünge. **7** Die Königsdisziplin ist der Kampf sowohl mit den Fäusten als auch mit Stock oder Schwert.

**TIPP**
Beachte die Kommasetzung.

**3** Bilde sinnvolle Sätze mithilfe der Konjunktionen. Achte darauf, ob du etwas aufzählst oder einen Gegensatz ausdrückst.

sowohl ... als auch ... – weder ... noch ... – entweder ... oder ... – und – nicht nur ..., sondern auch ... – aber – oder

1 Kung Fu ▬ Aikido sind Kampfsportarten.
2 Freistil ist olympische Disziplin, ▬ Rettungsschwimmen noch nicht.
3 In unserem Ort gibt es ▬ Angebote zum Tanzen ▬ zum Reiten.
4 Fußball ist eine Sportart ▬ für Männer ▬ für Frauen.
5 Mein Bruder mag ▬ Kraftsport ▬ Breakdance.
6 Ich kann ▬ Eis laufen ▬ Ski fahren.

**TIPP**
Vergiss das Komma vor der Konjunktion *dass* nicht.

→ S.139 Der zusammengesetzte Satz

**4** Formuliere Nebensätze mit *dass*. Schreibe die Sätze in dein Heft.

| | |
|---|---|
| 1 Ich weiß, | »Kung Fu Panda« ist ein Animationsfilm. |
| 2 Man erfährt, | Der kleine Pandabär möchte Kung-Fu-Kämpfer werden. |
| 3 Man erzählt sich, | Pandabären naschen gern. |
| 4 Der Film zeigt, | Aus einem Antihelden kann etwas werden. |
| 5 Ich habe gehört, | Angelina Jolie spricht die Tigerin. |
| 6 Es stellt sich heraus, | Nur ein kleiner Bär kann das Tal des Friedens retten. |

*1. Ich weiß, dass „Kung Fu Panda" ein Animationsfilm ist.*
*2. …*

**5** Bilde Sätze mit einem Nebensatz, der mit *dass* eingeleitet wird.

1 Hier wurde eine Badmintonhalle eingeweiht.
2 Badminton ist seit 1992 olympische Disziplin.
3 Das Spiel mit dem Federball hat in Deutschland viele Anhänger.
4 Das Regelwerk wurde 2006 aktualisiert.

*Ich habe gehört/gelesen/erfahren/nicht gewusst, dass …*

## *das* oder *dass*?

!

Die Entscheidung, ob man ***das*** oder ***dass*** schreiben muss, hängt davon ab, welcher Wortart es zuzuordnen ist:

- **bestimmter Artikel**: *das Mädchen, das Schwert*
- **Relativpronomen**: *Das Mädchen, das Kung-Fu trainiert, ist 12.*
- **Konjunktion**: *Sie wissen, dass die Ausbildung 6 Jahre dauert.*

Zur Unterscheidung von *das* und *dass* nutzt man die **Ersatzprobe**. Kann man *da■* durch *dieses* ersetzen, handelt es sich um den Artikel *das*. Kann *da■* durch *welches* ersetzt werden, ist es das Relativpronomen *das*. Ergibt der Satz bei dieser Probe keinen Sinn, so handelt es sich um die Konjunktion *dass*.

*Da■ (dieses) Mädchen trainiert Kung-Fu.* → *das*
*Das Mädchen, da■ (welches) Kung-Fu trainiert, ist 12.* → *das*
*Sie wissen, da■ (~~welches~~) die Ausbildung hart ist.* → *dass*

**1** Entscheide, ob die unterstrichenen Wörter bestimmte Artikel, Relativpronomen oder Konjunktionen sind.

**1** Unter Regisseuren hat es sich herumgesprochen, dass in Yongtai erstklassige Kämpferinnen ausgebildet werden. **2** Das ehemalige Kloster Yongtai, das ganz im Nordosten Chinas liegt, ist nach der Prinzessin Yongtai benannt. **3** Diese verließ das kaiserliche Elternhaus, um im Kloster Buddhismus und Kung-Fu zu lernen. **4** Das Kloster, das heute Chinas einzige Kampfschule nur für Mädchen ist, bildet 70 Schülerinnen aus. **5** Alle wissen, dass die Ausbildung kein Zuckerschlecken ist. **6** Das harte Training mit Gewichten gehört ebenso dazu wie das Erlernen der Kampftechniken mit Säbel, Stock und Schwert. **7** Die Mädchen berichten, dass auch Mathematik, Englisch, Tanzen und Kalligrafie, die Kunst des Schönschreibens, zum Lehrplan gehören.

**2** *das* oder *dass?* Schreibe die Sätze in dein Heft und setze richtig ein.

**1** Geschickt wirft ___ Mädchen ihren Partner auf die Matte. **2** Trainer Toni H. erklärt, ___ zunächst ___ Fallen gelernt wird. **3** Er erläutert, ___ bei diesem Kampfsport die Reflexe und Schwächen des Partners ausgenutzt werden. **4** ___ Können, ___ sie im Training erwerben, stärke ___ Selbstbewusstsein im Alltag.

# Satzbau und Zeichensetzung

## Der einfache Satz

Achtung, Fehler!

**1** Am Ende der folgenden Sätze fehlen die Satzschlusszeichen.

**a** Lies die Sätze und entscheide, welche Aussageabsicht in jedem Satz steckt und welches Satzschlusszeichen jeweils passt.

1 Wer könnte die Frau auf dem Foto sein
2 Hast du schon etwas über Benjamin Blümchen gehört
3 Bestimmt kennst du Bibi Blocksberg
4 Sowohl Benjamin Blümchen als auch Bibi Blocksberg sind von der gleichen Schriftstellerin erdacht worden
5 Ihr Name ist Elfie Donnelly
6 Sieh dir noch einmal das Foto der Schriftstellerin an
7 Kannst du dir vorstellen, dass sie die »Mutter« von Benjamin Blümchen und Bibi Blocksberg ist

**b** Lies die Sätze laut vor und verdeutliche dabei die Satzart.

!

| | |
|---|---|
| **Aussagesatz:** mitteilen, informieren | • finite (gebeugte) Verbform an zweiter Stelle, z. B.: *Elfie Donnelly schrieb die Geschichten von Benjamin Blümchen.*<br>• Satzschlusszeichen: Punkt |
| **Fragesatz:** fragen | • mit Fragewort oder finiter (gebeugter) Verbform an erster Stelle, z. B.: *Wer ist die Frau auf dem Foto? Hast du schon eine Geschichte von Elfie Donnelly gelesen?*<br>• Satzschlusszeichen: Fragezeichen |
| **Aufforderungssatz:** auffordern zum Handeln | • finite (gebeugte) Verbform an erster Stelle, z. B.: *Lies unbedingt die Geschichte von Bibi Blocksberg! Erzähle mir bitte etwas über Benjamin Blümchen.*<br>• Satzschlusszeichen: Ausrufezeichen (Befehl, ausdrückliche Aufforderung), Punkt (Bitte, Wunsch) |

**2** Die Hauptperson ihres Buches »Tine durch zwei geht nicht« wird von Elfie Donnelly so vorgestellt.

**a** Lies die folgenden Stichpunkte.

**Tine Fechner:**
- elf Jahre alt
- braunhaarig
- nicht gerade zart
- in der Schule eher soso
- kann gut mit Worten umgehen
- wäre am liebsten ein Fisch, so gerne ist sie im Wasser

**b** Forme die Stichpunkte in Sätze um und schreibe sie auf.

**c** Welche Satzart hast du verwendet? Begründe deine Wahl.

**d** Schreibe vier Fragesätze auf, in denen du dich nach Tine erkundigst.

**3** In dem Buch »Tine durch zwei geht nicht« spielt auch Tines Bruder Tim eine Rolle.

**a** Lies die Sätze, in denen er vorgestellt wird.

**1** Tim wohnt mit seiner Schwester bei seinen Eltern.
**2** Er ist gerade sieben Jahre alt.
**3** Er hat braune Haare.
**4** In vier Minuten schafft Tim sechs Pfannkuchen.
**5** Zur Schule geht er noch mit Begeisterung.
**6** Tim liebt seine Schwester.

**b** Übertrage die folgende Tabelle in dein Heft.
Ermittle in den Sätzen aus Aufgabe a mithilfe der Umstellprobe die Satzglieder und trage sie ein.

| 1. Stelle | 2. Stelle | 3. Stelle | 4. Stelle | 5. Stelle |
|---|---|---|---|---|
| ein Satzglied | finite Verbform | weitere Satzglieder | | |
| Tim | wohnt | ... | ... | ... |

!

**Satzglieder** kann man umstellen. Mithilfe der Umstellung kann man verschiedene Aussageabsichten verwirklichen.
An erster Stelle eines Aussagesatzes steht nur *ein* Satzglied.
An der zweiten Stelle folgt die finite (gebeugte) Verbform.
Alle weiteren Satzglieder stehen dahinter.
Mithilfe der **Umstellprobe** kann man die Satzglieder ermitteln.
Zu einem Satzglied gehören jeweils die Wörter, die sich nur zusammenhängend an die erste Stelle umstellen lassen, z. B.:
*Tine und Tim | wohnen | mit ihren Eltern | in einem Einfamilienhaus.*
*Mit ihren Eltern | wohnen | Tine und Tim | in einem Einfamilienhaus.*
*In einem Einfamilienhaus | wohnen | Tine und Tim | mit ihren Eltern.*

**4** Verändere die Aussageabsicht der folgenden Sätze durch Umstellung.

**1** Marie hat schon Bücher von Elfie Donnelly gelesen.
**2** Warum haben dir die Geschichten gefallen?
**3** Schenke deinem Freund ein Buch von Elfie Donnelly.
**4** Liest du gern lange Romane?
**5** Max liebt besonders Bildgeschichten.
**6** Hole dir ein Buch von Elfie Donnelly aus der Bücherei!

*1. Marie hat schon Bücher von Elfie Donnelly gelesen.*
*Hat Marie schon Bücher von Elfie Donnelly gelesen?*
*Marie, lies die Bücher von Elfie Donnelly!*
*2. …*

**5** Ermittle mithilfe der Umstellprobe die Satzglieder der folgenden Sätze. Verwende dazu die Tabelle aus Aufgabe 3 b (S. 126).

**1** Die elfjährige Tine ist meistens fröhlich.
**2** Sie liebt ihre Eltern und ihren Bruder Tim.
**3** In der letzten Zeit ist Tine oft traurig.
**4** Zum Nachdenken sitzt sie gern auf dem Klo.

## Subjekt

**1** In den folgenden Sätzen fehlen die Subjekte. Wähle aus den Wortgruppen das jeweils passende Subjekt aus und schreibe die Sätze in dein Heft.

Elfie Donnelly – große Probleme – die Kinder – die Familie – die Eltern – der Name Karl-Heinz

1 ___ erzählt in ihrem Buch »Tine durch zwei geht nicht« über eine ganz normale Familie.
2 ___ besteht aus Vater, Mutter und zwei Kindern.
3 ___ heißen Tine und Tim.
4 ___ heißen Angelika und Kalle.
5 In Kalles Ausweis steht eigentlich ___.
6 Eines Tages treten in Tines Familie ___ auf.

*1. Elfie Donnelly erzählt …*

**!**

Das Satzglied **Subjekt** ist der Satzgegenstand des Satzes.
Über das Subjekt wird etwas ausgesagt, es steht im Nominativ.
Man erfragt das Subjekt mit *Wer?* oder *Was?*, z. B.:

| | |
|---|---|
| *In einer kleinen Stadt lebt Tine mit ihrer Familie.* | Wer? |
| *Der siebenjährige Tim ist ihr Bruder.* | Wer? |
| *Die Jugendbücherei wird von Tines Mutter geleitet.* | Was? |

**2** Bestimme mithilfe der Frageprobe die Subjekte der folgenden Sätze. Ersetze das Subjekt durch das passende Personalpronomen.

1 Tines Mutter heißt Angelika.
2 Angelika fühlt sich heute nicht wohl.
3 Ihr Kopf schmerzt bei jedem Schritt unerträglich.
4 Auf ihrem Schreibtisch stapeln sich Einladungen, Rechnungen und Karten.
5 Der Schornsteinfegermeister Wippel fragt sie besorgt nach ihrem Befinden.
6 Die Arbeit macht ihr heute keinen Spaß.
7 Am liebsten würde Angelika alles stehen und liegen lassen.
8 Eine Kundin wünscht ihr freundlich gute Besserung.

*1. Wer heißt Angelika? Tines Mutter (sie). 2. …*

### Prädikat

**1** Prädikate werden durch Verben ausgedrückt. Wähle ein passendes Verb aus und setze es in der richtigen Form ein.

arbeiten – hassen – gehören – fressen – kochen – aussehen

1 Tines und Tims Vater Kalle ___ als Versicherungsagent.
2 Er ___ Fußball.
3 Kalle ___ gern, aber sehr schlecht.
4 Zur Familie ___ auch der Hund Kaktus.
5 Kaktus ___ sehr freundlich ___.
6 Er ___ gern Teppichfransen, aber auch anderes.

*1. arbeitet, 2. …*

! Das Satzglied **Prädikat** sagt etwas über das Subjekt aus (Satzaussage). Subjekt und Prädikat sind die beiden Hauptbestandteile des Satzes. Sie bilden den Satzkern. Sie werden mithilfe von Fragen bestimmt, z. B.:

| | | |
|---|---|---|
| *Angelika Fechner* | *arbeitet* | *in der Bibliothek.* |
| Wer? Was? | Was wird ausgesagt? | |
| Subjekt | Prädikat | |

Wenn das Prädikat nur aus dem finiten (gebeugten) Verb besteht, nennt man es **einteiliges Prädikat.**

**2**

→ S. 112 Zeitformen (Tempusformen) der Verben

**a** Schreibe Sätze auf, in denen du die folgenden Verben als einteiliges Prädikat verwendest.

lachen – fangen – singen – wohnen – bemerken – verlieren – zerdrücken

*Die Kinder lachen fröhlich. …*

**b** Welche Zeitform hast du verwendet? Begründe, warum.

**c** Wähle drei Beispiele aus und schreibe sie im Präteritum auf.

*Die Kinder lachten fröhlich. …*

**!**

Ein **mehrteiliges Prädikat** besteht aus einer finiten (gebeugten) Verbform und anderen infiniten (ungebeugten) Verbformen (Partizip II, Infinitiv) oder weiteren Wörtern, z. B.:
*Tines Eltern haben sich häufig gestritten. Tine ist lieber bei ihrer Freundin geblieben. Tim wollte am liebsten gar nicht mehr nach Hause kommen. Beide Kinder wichen den Eltern häufig aus.*
Mehrteilige Prädikate können andere Satzglieder einrahmen. Dann bilden sie einen **prädikativen Rahmen**.

→ S. 112 Zeitformen (Tempusformen) der Verben

**3** Die folgenden Sätze enthalten mehrteilige Prädikate.

**a** Schreibe die Sätze in dein Heft und unterstreiche die Prädikate.

1 Kalle und Angelika Fechner waren seit zwölf Jahren miteinander verheiratet.
2 Sie hatten ein kleines Häuschen am Rande der Stadt gemietet.
3 Vor elf Jahren wurde ihre Tochter Tine geboren.
4 Der Sohn Tim hat vor sieben Jahren das Licht der Welt erblickt.
5 Sie haben viele Jahre zufrieden miteinander gelebt.
6 Aber irgendwann hatten die Streitigkeiten und Probleme begonnen.

**b** Unterstreiche die Satzglieder, die von den Prädikatsteilen eingerahmt werden, mit einer anderen Farbe.

**4** Schreibe Sätze mit folgenden zusammengesetzten Verben auf. Unterstreiche die Teile des Prädikats (den prädikativen Rahmen) doppelt und die eingerahmten Satzglieder einmal.

zurückgeben – aufgeben – angeben – nachgeben – mitgeben – durchgeben – vorgeben

*1. Meine Freundin gab mir | das Buch | gestern zurück.*
*2. …*

## Objekt (Ergänzung)

**TIPP**
Nutze die Frageprobe.

**1** Füge in den folgenden Sätzen die passenden Wörter bzw. Wortgruppen als Dativ- oder Akkusativobjekt ein.

dem Streit der Eltern – dem Hund Kaktus – einen Klaps – Papas Koffer – dicke Briefe – ihm – ihre Hausaufgaben – ihn – eine kleine Wohnung

1 Tine saß am Tisch und erledigte ___.
2 Aber ihre Gedanken folgten nur ___.
3 Auch Tim war traurig und gab ___ ___.
4 Der Streit zwischen seinen Eltern gefiel ___ gar nicht.
5 Mama packte ___ und stellte ___ vor die Tür.
6 Papa zog aus und suchte sich ___.
7 Ein Jahr lang schickten die Anwälte ___.

**!**

Das **Objekt** ist ein Satzglied, das das Prädikat ergänzt. Der Fall des Objekts ist vom Verb abhängig, z. B.:

| | | | |
|---|---|---|---|
| *Tim fragt seine Schwester Tine.* | | Wen? | Akkusativobjekt |
| *Tine hilft ihrer Mutter.* | | Wem? | Dativobjekt |
| *Die Mutter stellt* | *dem Vater* | *seinen Koffer* | *vor die Tür.* |
| | Wem? | Was? | |
| | Dativobjekt | Akkusativobjekt | |

Man kann Dativobjekte mithilfe der Frage *Wem?* und Akkusativobjekte mithilfe der Fragen *Wen?* oder *Was?* bestimmen.

**2** Schreibe die Sätze in dein Heft. Bestimme die Objekte durch Fragen und unterstreiche sie. Notiere für Dativobjekte DO, für Akkusativobjekte AO.

1 Tine liebt ihre Eltern und ihren Bruder sehr.
2 Kalle kann die Probleme nicht allein lösen.
3 Beim Kochen hilft Tim seiner Mutter.
4 Tine fragt ihren Vater nach seiner Arbeit.
5 Tim gibt der Schildkröte etwas Futter.
6 Am liebsten möchte Tine Papas Gedanken lesen.
7 Tim hört seiner Schwester aufmerksam zu.

*1. Tine liebt ihre Eltern und ihren Bruder sehr.*
*Wen? (AO)*

!

**Genitivobjekte** werden selten gebraucht. Sie kommen meistens in der Schriftsprache vor, z. B.:

*Die Geschwister erinnerten sich* *der gemeinsamen Familienausflüge.*
*Der Vater rühmte sich* *seiner Kochkünste.*
Wessen? Genitivobjekt

Man kann Genitivobjekte mithilfe der Frage *Wessen?* bestimmen.

3 Setze in den folgenden Sätzen die passenden Genitivobjekte ein.

bester Gesundheit – der Hilfe – der Stimme – der Kinder – der schönen gemeinsamen Stunden

1 Die Kinder erfreuten sich ____.
2 Trotzdem bedurften sie ____.
3 Sie gedachten ____.
4 Der Vater enthielt sich heute ____.
5 Eine Freundin wollte sich ____ annehmen.

*1. Die Kinder erfreuten sich bester Gesundheit. – Wessen erfreuten sie sich?*
*2. ...*

4 Einige Verben verlangen als Ergänzung ein Genitivobjekt.

a Schreibe Sätze mit diesen Verben auf.

sich entledigen – sich rühmen – sich erinnern – sich schämen – sich bedienen – sich erfreuen – bedürfen – gedenken – sich enthalten – sich annehmen

*Jan entledigt sich seiner Schulden. ...*

b Bestimme mithilfe der Frageprobe die Genitivobjekte und unterstreiche sie.

*Jan entledigt sich seiner Schulden. – Wessen entledigt er sich?*

!

Objekte, deren Fall von einer Präposition, z. B. *mit, für, über, auf, von,* bestimmt wird, nennt man **Präpositionalobjekte**, z. B.:

| | |
|---|---|
| *Tim traf sich mit seinem Freund.* | Mit wem? |
| *Tine regte sich über ihre Eltern auf.* | Über wen? |
| *Sie hatten Angst vor einem neuen Streit.* | Wovor? (umgangssprachlich: Vor was?) |
| *Die Eltern stritten sich über Belanglosigkeiten.* | Worüber? (umgangssprachlich: Über was?) |

5 Suche aus den folgenden Sätzen die Präpositionalobjekte heraus und schreibe sie zusammen mit dem Infinitiv des Verbs auf.

1 Die Kinder erinnerten sich gern an frühere gemeinsame Ausflüge.
2 Heute stritt der Vater oft mit Mama.
3 Die Geschwister ärgerten sich über ihre Eltern.
4 Aber oft redete der Vater überhaupt nicht mehr mit Mama.
5 Tim wandte sich von Papa ab.
6 Er hielt zu seiner geliebten Mama.
7 Tine und Tim konnten die Eltern nicht von der Trennung abhalten.

*1. sich an frühere gemeinsame Ausflüge erinnern, 2. …*

6 Bilde Sätze mit folgenden Wortgruppen. Schreibe sie in dein Heft und unterstreiche die Präpositionalobjekte.

1 jemanden von einem Vorhaben abhalten
2 bei einer Veranstaltung mitwirken
3 über etwas berichten
4 nach jemandem fragen
5 gegen etwas kämpfen
6 sich für etwas einsetzen
7 auf etwas hoffen
8 mit jemandem sprechen
9 sich über etwas aufregen
10 von jemandem etwas bekommen

*1. Sie wollte mich von meinem Vorhaben abhalten. 2. …*

### Adverbialbestimmung (Umstandsbestimmung)

!

Prädikate werden häufig durch **Adverbialbestimmungen** der Zeit (Temporalbestimmungen) und des Ortes (Lokalbestimmungen) näher bestimmt.

- **Temporalbestimmungen** erfragt man mit *Wann? Wie lange? Bis wann? Seit wann?*
  *Vor elf Jahren wurde Tine geboren.* Wann?
  *Die Eltern waren 12 Jahre verheiratet.* Wie lange?
  *Bis vor einem Jahr waren sie glücklich.* Bis wann?
  *Seit einem Jahr schickten die Anwälte dicke Briefe.* Seit wann?
- **Lokalbestimmungen** erfragt man mit *Wo? Wohin? Woher?*
  *Die Kinder fühlten sich zu Hause nicht mehr wohl.* Wo?
  *Sie gingen nicht mehr gern nach Hause.* Wohin?
  *Die Mutter kam spät von der Arbeit.* Woher?

**1** Übertrage die Tabelle in dein Heft. Suche die Temporal- und Lokalbestimmungen aus den Sätzen heraus und ordne sie in die richtige Spalte ein.

| Temporalbestimmung | Lokalbestimmung |
|---|---|
| zwölf Jahre<br>… | … |

1 Kalle und Angelika Fechner waren zwölf Jahre miteinander verheiratet.
2 Familie Fechner wohnte am Rande der Stadt.
3 Vor elf Jahren wurde Tine geboren.
4 Seit einiger Zeit stritten sich die Eltern sehr oft.
5 Zuerst war Tine aufgefallen, dass Papa und Mama sich keine Abschiedsküsse mehr gaben.
6 Sie machten auch sonntags keine gemeinsamen Ausflüge mehr.
7 Tine wollte am liebsten gar nicht mehr nach Hause kommen.
8 Sie fühlte sich bei ihren Freunden wohler.
9 Tim begann neuerdings wieder, Baby zu spielen.
10 Im Hause Fechner gab es viele Veränderungen.
11 Zum Schluss verließ Papa das gemeinsame Haus.
12 Er zog in eine kleine Wohnung.

> **!** Das Prädikat kann durch eine **Adverbialbestimmung der Art und Weise (Modalbestimmung)** näher bestimmt werden. Man fragt danach *Wie?* oder *Auf welche Art und Weise?*
>
> *Der Hund Kaktus bellte laut.* — *Wie?*
>
> *Mit großer Freude sprang er an Tine hoch.* — *Wie?* *Auf welche Art und Weise?*

**2**

**a** Suche aus den folgenden Sätzen heraus, durch welche Satzglieder ausgedrückt wird, *wie* etwas geschieht.

1. Der Hund Kaktus tobt gern mit Tine und Tim im Garten herum.
2. Nach der Schule empfängt er sie mit freudigem Gebell.
3. Später lernt Tine überraschend den Hund Bubu kennen.
4. Er begrüßt sie freudig und springt schwanzwedelnd an ihr hoch.
5. Die Schildkröte Summacumlaude verhält sich meist still.
6. Oft kriecht sie langsam unter irgendeinen Schrank.
7. Nur mit Mühe können die Kinder sie dann finden.

**b** Schreibe diese Satzglieder mit dem dazugehörigen Verb im Infinitiv heraus.

*1. gern herumtoben, 2. …*

**3** Wie können folgende Tätigkeiten ausgeführt werden? Schreibe Wörter und Wortgruppen auf, die die Art und Weise der Tätigkeiten näher beschreiben.

lesen – sprechen – fragen – gehen – sich bewegen – fahren – begrüßen – lächeln – schreiben

*lesen: laut, deutlich, stockend, mit leiser Stimme, mit Betonung, …*

> **!** Das Prädikat kann auch durch eine **Adverbialbestimmung des Grundes (Kausalbestimmung)** näher bestimmt werden.
> Man kann sie mit *Warum? Weshalb? Weswegen? Aus welchem Grund?* erfragen, z. B.:
> *Die Eltern stritten sich wegen jeder Kleinigkeit.* — *Weswegen?*
> *Die Kinder waren aufgrund der ständigen Streitigkeiten sehr traurig.* — *Aus welchem Grund?*
> *Die Kinder kamen nicht mehr gern nach Hause, weil sich die Eltern ständig stritten.* — *Warum?*

**4** Lies die folgenden Sätze und schreibe die Satzglieder heraus, die Gründe angeben.

1. Alle Familienmitglieder sind aufgrund der Trennung traurig.
2. Kaktus hat wegen Tines schlechter Laune schon mal einen Fußtritt bekommen.
3. Tim kann vor Traurigkeit schon gar keinen klaren Gedanken mehr fassen.
4. Deshalb will er von seinem Vater nichts mehr wissen.
5. Kalle sitzt einsam in seiner kleinen Wohnung und ist völlig verzweifelt, weil er sich von seinen Kindern getrennt hat.
6. Aus Verzweiflung beschließt Kalle, seine Tochter zu »entführen« und mit ihr allein Urlaub zu machen.

**5** Schreibe Antworten auf folgende Fragen in dein Heft. Unterstreiche die Kausalbestimmungen.

1. Warum musste das Sportfest ausfallen?
2. Warum bist du zu spät zur Schule gekommen?
3. Weshalb bist du zu spät zu deiner Freundin / deinem Freund gekommen?
4. Aus welchem Grund konntest du deine Hausaufgaben nicht machen?
5. Warum fährst du im Urlaub am liebsten in die Berge (an die See)?
6. Weshalb wurde der Angeklagte verurteilt?

## Attribut (Beifügung)

!

**Attribute** (Beifügungen) bestimmen Nomen/Substantive näher. Sie können vor oder hinter dem Nomen stehen. Man erfragt sie mit *Welche(-r, -s)* oder *Was für ein(e)?*, z. B.:

| | |
|---|---|
| *die leere Flasche* | Was für eine Flasche? |
| *die Flasche mit dem bunten Etikett* | Welche Flasche? |

Attribute sind keine selbstständigen Satzglieder. Sie können nicht allein umgestellt werden, sondern bleiben immer bei dem Nomen, zu dem sie gehören. Sie werden deshalb **Satzgliedteil** genannt.

**TIPP**
Die Attribute können vor oder hinter dem Nomen stehen.

**1** Schreibe aus dem folgenden Text die unterstrichenen Nomen/Substantive und die dazugehörigen Attribute heraus.

In der Familie Fechner kündigten sich Veränderungen an:
Der erste gemeinsame Sonntag nach langer Zeit brachte ein ungeheures Gewitter: Die Waldwege trieften vor Nässe wie Tines und Tims Haare. Und zwischen Mama und Papa gewitterte es auch.
Mama hatte rotgeweinte Augen.
Die ersten harten Worte fielen: Tim und Tine erkannten ihre Eltern kaum wieder.
Die Abstände zwischen den Gewittern wurden kürzer. [...]
Dann ging alles ziemlich schnell und über die Köpfe von Tim und Tine hinweg. Mama packte Papas Koffer und stellte sie ihm vor die Tür, und Papa ging wirklich weg. Er suchte sich eine kleine Wohnung.
Ein Jahr lang stapelten sich gewichtig aussehende Briefe von Anwälten im Briefkasten. Der Fall Fechner gegen Fechner wurde gelöst: Die Ehe war geschieden.

*der erste gemeinsame Sonntag, ...*

**2**

**a** Schreibe den folgenden Satz in dein Heft. Unterstreiche die Attribute.

Die elfjährige Tine wollte die endgültige Trennung der Eltern lange Zeit nicht akzeptieren.

**b** Stelle mithilfe der Umstellprobe die Anzahl der Satzglieder fest und grenze sie durch senkrechte Striche ab.

## Kommasetzung bei Aufzählungen

→ S. 122 Konjunktionen

!

Manche Sätze enthalten **Aufzählungen** von Wörtern oder Wortgruppen. Sie werden **durch Komma voneinander getrennt**, wenn sie unverbunden sind.
Steht zwischen ihnen eine **aufzählende Konjunktion**, wie *und, oder, sowie* oder *sowohl ... als auch ...*, dann fällt das Komma weg, z. B.:
*Zur Familie Fechner gehören Angelika, Kalle, Tine und Tim.*
*Außerdem gehören sowohl der Hund Kaktus als auch die Schildkröte Summacumlaude dazu.*
Steht jedoch zwischen den Gliedern der Aufzählung eine **entgegenstellende Konjunktion**, wie *aber, doch, jedoch* oder *nicht nur ..., sondern (auch) ...*, muss ein Komma gesetzt werden, z. B.:
*Angelika kocht nicht gern, aber gut.*
*Kalle kocht gern, doch nicht besonders gut.*
*Tine macht sich nicht nur Sorgen um ihren geliebten Papa, sondern auch um Angelika und Tim.*

**TIPP**
Wenn du unsicher bist, lies im Merkkasten nach.

Achtung, Fehler!

**1** Schreibe die Sätze ab, unterstreiche die Aufzählungen und setze die fehlenden Kommas.

**1** Tines Mutter Angelika arbeitet schon viele Jahre in einer Bibliothek. Viele Kinder Jugendliche und Erwachsene kommen zu ihr, um sich Bücher auszuleihen.
**2** Diese Arbeit bringt ihr viel Freude Abwechslung sowie neues Wissen.
**3** Ständig beschäftigt sie sich sowohl mit neuen Büchern als auch mit CDs und DVDs.
**4** Die Leser stellen viele Fragen wollen beraten werden oder Empfehlungen bekommen.
**5** Sie möchten Erzählungen Romane aber auch Sachbücher ausleihen.
**6** Viele Leser wollen auch Reiseliteratur haben. Angelika kann sie nicht nur mit Reiseführern sondern auch mit Karten und Filmen über die Reiseziele versorgen.
**7** Aber heute ist sie nicht bei der Sache. Ihre Gedanken Gefühle und Ängste wandern immer wieder zu Tine, die verschwunden ist.

*1. Tines Mutter Angelika arbeitet schon viele Jahre in einer Bibliothek. Viele Kinder, Jugendliche und Erwachsene kommen zu ihr, um sich Bücher auszuleihen.*
*2. ...*

## Der zusammengesetzte Satz

**1** Tine reist auf die Kanarischen Inseln.

**TIPP**
Du musst die Sätze beim Zusammenfügen verändern und Kommas setzen.

a Lies den Text und überlege, welche Sätze du miteinander verknüpfen kannst, damit der inhaltliche Zusammenhang zwischen ihnen deutlicher wird. Schreibe die Vorschläge in dein Heft.

Eines Tages holt Papa Kalle seine Tochter von der Schule ab. Er will mit ihr eine Reise machen. Tine weiß noch nichts davon. Kalle hat schon alles Notwendige in eine große Reisetasche gepackt. Tine muss nicht mehr nach Hause zu Mama. Sie fahren mit dem Taxi zum Flughafen. Tine war schon oft hier. Sie hat ihre Oma vom Flugzeug abgeholt. Am Schalter gibt Kalle die große Tasche ab. Dann steigen Kalle und Tine ins Flugzeug nach Teneriffa. Ab und zu denkt Tine an Mama. Sie wird sich Sorgen machen. Papa hat ihr nichts von seinen Reiseplänen gesagt. Aber bald ist alles vergessen. Sie sieht nur noch Sonne, Strand und Meer.

*Er will mit ihr eine Reise machen, aber Tine weiß noch nichts davon. …*

b Vergleicht eure Lösungen und tauscht euch darüber aus.

! Aus Sätzen, die inhaltlich eng miteinander verbunden sind, kann man **zusammengesetzte Sätze** bilden. Die **Teilsätze** eines zusammengesetzten Satzes werden in der Regel durch Komma voneinander abgetrennt. Jeder Teilsatz eines zusammengesetzten Satzes enthält mindestens ein **Subjekt** und ein **Prädikat** (finite Verbform).

**TIPP**
Nutzt die Frageprobe. Beachtet: Subjekt und finite Verbform stimmen in Person und Zahl überein.

c Unterstreicht in euren zusammengesetzten Sätzen die Subjekte und die finiten (gebeugten) Verbformen.

*Eines Tages holt Papa Kalle seine Tochter von der Schule ab, weil er mit ihr eine Reise machen will.*
*Er will mit ihr eine Reise machen, aber Tine weiß noch nichts davon. …*

## Satzgefüge

→ S. 122 Konjunktionen

!

**Satzgefüge** bestehen aus **Haupt- und Nebensatz**, die z. B. durch Konjunktionen, wie *weil, wenn, (so)dass, nachdem, bevor, seitdem, damit, als, obwohl,* miteinander verbunden werden. Der Nebensatz wird durch ein **Komma** vom Hauptsatz getrennt. Er kann sowohl vor als auch hinter dem Hauptsatz stehen. Steht der Nebensatz vor dem Hauptsatz, so beginnt der Hauptsatz mit der finiten Verbform, z. B.:

*Dass er mit Tine wegfahren will, hat er Angelika nicht gesagt.*

NEBENSATZ , HAUPTSATZ .

*Kalle holt Tine ab, weil er mit ihr Urlaub auf Teneriffa machen möchte.*

HAUPTSATZ , NEBENSATZ .

Die meisten **Nebensätze** kann man an folgenden Merkmalen erkennen:

- Die finite (gebeugte) Verbform steht an letzter Stelle.
- Am Anfang steht ein Einleitewort, z. B. eine Konjunktion (Bindewort).

Der Nebensatz ist allein meist nicht verständlich.

**1** In den folgenden Sätzen fehlen die Konjunktionen und die Kommas.

**TIPP**
Einige Konjunktionen kannst du mehrfach einsetzen.

**a** Schreibe die Sätze ab, wähle die passende Konjunktion aus und füge sie ein. Setze die Kommas.

dass – weil – wenn – als – obwohl – sobald

1 Am Nachmittag wartet Angelika vergeblich ____ Tine aus der Schule nach Hause kommt.
2 Allmählich wird sie unruhig ____ Tine sonst immer pünktlich ist.
3 ____ sie sich einmal verspätet ruft sie an und sagt Bescheid.
4 ____ Tine nach dreieinhalb Stunden immer noch nicht zu Hause ist ruft die Mutter den Schuldirektor und Tines Klassenkameraden an.
5 Angelikas Angst wächst ständig ____ alle ihr Mut zusprechen.
6 Tim ahnt ____ Tine mit Papa weggefahren ist.
7 Papa hat einmal gesagt: »____ die Sache mit dem seltenen Besuchsrecht nicht geändert wird gehe ich mit Tine fort.«

**b** In welchen Sätzen gibt es verschiedene Möglichkeiten? Tauscht euch darüber aus.

**TIPP**
Beachte die Schreibung der Konjunktion.

**2** Überlege, welche Konjunktion in den folgenden Sätzen jeweils fehlt. Schreibe die Sätze ab und setze die fehlenden Kommas.

1 Tine wusste nicht ___ Papa mit ihr nach Teneriffa fliegen wollte.
2 Auf dem Flughafen dachte sie noch ___ sie Papa nur bis zur Abfertigung begleitet.
3 Tine wunderte sich ___ sie auch bei der Passkontrolle noch nicht zurückbleiben sollte.
4 Dann erklärte ihr Papa ___ sie gemeinsam Urlaub machen werden.
5 Zuerst gefiel es Tine nicht ___ Kalle seine Pläne nicht mit Mama besprochen hatte.
6 Später ist sie nur noch glücklich ___ sie unbeschwerte Tage mit Papa verbringen wird.

**3** Bilde Satzgefüge.

→ S.108 Pronomen (Relativpronomen)

a Ordnet die Nebensätze mit den Relativpronomen dem jeweils richtigen Hauptsatz zu.

die von ihrem Vater »entführt« wurde – die das alles noch gar nicht fassen kann – das sie nun nach Teneriffa bringen soll

1 Tine sitzt völlig überrumpelt im Flugzeug.
2 Papa hat sie einfach durch die drängelnde Menschenmenge ins Flugzeug geschoben.
3 Tine verspürt Übelkeit im Magen.

*1. Tine, die …*

**TIPP**
Achte auf die Kommasetzung.

b Erkläre das fett gedruckte Wort näher. Füge den zweiten Satz direkt hinter dem fett gedruckten Wort als Nebensatz, der durch ein Relativpronomen eingeleitet wird, ein.

1 **Papa** laufen die Tränen über das Gesicht. Er hat sich auf den Sitz neben ihr gesetzt.
2 Als Tine den herrlichen blauen Himmel und die weißen **Wolken** sieht, verschwindet ihre Traurigkeit. Die weißen Wolken ziehen am Fenster vorbei.
3 Sie findet es irre, dass ihr **Papa** sie »entführt« hat. Sie liebt ihren Papa sehr.

*1. Papa, der sich auf den Sitz neben ihr …*

c Schreibe die Sätze in dein Heft und unterstreiche das Einleitewort des Nebensatzes.

d Überlege, wie du aus dem zweiten Hauptsatz einen Nebensatz gebildet hast.

!

**Nebensätze** können auch durch **Relativpronomen**, z. B. durch *der, die, das, welcher, welche, welches,* **eingeleitet** werden. Das Relativpronomen bezieht sich auf ein Nomen im vorangehenden Hauptsatz (Bezugswort). Man nennt diese Sätze **Relativsätze**. Sie bestimmen das Nomen näher, z. B.:

*Im Flugzeug, das sie und Kalle nach Teneriffa bringen soll, ist Tine zuerst sehr aufgeregt.*

*Jetzt denkt Tine gar nicht mehr an Mama, bei der sie sich immer noch nicht gemeldet haben.*

Die Relativsätze werden durch ein **Komma** vom Hauptsatz abgetrennt. Sind sie in den Hauptsatz eingeschoben, werden sie von Kommas eingeschlossen.

4 Schreibe die Sätze ab und füge das passende Relativpronomen im richtigen Fall ein.

1 Angelika, ____ schon alle Klassenkameraden von Tine angerufen hat, ist völlig verzweifelt.
2 Frau Vogt, ____ sie von der Scheidung erzählt, reagiert sehr merkwürdig.
3 Sie fragt Tim, ____ so einige Andeutungen gemacht hat, ob er etwas weiß.
4 Auch der Hund Kaktus, ____ Tine heute nicht ausgeführt hat, sitzt ratlos herum.
5 Der Polizist, ____ Angelika dann von der Entführung berichtet, ist nicht besonders freundlich.
6 Der Beamte, ____ sie misstrauisch mustert, schreibt schließlich ein Protokoll.

## Satzreihe (Satzverbindung)

!

Die Verbindung von mindestens zwei **Hauptsätzen** nennt man **Satzreihe (Satzverbindung)**. Die Sätze werden mithilfe von Konjunktionen, z.B. *und, oder, aber, denn, sondern, (je)doch,* miteinander verbunden. Sie werden durch ein **Komma** getrennt, wenn sie nicht durch *und, oder, beziehungsweise (bzw.), sowie* verbunden sind, z.B.:
*Kalle »entführte« seine Tochter Tine und Angelika schwebte deswegen zu Hause in tausend Ängsten.*
*Tim schimpfte auf seinen Papa, aber trotzdem hatte er ihn lieb.*
*Die »entführte« Tine genoss die Zeit mit ihrem Papa, denn auf Teneriffa war die Wirklichkeit in weite Ferne gerückt.*

→ S.122 Konjunktionen

**1** Forme die folgenden Satzpaare jeweils zu einer Satzreihe um.

a Wähle für jede Verknüpfung eine Konjunktion und setze die notwendigen Kommas.

und – oder – aber – denn – sondern – (je)doch – sowie

1 Kalle ist heimlich mit Tine nach Teneriffa geflogen. Nun hat er Angst vor einer Bestrafung.
2 Tine hat vorher nichts von Papas Reiseplan gewusst. Sie ist freiwillig mitgeflogen.
3 Ein preiswertes Hotelzimmer haben sie auf der Insel nicht gefunden. Sie übernachten am Strand.
4 Am nächsten Tag fahren sie mit einer Fähre auf die Insel Gomera. Kalle will mit seiner Tochter unentdeckt bleiben.
5 Tine ist begeistert von dem großen weißen Schiff. Sie verliert im Gedränge beinahe ihren Papa.

b Überlege, ob in manchen Sätzen mehrere Konjunktionen möglich sind und welche Bedeutungsunterschiede dadurch entstehen.

## Mehrfach zusammengesetzte Sätze

!

Wenn **drei oder mehr Haupt- und Nebensätze** miteinander verbunden sind, spricht man von einem **mehrfach zusammengesetzten Satz**. Die Teilsätze werden in der Regel durch **Komma** voneinander getrennt, z. B.:

*Bevor Kalle und Tine nach Gomera übersetzen, lernen sie Inge kennen, die ihr Baby Anna in einem Tuch vor dem Bauch trägt.*

NEBENSATZ , HAUPTSATZ , NEBENSATZ .

**1**

**a** Lies die folgenden Sätze.

1 Während Kalle und Tine auf ihre Fähre warten, sehen sie interessiert einem Schiff zu, das sich langsam an die Mole schiebt.

2 Der Motor verstummt, das Schiff liegt nun ruhig da und quietschend öffnet sich das riesige Maul, das nun jede Menge Autos, Lastwagen, Baumaschinen und Motorräder ausspuckt.

3 Sie beobachten, dass sich viele Menschen hinunter in den Hafen drängeln, wo sie sich langsam zerstreuen.

4 Eine junge Frau, die ihr Baby vor den Bauch geschnallt hat, spricht Kalle und Tine an, weil die beiden deren dreckverkrustete Turnschuhe so anstarren.

**b** Nenne in jedem Teilsatz die finite (gebeugte) Verbform und das dazugehörige Subjekt.

**c** Suche die Einleitewörter der Nebensätze (z. B. Konjunktionen, Relativpronomen).

**d** Bestimme, aus welchen Teilsätzen die Sätze bestehen. Zeichne für jeden Satz das Satzbild.

*1. NS, HS, ... 2. ...*

**TIPP**
NS: finites Verb am Ende
HS: finites Verb an zweiter Stelle / am Anfang

**2** Schreibe mehrfach zusammengesetzte Sätze in dein Heft. Bearbeite die Sätze wie in Aufgabe 1.

## Zeichensetzung bei der direkten (wörtlichen) Rede

**1** In Elfie Donnellys Buch »Tine durch zwei geht nicht« gibt es sehr viele Passagen, in denen die Schriftstellerin die Personen sprechen lässt.

**a** Lies vor, was Tine über ihren Anruf aus Teneriffa erzählt. Verdeutliche beim Vorlesen die Unterschiede zwischen der direkten Rede und den anderen Textteilen.

»Mama!«, sage ich, und ich will ihr sagen, dass es mir gutgeht. Aber da schluchzt Mama schon am anderen Ende: »Tine, Tine, meine Kleine…« Papa nimmt mir den Hörer aus der Hand. »Angelika«, sagt er, »es geht ihr gut und sie ist freiwillig mitgekommen.« Am anderen Ende schreit Mama: »Wo seid ihr?«
»Ich kann dir nicht sagen, wo wir sind«, sagt Papa. Er wird rot im Gesicht und stammelt: »Nein, Angelika, bitte!« Ganz plötzlich hängt er den Hörer ein. »Sie hat die Polizei verständigt«, sagt er und sieht sich traurig in der fast schon leeren Halle um.

**!** **Direkte** (wörtliche) **Rede** kennzeichnet man am Anfang und am Ende durch **Anführungszeichen**. Oft steht vor, zwischen oder nach der direkten Rede ein **Begleitsatz**, der die Sprecherin oder den Sprecher nennt, z. B.:
*Tine sagte zu Papa: »Bestimmt wird Mama jetzt der Polizei sagen, dass alles in Ordnung ist.«*
*»Sie werden mich einsperren«, murmelte Papa.*
*»Dann gehe ich mit dir ins Gefängnis«, rief Tine, »weil das alles Quatsch ist!«*
Wenn der Begleitsatz vor der direkten Rede steht, folgt ihm ein **Doppelpunkt**. Steht der Begleitsatz nach der direkten Rede oder ist er eingeschoben, wird er durch **Kommas** abgegrenzt.
**Ausrufe- und Fragezeichen**, die zur direkten Rede gehören, stehen innerhalb der Anführungszeichen.

**b** Erläutere die Regeln für die direkte Rede anhand der Sätze in Aufgabe a.

**2** Nachdem Tine und Kalle Inge kennen gelernt hatten, entwickelte sich am Strand folgendes Gespräch.
Schreibe es ab und kennzeichne die direkte Rede.

Achtung, Fehler!

1 Habt ihr schon was zum Schlafen fragt Inge.
2 Papa schüttelt den Kopf. Wir dachten, wir finden vielleicht noch ein kleines Hotel oder so sagt er.
3 Inge zweifelt Um die Zeit? Nee!
4 Schließlich legen sie sich mit ihren Schlafsäcken an den Strand. Inge drückt Tine ein Küsschen auf die Stirn. Schlaf schön, morgen geht 's nach Gomera sagt sie.
5 Nacht, Papa murmelt Tine Nacht, Mama, Nacht, Tim ...

**3** Nach der Nacht am Strand unterhalten sich Tine und Kalle mit Inge über ihre Situation. Inge möchte mehr über Vater und Tochter wissen. Schreibe eine Unterhaltung zwischen den dreien auf, in der du für die Fragen und Antworten die direkte Rede verwendest. Achte darauf, dass die Begleitsätze nicht immer vor der direkten Rede stehen.

**4** Wenn ihr Lust bekommen habt, das Buch »Tine durch zwei geht nicht« zu lesen, besorgt es euch in der Bibliothek und findet heraus, wie die Geschichte endet.

# Wortbildung

## Zusammensetzungen

**1** Kugel oder Ball?

**a** Bilde zusammengesetzte Nomen/Substantive aus den vorgegebenen Wörtern und *Kugel* oder *Ball*. Schreibe sie mit ihrem Artikel auf.

Leder – Holz – Erde – Hand – Fuß – Glas – Tennis – Wasser – Feder – Metall – Stoff – Bowling – Gummi – Gymnastik – Eis – Schnee

*der Lederball, …*

**TIPP**
Bei einigen Wörtern sind verschiedene Zuordnungen möglich. Und nicht alle Wörter lassen sich zuordnen.

**b** Ordne zu, was die Bestimmungswörter bezeichnen.

*Material: Holzkugel, … Sportgerät: Fußball, …*

!

**Zusammensetzungen** bestehen aus einem Bestimmungswort und einem Grundwort. Das **Bestimmungswort** verändert die Bedeutung des Grundwortes. Das **Grundwort** entscheidet über die Wortart der Zusammensetzung und ihr grammatisches Geschlecht (Genus). Manchmal muss ein **Fugenelement**, wie *-e-*, *-(e)s-*, *-(e)n-* oder *-er-*, eingefügt werden, z. B.:

*süß + das Holz → das Süßholz* — Nomen
*die Zitrone + gelb → zitronengelb* — Adjektiv

**2** Übertrage die Tabelle in dein Heft. Bilde Zusammensetzungen und ergänze bei Nomen den bestimmten Artikel.

| Bestimmungswort | Grundwort | Zusammensetzung |
|---|---|---|
| zehn | der Kampf | der Zehnkampf |
| schwimmen | die Halle | … |
| hoch | der Sprung | … |
| der Bär | stark | … |
| die Butter | weich | … |

## Ableitungen

**1** Bilde aus den Wortbausteinen Ableitungen und ordne sie nach Wortarten.

zählen eigen kämpfen frei neu finden legen Ende

senden brechen ehren er- be- ent- ver- zer- -lich

-ig -isch -bar -heit -keit -ung -schaft -er -erin

! **Ableitungen** entstehen vor allem durch Anfügen von **Präfixen** (Vorsilben) und **Suffixen** (Nachsilben) an einen Wortstamm, z. B.:
*ver- + spiel + -en → verspielen; spiel- + -er → der Spieler.*
Ableitungen entstehen auch durch **Änderung des Stammvokals**, z. B.:
*fliegen → der Flug; binden → das Band, der Bund.*

**2** Schreibe die Ableitungen in dein Heft und trenne sie durch senkrechte Striche in ihre Wortbausteine. Unterstreiche den Wortstamm.

Schwimmerin – erringen – Wagnis – Tapferkeit – versuchen – Wahrheit – Entdeckung – Entdecker – besiegen – Sieger – kräftig – neidisch

*Schwimm|er|in, …*

**3** Schreibe in dein Heft, auf welches Verb sich die abgeleiteten Nomen zurückführen lassen.

der Gesang – der Kuss – der Sturm – der Trank – der Biss – der Sprung – der Antrieb – der Wurf – der Klang – der Zug – der Griff

*der Gesang – singen, …*

**4** *Un-* oder *miss-*? Schreibe das Gegenteil auf, unterstreiche das Präfix.

wichtig – gelingen – achten – achtsam – sportlich – besiegbar – fair – verständlich – bekannt – gönnen – dankbar – zufrieden – trauen

*wichtig – unwichtig, gelingen – misslingen, …*

## Wortfamilien

!

Wörter mit einem gemeinsamen Wortstamm sind miteinander verwandt und bilden eine **Wortfamilie**. Eine Wortfamilie besteht also aus zusammengesetzten und abgeleiteten Wörtern, z. B.:
**Ableitungen**: *der Wähler, wählerisch, verwählen, ...*
**Zusammensetzungen**: *auswählen, der Wahlzettel, ...*

1 Ordne folgende Wörter den Zweigen des Wörterbaums *fahren* zu.

Fuhrwerk – Gefährt – Fahrt – Fahrzeug – Führer – Führung – Fuhrpark – Ausfuhr – einführen – Einfuhr – Fuhrmann – Fähre – Fährschiff – abfahren – einfahren – befahrbar

2 In beide Wortfamilien haben sich jeweils drei »schwarze Schafe« eingeschlichen. Finde sie heraus. Woran erkennst du sie?

**1** lehren – Leergut – Lehrling – Belehrung – Leerstelle – Lehrstelle – Lehrbuch – Fachlehrerin – leeren – Gelehrter
**2** Einbrecher – abbrechen – Abbruch – abbuchen – ausbrechen – Abbuchung – Umbruch – verbuchen

3 Sucht zu den Wortfamilien *trink-* und *find-* so viele Wortverwandte wie möglich.

*trink-: trinken, Trinkbecher, ...*
*find-: finden, erfinderisch, ...*

# Wortbedeutung

## Mehrdeutige Wörter

**1** Carolin zeigt ihrer Freundin Josephine eine Zeichnung.

a Sieh die Abbildung genau an.

b Erkläre, worin der Witz besteht.

c Kennst du ähnliche Witze? Erzähle sie deinen Klassenkameraden.

! Viele Wörter haben nicht nur eine Bedeutung, sondern mehrere. Man nennt sie **mehrdeutige Wörter**. Welche der Bedeutungen gemeint ist, wird erst aus dem Verwendungszusammenhang klar.

**2** Die folgenden Nomen/Substantive sind mehrdeutig.

a Lies sie laut vor.

Wurzel – Tafel – Birne – Kopf – Flügel – Pferd – Brücke – Zug – Läufer

b Nenne die unterschiedlichen Bedeutungen der Nomen.

c Verwende jedes Wort in zwei Sätzen mit unterschiedlicher Bedeutung.

*Stolpere nicht über die Wurzel der alten Eiche. –*
*Der Zahnarzt behandelt die Wurzel des Backenzahns.*

**3** Adjektive können ebenfalls mehrdeutig sein.

**a** Bilde mit dem Adjektiv und je einer Wortgruppe in Klammern Sätze.

1. leicht (die Tasche, die Aufgabe)
2. süß (eine kleine Katze, die Marmelade)
3. schwach (die Oma, die Leistungen)
4. groß (ein Gebäude, Angst haben)
5. schlecht (die Zensur, der Nachtisch)

*1. Die Tasche ist leicht. Die Aufgabe ist leicht.*

**b** Suche diejenigen Wortgruppen heraus, in denen du das Adjektiv durch eins mit ähnlicher Bedeutung ersetzen kannst. Schreibe beide Wortgruppen in dein Heft.

*die leichte Aufgabe -> die <u>einfache</u> Aufgabe*

**4** Auch Verben können mehrere Bedeutungen haben.

**a** Lies die Sätze laut vor.

1. Der Vater haftet für sein Kind.
2. Beim Stoppschild muss man halten.
3. Wir werden nächste Woche umziehen.
4. Ein Magnet zieht Eisenteile an.
5. Wir müssen die gegnerische Mannschaft schlagen.

**b** Nenne die Bedeutung der Verben in den Sätzen aus Aufgabe a.

**c** Bilde jeweils einen weiteren Satz, in dem eine andere Bedeutung des Verbs deutlich wird.

*1. Der Klebezettel haftet am Kühlschrank.*
*2. …*

## Synonyme

**1** Machen dir Kreuzworträtsel Spaß?

**TIPP**
Wenn das Buch nicht dir gehört, lege eine Folie über das Rätsel.

**a** Löse das folgende Rätsel.

| | | | | | | | | | |
|---|---|---|---|---|---|---|---|---|---|
| Fenstervorhang | | | | | | | | | |
| Radau | | | | | | | | | |
| Funktelefon | | | | | | | | | |
| Mitteilung | | | | | | | | | |
| Großmutter | | | | | | | | | |

**b** Beschreibe, wie du das Rätsel gelöst hast.

**!** Wörter können sinngleiche oder -ähnliche Bedeutungen haben. Man nennt sie **Synonyme**. Sie bilden ein **Wortfeld**, mit dessen Hilfe man einen Text abwechslungsreicher gestalten und Wortwiederholungen vermeiden kann. Sehr häufig weisen Synonyme kleine Bedeutungsunterschiede auf, z. B.:
*sagen, reden, sprechen, rufen, meinen;*
*schnell, eilig, flink, hastig, zügig.*

**2** Ordne die folgenden Wörter zu Synonympaaren. Schreibe sie in dein Heft.

Ross – Metzger – Brötchen – Pferd – Telefon – Fleischer – Semmel – Geschäft – Fernsprecher – Laden

*Ross – Pferd, …*

**3** Im Deutschunterricht hat Josephine einen Text geschrieben.

**a** Lies den Text.

*In unserem Garten wachsen alle Pflanzen sehr schnell. Besonders in der letzten Zeit sind die Brombeeren gewachsen. Da es sehr viel geregnet hat, ist aber auch das Unkraut gut gewachsen. Außerdem sind rund um unser Haus auch alle Bäume und Sträucher sehr gewachsen. Wir finden das prima, denn so kann keiner der Nachbarn sehen, wie gut alles bei uns wächst.*

**b** Die Lehrerin hat Wortwiederholungen rot angestrichen.
Wähle passende Wörter aus und ersetze die unterstrichenen Verben.

gedeihen – sich entfalten – reifen – sich herausmachen – in die Höhe schießen – sich vergrößern

**4** Suche möglichst viele Synonyme zu den folgenden Wörtern.
Schreibe sie in dein Heft.

rennen – anfangen – klug – blank – Verbrecher – dick – schauen – City

*rennen: laufen, sprinten, ...*

## Redewendungen, Sprichwörter und feste Vergleiche

> **!**
> **Redewendungen** (Wortgruppen) sind feste sprachliche Wendungen, mit denen man etwas besonders anschaulich und einprägsam ausdrücken kann, z. B.: *auf die Nase fallen, sich den Kopf zerbrechen.*
> **Sprichwörter** (in der Form eines Satzes) geben Erfahrungen, Beobachtungen und Einsichten der Menschen anschaulich und einprägsam wieder, z. B.: *Wer andern eine Grube gräbt, fällt selbst hinein.*
> **Feste Vergleiche** sind Wortgruppen mit dem Vergleichswort *wie*, z. B.: *arm wie eine Kirchenmaus, kämpfen wie ein Löwe.*

**1** Welche Redewendungen stecken in den folgenden Zeichnungen? Erkläre ihre Aussage.

**2** Suche die passenden Nomen für die folgenden Redewendungen. Schreibe sie in dein Heft und erkläre ihre Bedeutung.

**1** ins ___ treten **2** den ___ unterm Arm tragen **3** kalte ___ bekommen **4** etwas aus den ___ verlieren **5** Bohnen in den ___ haben **6** sich die ___ raufen **7** ein Herz und eine ___ sein **8** etwas aus dem ___ schütteln **9** jemandem die ___ versalzen **10** ___ auf den Zähnen haben

*1. ins Fettnäpfchen treten, 2. …*

**3** Tragt Redewendungen zusammen, in denen es um folgende Körperteile geht.

Herz – Nase – Augen – Zehen – Mund – Ohren

*das Herz auf der Zunge tragen, …*

**4** Ergänze folgende Sprichwörter und erkläre ihre Bedeutung.

**1** Wer zuletzt lacht, …
**2** Wenn zwei sich streiten, …
**3** Viele Köche …
**4** Lieber den Spatz in der Hand …
**5** Kommt Zeit, kommt …
**6** Der Klügere …
**7** Ohne Fleiß kein …
**8** Erst die Arbeit, dann …

**5** Wähle passende Adjektive oder Verben aus und ergänze die festen Vergleiche. Schreibe sie in dein Heft, unterstreiche das Vergleichswort.

gefräßig – schnell – klar – schwarz – listig – schlau – schimpfen – kämpfen – zittern – schnattern – lahm – flink

**1** ___ wie eine siebenköpfige Raupe **2** ___ wie eine Ente **3** ___ wie ein Löwe **4** ___ wie ein Rohrspatz **5** ___ wie Kloßbrühe **6** ___ wie die Nacht **7** ___ wie ein Fuchs **8** ___ wie Espenlaub **9** ___ wie ein Wiesel

*1. gefräßig wie eine siebenköpfige Raupe, 2. …*

**6** Sucht nach Redewendungen und Sprichwörtern anderer Länder. Tragt einige zusammen und tauscht euch darüber aus.

**Was habe ich gelernt?**

**7** Überprüfe, was du über Wortbedeutung gelernt hast. Beantworte dazu die folgenden Fragen.

**1** Was sind mehrdeutige Wörter?
**2** Welche Wörter findest du in einem Wortfeld?
**3** Wie unterscheiden sich Redewendungen und Sprichwörter?

# Teste dich selbst!

**1** Schreibe den folgenden Text ab (eventuell am Computer).

Achtung, Fehler!

1 Elfie Donnelly ist die Tochter eines Engländers und einer Österreicherin. Sie wurde 1950 in London geboren aber ihre Kindheit und Jugend verbrachte sie in Wien. Schon als junges Mädchen arbeitete sie dort als Journalistin. Sie begann in Wien als Texterin in einer Presseagentur.

2 Mit 26 Jahren veröffentlichte sie ihr erstes Buch »Servus Opa, sagte ich leise«. Diese Geschichte die von einem kleinen Jungen und dem Tod seines Großvaters erzählt hat viele Leser berührt. Für dieses Buch bekam Elfie Donnelly 1978 den deutschen Jugendbuchpreis. Für das Drehbuch zum gleichnamigen Fernsehspiel wurde sie 1979 mit dem Adolf-Grimme-Preis ausgezeichnet.

3 Ab 1977 schrieb sie 65 Folgen »Benjamin Blümchen« und 40 Folgen »Bibi Blocksberg«. Benjamin Blümchen den viele Kinder lieben feierte 2007 schon seinen 30. Geburtstag.

4 Bibi Blocksberg hat Elfie Donnelly erfunden weil sie nach ihren zwei Söhnen endlich ein Mädchen haben wollte. Der Erfolg der kleinen Hexe liegt wohl darin dass sie in einer Umgebung lebt die sich alle Leserinnen und Leser gut vorstellen können.

5 Im Jahr 2001 verfasste Elfie Donnelly das Drehbuch zum Film »Bibi Blocksberg«. 2002 war dieser Film mit fast 2,5 Millionen Zuschauern der erfolgreichste Kinofilm.

6 Nicht nur die Kleinen mögen ihre Bücher und Filme, sondern auch die Erwachsenen. Für diese Leser hat Elfie D. jetzt mit dem Schreiben von Kriminalromanen begonnen.

7 Ein Journalist fragte einmal Elfie Donnelly: Angenommen, Sie selbst könnten hexen. Was würden Sie mit dieser Fähigkeit anfangen? Ich *kann* hexen. Ich tu's nur nicht antwortete die Schriftstellerin.

**2**

a Unterstreiche in den Absätzen 2 bis 4 alle Nebensätze. Markiere die finiten (gebeugten) Verbformen.

b Markiere die Einleitewörter (Konjunktion, Relativpronomen) verschiedenfarbig. Setze die fehlenden Kommas.

**3**

**a** Bestimme in den folgenden Sätzen den Fall der Objekte.

1 Elfie Donnelly schenkte den Kindern viele lustige Geschichten.
2 1967 bekam Elfie Donnelly ihren ersten Sohn Christoph.
3 1973 heiratete sie Peter Lustig.
4 Später schrieb Elfie Donnelly auch Bücher für Erwachsene.

**b** Unterstreiche im Absatz 4 je eine Adverbialbestimmung der Art und Weise (Modalbestimmung) und des Grundes (Kausalbestimmung).

**c** Der Absatz 7 enthält wörtliche (direkte) Rede. Setze die fehlenden Anführungszeichen und Kommas.

**4**

**a** Schreibe aus dem Text für jede Wortart (Nomen, Verb, Adjektiv, Adverb, Numerale, Konjunktion) mindestens zwei Beispiele heraus.

**b** Suche im Absatz 6 je ein Beispiel für nominalisierte/substantivierte Verben und Adjektive.

**TIPP**
Nur von vier Verben lässt sich ein sinnvolles Partizip I bilden.

**5** Übertrage die Tabelle in dein Heft. Trage die infiniten Verbformen aus dem Text ein. Ergänze jeweils die fehlenden Formen.

| Infinitiv | Partizip I | Partizip II |
|---|---|---|
| ... | ... | ... |

**6** Forme die Sätze um, nutze dabei Passivformen der Verben.

1 Man zeichnete Elfie D. 1979 aus.
2 Man verleiht ihr den Preis.
3 Jemand verfilmte ihr Drehbuch.

**7** Schreibe je zwei Beispiele für bestimmte und unbestimmte Numeralien heraus.

**8** Schreibe aus den Absätzen 2 und 4 je drei Beispiele für Ableitungen und Zusammensetzungen heraus.

# Fehler erkennen – Fehler korrigieren

**1** Man sollte sich immer bemühen, möglichst richtig zu schreiben, denn Fehler können beim Lesen stören. Manchmal sind sie aber auch lustig, z. B. auf Speisekarten im Restaurant oder in Werbeangeboten in Geschäften.

Achtung, Fehler!

**a** Lies die folgenden Angebote. Begründe, warum man schmunzeln muss.

Speisekarte

Schildkrätensuppe

Lahmbraten mit Bommfritz und Erdbäreis

Rolladen mit Restkartoffeln

Reißbrei mit Blaubärenmarmelade

Grüßbrei mit Ruhmkugeln

Heiße Schokolatte und Puhding

He Ring mit Bellkartoffeln

Hemmbürger

Rechtschreibhilfe: im Wörterbuch nachschlagen

**b** Schreibe die Wörter aus der Speisekarte richtig auf. Benutze dabei auch ein Rechtschreibwörterbuch.

→ S. 75 Im Lexikon Informationen suchen

**c** Berichtige den Fehler auf der Werbetafel. Schreibe in dein Heft.

Rechtschreibhilfe: Regeln anwenden

**d** Begründe die unterschiedliche Schreibung von *arme* und *haut*.

Da kann man nur sagen: die arme Haut.
Gefährlich wird es aber, wenn die Arme haut.

**2** Der folgende Märchenanfang ist sehr schwer zu lesen, weil die Wortgrenzen und die Groß- und Kleinschreibung nicht beachtet werden.

**a** Schreibe den Text richtig in dein Heft.

Achtung, Fehler!

eswareinmaleinkleinesmädchen/dashattejedermannlieb/
deresnuransah/amallerliebstenaberhatteesdiegroßmutter

**b** Kennst du das Märchen? Schreibe die Überschrift über die korrigierte Fassung in dein Heft.

**TIPP**
Lies von oben nach unten.

**3** Füge die untereinander stehenden Wortteile zusammen. Markiere dann alle Trennmöglichkeiten durch senkrechte Striche.

| | | | | | |
|---|---|---|---|---|---|
| schulz- | wald- | hau- | flieg- | in- | mensch- |
| immer | am- | stier | enge- | dia- | enge- |
| | eisen | | wicht | nerz- | menge |
| | | | | eichen | |

*Schul|zim|mer, ...*

**4** Hier sorgt ein kleines Komma für großes Durcheinander.

**a** Wann beginnen denn nun die Ferien? Erkläre das Problem.

Heute nicht, morgen beginnen die Ferien.
Heute, nicht morgen beginnen die Ferien.

**b** Finde nun selbst heraus, an welchen Stellen man ein Komma setzen kann. Erkläre die dabei entstehenden unterschiedlichen Bedeutungen.

Achtung, Fehler!

1 Wir nicht die Schüler der 6 c haben das Spiel gewonnen.
2 Freue dich nicht du hast im Diktat eine 6 geschrieben.
3 Er will Fritz nicht.
4 Anton behauptete Ernst habe ihn beleidigt.

**5**

**a** Paul hat bald Geburtstag. Lies seinen Entwurf für eine Einladung. Sein Freund Tom hat die Fehler unterstrichen.

Achtung, Fehler!

*Hallo,*
*wie ihr <u>wist</u>, habe ich bald wieder <u>Gebortstag</u>. Daher möchte ich alle meine <u>freunde</u> ganz herzlich einladen. Wir feiern bei uns zu Hause, und zwar am kommenden <u>Donerstag</u>. Es gibt wieder viele <u>überraschungen</u>. Bringt bitte gute <u>laune</u> und Badesachen mit. <u>Vergest</u> aber mein Geschenk <u>nich</u>. Ich bin <u>nähmlich</u> schon sehr <u>neugierich</u>.*
*Wir <u>trefen</u> uns um 15 Uhr bei mir. Meine Eltern <u>faren</u> uns dann an einen geheimen <u>ort</u>. Ich freue mich schon <u>riesich</u>.*
*Paul*

**TIPP**
Überlege, welche Rechtschreibhilfen du nutzen kannst.

**b** Schreibe die unterstrichenen Wörter richtig auf und begründe, warum du das Wort so schreibst. Füge bei den Nomen/Substantiven den Artikel hinzu.

*wisst, der Geburtstag, …*

**6**

**a** Schreibe den Text ab und füge, wenn nötig, in die Lücken die fehlenden Doppelkonsonanten ein. Begründe deine Entscheidung.

1 Gestern Mi■tag war die Straße gespe■rt.
2 Ein kapu■ter LKW sta■nd quer vor unserem Haus.
3 Da■n kamen im schne■len Tempo die Feuerwehr und die Polizei.
4 Mit einem Kran scha■ften sie es, den Laster wegzuschieben.
5 Gespa■nt verfolgte ich zusa■men mit einem Beka■nten vom Straßenra■nd aus das Geschehen.
6 Plötzlich gab es einen lauten Kna■l aus dem Auspu■f des Lasters.
7 Mit einem i■mer stärker werdenden Blu■bern bega■n der Motor wieder zu laufen.
8 Alle waren froh, da■s sie es so schne■l gescha■ft ha■ten.

**b** Schreibe den folgenden Text ab. Entscheide, ob die unterstrichenen Wörter mit oder ohne *h* geschrieben werden.

Achtung, Fehler!

Es war einmal eine kleine Kuh,
die <u>trug</u> nur einen Schuh.
Wie <u>unbequem</u>
und wenig <u>angenem</u>
und kein schönes <u>Gefül</u>,
denn es war erst <u>Früling</u> und noch sehr <u>kül</u>.
Da kam ein frecher <u>Han</u> daher,
der krähte <u>ser</u>:
»Warum <u>felen</u> dir der Schuhe drei?«,
fragt der <u>Han</u> und grinst dabei.
»Lass' mich in Ruh'«,
muht die Kuh,
»und kümmere dich um dein <u>lames Hun</u>,
denn das legt gerade ein <u>holes</u> Ei
und <u>stralt</u> dabei.«

**So könnt ihr ein Jokerdiktat schreiben**
1. Lest zuerst den ganzen Satz vor.
2. Diktiert dann die einzelnen Satzteile bis zur Markierung (/) bzw. bis zum Satzschlusszeichen.
3. Lest zum Schluss noch einmal den ganzen Text vor.
4. Unterstreicht fünf Jokerwörter, bei deren Schreibung ihr nicht sicher seid.
5. Notiert eine zweite Schreibmöglichkeit.
   Ist eine der beiden Schreibungen richtig, wird kein Fehler angerechnet.

**c** Diktiert euch gegenseitig den folgenden Text als Jokerdiktat.

Über die Sitten und Gebräuche anderer Länder / sollte man sich / schon vor der Reise informieren. Sonst kann man nämlich / böse Überraschungen erleben.
In England muss man mit dem Auto / auf der linken Seite der Straße fahren. Früher saßen die Führer von Pferdegespannen / auf der Kutsche. Wenn sie rechts fuhren, / haben sie manchmal mit der Peitsche / Fußgänger getroffen. Deshalb wurde das Fahren / auf der linken Seite angeordnet. Außerhalb von Europa / wird in insgesamt 62 Ländern / noch links gefahren.

# Mit Fehlern umgehen

**So kannst du fehlerhaft geschriebene Wörter üben**

1. das Wort richtig aufschreiben und die Fehlerstellen markieren, z. B.: *interessant, Medaille, Fahrrad, Familie*
2. das Wort laut lesen und in Silben sprechen (Robotersprache), z. B.: *in-te-res-sant, Me-da-il-le, Fahr-rad, Fa-mi-li-e*
3. verwandte oder ähnliche Wörter suchen, z. B.: *interessant – interessieren; Medaille – Goldmedaille; Fahrrad – Motorrad*
4. Wortgruppen bilden, z. B.: *ein interessantes Buch, den Medaillenspiegel lesen*
5. Merkhilfen suchen, z. B. Eselsbrücken
   *Das Wörtchen* stets *kann man vorwärts und rückwärts lesen.*
   *In* Interesse *stecken die Wörter* inter *und* esse.

**Eine Fehlerkartei anlegen**

**1** Lege eine Fehlerkartei an. Du benötigst dazu Karteikarten und eine Schachtel.

**a** Schreibe das Fehlerwort in die Mitte der Karteikarte. Kennzeichne die Fehlerstelle farbig.

lesen ich lese du liest
vorlesen Vorlesewettbewerb

er liest

er las wir lasen Leser

Er liest seinem kleinen Bruder vor. Lies bitte leise mit.

**b** Schreibe verwandte Wörter auf die Karteikarte und unterstreiche ebenfalls die Fehlerstelle.

**c** Nimm eine Karteikarte heraus und präge dir alle Wörter genau ein. Schreibe sie anschließend aus dem Gedächtnis auf.

**d** Nimm Karteikarten mit Übungswörtern, die du mehrmals richtig geschrieben hast, aus der Fehlerkartei heraus. Die anderen verbleiben noch in der Kartei, bis du sie richtig schreiben kannst.

**2** Übe besonders schwierige Wörter. Bearbeite dazu die folgenden Aufgaben.

**a** *Fahrrad*

1 Aus welchen Wortbausteinen besteht diese Zusammensetzung?
2 Schreibe das Wort auf und markiere drei mögliche Fehlerstellen.
3 Wie heißt der Stamm des Bestimmungsworts? Suche weitere Wörter mit diesem Wortstamm und schreibe sie auf.
4 Bilde möglichst viele Zusammensetzungen mit den Wortbestandteilen *fahr* und *rad*.

**b** *Ingenieur*

1 Schlage das Wort im Wörterbuch nach und schreibe es richtig auf. Achte auf die Aussprache.
2 Schreibe das Wort nach Silben gegliedert auf.
3 Was für Ingenieure gibt es? Schreibe in dein Heft.
Bauingenieur, ...
4 Welche Wörter sind in *Ingenieur* versteckt?
in, ...

**c** *Medaille*

1 Suche im Wörterbuch die richtige Aussprache.
2 Schreibe die Pluralform auf. Unterstreiche mögliche Fehlerstellen.
3 Gliedere das Wort nach Silben.
4 Welche Medaillen werden bei den Olympischen Spielen vergeben?
5 Suche fünf weitere Zusammensetzungen mit *Medaille* und schreibe diese in dein Heft.
6 Überlege, wie man sich die Schreibung dieses schwierigen Fremdworts am besten merken kann.

# Häufig vorkommende Wortstämme richtig schreiben

## Wörter mit langem Stammvokal

**1** Kurze und lange Stammvokale sind oft schwer zu unterscheiden.

**a** Lies die folgenden Wörter laut und zerlege sie in Sprechsilben.

Schalter – Schale – Rose – Silbe – senden – leben – Spaten – kleben

**b** Schreibe die Wörter in dein Heft und unterstreiche den letzten Buchstaben der ersten Silbe.

*Schal–ter, Scha–le, …*

**!** Endet die erste Silbe des Wortstamms auf einen **Konsonanten** (Mitlaut), dann ist der Stammvokal in der Regel **kurz** (u), z. B.: *Schal-ter, hal-ten.*
Steht dagegen ein **Vokal** (Selbstlaut) am Ende der ersten Silbe, dann wird der Stammvokal immer **lang** (a) gesprochen, z. B.: *Scha-le, Se-gel*
Einsilbige Wörter muss man verlängern, z. B.: *Rad – Rä-der, Feld – Fel-der*

Rechtschreibhilfe: Zerlegeprobe

**c** Übertrage die Tabelle in dein Heft. Lies die Wörter laut und ordne sie in die richtige Spalte ein. Markiere die Länge des Stammvokals.

Segel – halten – Tante – Vene – Spuren – Schuhe – suchen – Boden – offen – Felsen – Schere – Nadel – Regen – falten – Hunger – Wasser

| langer Stammvokal | kurzer Stammvokal |
|---|---|
| Segel<br>… | halten<br>… |

Rechtschreibhilfe: Verlängerungsprobe

**d** Verlängere die einsilbigen Wörter zu zweisilbigen, lies diese laut und ordne sie in die richtige Spalte der Tabelle aus Aufgabe c ein.

Rad – Ball – Land – Hund – Flug – Los – Stab – Wind – Kind – Kamm

**2** Lang gesprochene Vokale werden unterschiedlich geschrieben.

**a** Schreibe die hervorgehobenen Wörter heraus, unterstreiche die lang gesprochenen Vokale und markiere vorhandene Dehnungszeichen.

Wo tut es weh?
Hol ein bisschen Schnee,
hol ein bisschen kühlen Wind,
dann vergeht es ganz geschwind.

Wo tut es weh?
Trink ein Schlückchen Tee,
iss einen Löffel Haferbrei,
morgen schon ist es vorbei.

**b** Übertrage die Tabelle in dein Heft und ordne die Wörter richtig ein.

Hase – Brot – Bohne – Kahn – nehmen – leben – Boot –
Fliege – Riese – Schuhe – sparen – Schal – Mehl – Saat –
Stahl – Krug – Tiger

| **ohne Dehnungszeichen** | **mit *h*** | **mit *ie*** | **mit Doppelvokal** |
|---|---|---|---|
| Hase | … | … | … |

**TIPP**
6 Wörter sind waagerecht zu finden, 6 Wörter senkrecht.

**c** In diesem Buchstabengitter findest du zwölf Wörter mit *h*. Schreibe sie in dein Heft, suche mindestens jeweils drei verwandte Wörter. Achte auf die Aussprache des langen Stammvokals.

| | | | | | | | | | |
|---|---|---|---|---|---|---|---|---|---|
| M | A | F | E | H | L | E | N | W | D |
| C | O | B | W | F | A | H | R | E | N |
| V | E | R | K | E | H | R | S | S | A |
| I | L | M | L | H | M | A | S | E | H |
| E | R | H | L | L | M | F | S | A | M |
| H | Ö | H | L | E | X | C | E | Y | B |
| M | H | R | U | R | M | M | Ü | L | E |
| C | R | P | H | M | C | I | H | C | R |
| Y | E | H | R | L | I | C | H | B | Ü |
| Q | Ö | Ä | H | N | L | I | C | H | G |

!

Steht das *h* **am Ende einer Silbe**, nennt man es **Dehnungs-*h*** (**silbenschließendes *h***). Dieses steht nur vor *l, m, n* und *r*, z. B.:
*Höh-le, Müh-le, neh-men, seh-nen, fah-ren.*
Steht das *h* **am Anfang** der zweiten Silbe, nennt man es **silbenöffnendes *h***. Es hilft beim Lesen, indem es zwei Vokale voneinander trennt, z. B.:
*Schu-he, ge-hen, Mü-he, Ru-he, Kü-he, Re-he.*
Einsilbige Wörter muss man verlängern, z. B.:
*Stuhl – Stüh-le, Schuh – Schu-he.*
Bei verwandten Wörtern bleibt das *h* im Wortstamm erhalten, z. B.:
*fahren, Fahrer, fuhr, Gefährt, Fähre, Fahrzeug, ...*

**3**

**a** Schreibe zu den folgenden Verbformen den Infinitiv in dein Heft und markiere das *h* farbig.

es blüht – sie dehnt – er befiehlt – sie näht – du gehst – er bemüht sich – sie droht – ich führe – du siehst – es geschieht – sie wählt – es weht – er belohnt uns – sie erfährt es – du ahmst nach – er gewöhnt sich ein

Rechtschreibhilfe: Zerlegeprobe

**b** Übertrage die Tabelle in dein Heft. Zerlege die Infinitive und ordne sie richtig in die Spalten ein.

| Dehnungs-*h* | silbenöffnendes *h* |
|---|---|
| ... | blü-hen |

**4** Notiere alle Wörter, die kein Dehnungs-*h* aufweisen, und markiere die Konsonanten am Wortanfang farbig.

klar – kahl – Kram – Krume – gähnen – quälen – quer – Krone – Fehler – Schal – schmal – Fahrer – spüren – Sporen – Sohlen – Spur – Span – Sparer – Lohn – Tal – Stahl – Tor – Ruhm – Ton – schon – schämen – Sohn

klar, ...

!

Beginnt ein Wort mit *kl, kr, qu, sp, t* und *sch*, steht **nie** ein Dehnungs-*h*, z. B.: *klar, Krone, Qual, Spur, Tal, Schal.*

**5** Schreibe den folgenden Text ab und setze, wenn nötig, in die unterstrichenen Wörter ein *h* ein.

Achtung, Fehler!

**Eine gefärliche Fart**
Wir starteten sehr früh am Morgen an der Sparkasse. Es war zwar noch Frühjar, aber die Sonnenstralen wärmten schon. Die Luft war klar und rein. Alle Farräder wurden noch einmal geprüft. Bald furen wir durch ein wunderschönes Tal. Nur wenige Bäume waren noch kal. Aber der Radweg war sehr schmal. Plötzlich verlor mein Vorderrad die Luft und ich kam aus der Spur und landete im Graben. Glücklicherweise war nur eine Sene im Fuß gedent. Ich umwickelte das Bein mit einem Schal, sodass ich noch nach Hause faren konnte. Aber eine Qual war es schon.

**6**

**a** Übertrage die Tabelle in dein Heft und ordne die Wörter richtig ein.

**TIPP**
Nutze auch die Verwandtschaftsprobe.

fahren – Schale – sehen – fühlen – Spule – lehren – zahlen – wählen – Kram – fliehen – Krümel – fehlen – Qual – Scham – nähen – Schwur – strahlen – Spüle – leihen – verzeihen

| Dehnungs-*h* | silbenöffnendes *h* | ohne *h* |
|---|---|---|
| fahren | ... | Schale |

**b** Bilde von den Verben der linken Spalte sinnvolle Nomen/Substantive.

*fahren – Fahrer, ...*

**c** Bilde von den Nomen der rechten Spalte Verben.

*Schale – schälen, ...*

**d** Bilde von den Verben der mittleren Spalte die 2. Person Singular Präsens und die 3. Person Singular Präteritum.

*sehen – du siehst – er sah, ...*

**e** Bilde möglichst viele Zusammensetzungen mit den folgenden Nomen.

Kran – Schal – Schwan – Spur – Ton

**7** Welches Wort passt jeweils nicht in die Reihe?
Begründe deine Meinung.

1 dehnen – sehnen – drehen – gähnen – Kohle – Uhr – Ehre
2 geht – flieht – kräht – sieht – blüht – dreht – zählt – weht
3 klären – Krone – Sporen – Sahne – Schwan – Tor – spülen

**8**

a Ergänze die folgenden Reime.

Die Löwen mit ihren großen Mähnen
liegen im Zoo und g▬.

Auf dem Kahn
gibt es einen Kran
und auf dem sitzt ein H▬.

b Bilde weitere Reime mit den folgenden Wortpaaren und schreibe sie in dein Heft. Markiere das *h* farbig.

führen – spüren | Sohn – Mohn | zahm – lahm | wählen – quälen

Schule – Spule | Spuren – Uhren | Tal – Stahl

**9**

→ S. 161 Jokerdiktat

a Diktiert euch gegenseitig den folgenden Text als Jokerdiktat. Achtet beim Diktieren auf die Satzzeichen und Markierungen (/).

**Milchbäume**
Das hört sich schon komisch an. Aber es ist wahr / und gar nicht gelogen. Nicht nur Kühe und Ziegen geben Milch, / sondern auch Bäume. Diese stehen in Südamerika, / und zwar in den riesigen Urwäldern Brasiliens. Die Milch dieser Bäume / ist ziemlich klebrig und zähflüssig. Die Einwohner rühren / in den rohen Saft Brot / und trinken die braune Brühe / aus einer Schale. Ein einziger Baum gibt am Tage / mehrere Liter dieser nahrhaften Flüssigkeit ab. Übrigens kann man ohne große Mühe / aus dieser Baummilch auch Kaugummi herstellen.

b Tauscht euch über die Schwierigkeiten aus und berichtigt die falsch geschriebenen Wörter.

Rechtschreibhilfe: Wörter einprägen

**10** Nur wenige Wörter werden mit einem Doppelvokal geschrieben. Schreibe die im Rätsel gesuchten Wörter in dein Heft. Markiere den Doppelvokal.

**1** schlangenähnlicher Fisch
**2** wachsen auf dem Kopf
**3** wächst am Strauch (Mehrzahl)
**4** vierblättriger Glücksbringer
**5** großer, festlicher Raum
**6** Wasserfahrzeug
**7** Tierpark
**8** Niederschlag in fester Form

**!**

Die Buchstabenverbindungen *ii* und *uu* könnte man schlecht lesen. Deshalb gibt es keine deutschen Wörter mit diesen Stammvokalen. Im Deutschen wird das **lang gesprochene *i*** meist als *ie* und manchmal nur als *i* geschrieben, z. B.: *lieb, Tiger.*
*ih* tritt nur in den Wörtern *ihm, ihn, ihr; ihre* auf. Ganz selten wird *ieh* geschrieben, z. B.: *Vieh, siehst, lieh.*

**11** Wörter mit langem *i*

**a** Übertrage die Tabelle in dein Heft. Suche aus Wilhelm Buschs Gedicht die Wörter mit langem *i* heraus und ordne sie in die richtige Spalte ein.

Seid gegrüßt, ihr lieben Bienen,
vom Morgensonnenstrahl beschienen,
wie fliegt ihr munter ein und aus
in Imker Dralles Bienenhaus.
Und seid zu dieser Morgenzeit
So früh schon voller Tätigkeit …

| *ie* | *ih* | *ieh* |
|---|---|---|
| lieben<br>… | … | … |

**b** Ergänze in jeder Spalte zwei eigene Beispiele.

## Wörter mit kurzem Stammvokal

**1**

Rechtschreibhilfe: Wörter deutlich sprechen

**a** Lies die Wörter laut und deutlich. Achte auf den kurzen Stammvokal.

halten – Halle – finden – schwimmen – Kanne – Tante – singen – kalt – Bagger – brummen – glatt – bunt – klettern – Dank – Anker – Pudding

Rechtschreibhilfe: Regeln anwenden

**b** Übertrage die Tabelle in dein Heft und ordne die Wörter aus Aufgabe a richtig ein. Markiere die beiden Konsonanten (Mitlaute) verschiedenfarbig.

| **zwei gleiche Konsonanten** | **zwei unterschiedliche Konsonanten** |
|---|---|
| Halle<br>… | halten<br>… |

**c** Füge mindestens fünf weitere Beispiele in jeder Spalte hinzu.

**!** Nach kurzem Stammvokal stehen meist zwei Konsonanten (Mitlaute). Der **Konsonant** wird nach einem kurzen Vokal (Selbstlaut) **verdoppelt**, wenn er zwei Silben wie ein Gelenk miteinander verbindet (**Silbengelenk**), z. B.:
*die Tan ne, die Wol le, die Fal le.*
Entsteht bei zwei unterschiedlichen Konsonanten kein Silbengelenk, wird nicht verdoppelt, z. B.:
*die Tan te, die Wol ke, die Fal te.*
Einsilbige Wörter muss man verlängern, um zu entscheiden, wie sie geschrieben werden, z. B.:
*he■ – hel ler → hell, ke■t – ken nen → kennt.*

Rechtschreibhilfe: Verlängerungsprobe

**2** Verlängere, wenn möglich, die folgenden einsilbigen Wörter. Nenne die Wörter, die man nicht verlängern kann.

Ball – nass – plus – Stoff – Kamm – Stamm – zum – dünn – stopp – Herr – starr – Fett – wann – kann – von – Kuss – muss – Tritt

> **!** Wenn das Wort nicht verlängert werden kann, dann erfolgt auch keine Dopplung, z. B.: *plus, zum, von.*
> Ausnahmen sind *wann, wenn; dann, denn,* weil sie früher auch zweisilbig waren (*wanne, wenne, danne, denne*).

**TIPP**
Bilde bei Verben den Infinitiv, bei Adjektiven eine Steigerungsform.

**3** Entscheide, ob die folgenden Verben und Adjektive mit einem Doppelkonsonanten geschrieben werden.

**1** Der Hund hat gebe■lt. **2** Er ren■t schne■l. **3** Die Maschine schru■bt den Boden. **4** Der Läufer scha■ft es. **5** Alle hatten richtig geti■pt. **6** Das Flugzeug ko■mt pünktlich. **7** Das Auto sto■pt. **8** Der Zug hä■lt an. **9** Die Sonne scheint he■l. **10** Alle Gäste wurden sa■t. **11** Die Bäume werden nicht gefä■lt. **12** Das Mädchen isst das kal■te Eis.

*1. bellen – gebellt, 2. rennen – …*

**4** In jedem Wortpaar gibt es nur einen »echten« Doppelkonsonanten. Schreibe die Wörter mit dem »unechten« Doppelkonsonanten heraus. Markiere diese Konsonanten. Wie ist diese Schreibung entstanden?

| | | | |
|---|---|---|---|
| **1** | offen – auffahren | **6** | Stoffe – Hoffenster |
| **2** | Egge – weggehen | **7** | einnehmen – erkennen |
| **3** | fallen – vielleicht | **8** | Fass – aussehen |
| **4** | kommen – Strommast | **9** | Karren – Motorrad |
| **5** | Ebbe – Staubbeutel | **10** | Mitte – mitteilen |

*1. auf – fahren, 2. …*

**5** Schreibe die Lösungen des Rätsels in dein Heft. Markiere den Doppelkonsonanten.

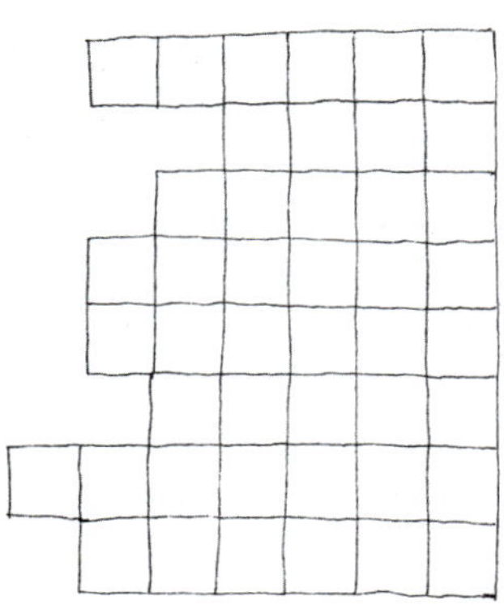

**1** Fortbewegungsstange für ein Boot
**2** das Gegenteil von *Flut*
**3** sehr großer Hund
**4** sich auf dem Bauch bewegen
**5** im Freien laufen
**6** Lieblingsbeschäftigung
**7** süßer Nachtisch
**8** Maschine, um Gräben auszuheben

## Wörter mit *s, ss, ß* im Wortstamm

**1** Die Schreibung der Wörter mit *s, ss* oder *ß* ist nicht immer einfach. Tragt zusammen, welche Regeln ihr zur *s*-Schreibung kennt.

**2** Überprüfe und ergänze deine Kenntnisse mithilfe der folgenden Aufgaben.

Rechtschreibhilfe: Wörter deutlich sprechen

**a** Lies das Gedicht laut und deutlich vor und vergleiche die Aussprache der unterstrichenen Wörter.

Es wachsen alle Kinder
sogar im kalten Winter.
Sie wachsen stets sehr leise,
sie werden klug und weise.
Und würde man sie gießen,
dann wüchsen sie zu Riesen.

**TIPP**
Verlängere einsilbige Wörter.

**b** Untersuche den *s*-Laut in den folgenden Wörtern.
- Wird der Stammvokal lang oder kurz gesprochen?
- Wird das *s* gezischt (stimmloses *s*) oder gesummt (stimmhaftes *s*)?

Vorsicht! Ein Wort passt jeweils nicht in die Reihe.

**1** wissen – fa■en – mü■en – Ka■e – Me■er – Glä■er – wä■rig – Schlu■ – Genu■ – ein bi■chen
**2** fließen – grü■en – bei■en – Ho■e – Stra■e – Fu■ – sü■
**3** lesen – Lo■e – Rei■e – sau■en – lei■e – Grü■e – Blu■e
**4** Maus – Hau■ – Gra■ – Prei■ – Ga■ – nie■t – pa■t

Rechtschreibhilfe: Regeln anwenden

**c** Schreibe die Wörter ab und setze in die Lücken *s, ss, ß* ein. Ordne dabei das »schwarze Schaf« in die richtige Reihe ein.

**!**

In Wörtern mit **langem Stammvokal** oder **Diphthong** (Zwielaut) schreibt man *s*, wenn der *s*-Laut stimmhaft (summend) gesprochen wird, z. B.:
*lösen, rieseln, Eisen.*
In Wörtern mit **langem Stammvokal** oder mit **Diphthong** schreibt man *ß*, wenn der *s*-Laut stimmlos (zischend) gesprochen wird, z. B.:
*fließen, gießen, grüßen.*
Nach **kurzem Stammvokal** wird *ss* geschrieben, z. B.:
*wissen, müssen.*

**TIPP**
Nutze auch die Verlängerungs- oder Verwandtschaftsprobe.

**d** Schreibe ab und setze die fehlenden Reimwörter ein.

| | | |
|---|---|---|
| Ein niedlicher Hase | Die freche Maus | Der Papa liest |
| mit kleiner N___ | sitzt im H___ | und der Opa n___. |
| schnüffelt im Gr___. | und geht nicht r___. | |

**!** Bei Verbformen und abgeleiteten Wörtern (Nomen/Substantiven, Adjektiven) wechseln ***ss*** und ***ß*** nach den bekannten Regeln, z. B.: *essen – aß – isst – Esszimmer – essbar.*

Rechtschreibhilfe: Regeln anwenden

**e** Notiere finite Verbformen und Ableitungen von folgenden Verben.

messen – lassen – wissen – reißen – fließen – schließen – beißen

*messen, er misst, sie maß, Messung, …*

**f** Schreibe die Regeln ab und vervollständige sie

1. *ss* steht immer nach ___ (kurzem/langem) Stammvokal.
2. *ss* wird immer ___ (gezischt/gesummt).
3. *ß* steht immer nach einem ___ (kurzen/langen) Stammvokal.
4. *ß* wird immer ___ (gezischt/gesummt).
5. *s* steht immer nach einem ___ (kurzen/langen) Stammvokal oder einem Diphthong (z. B. *ei, ai, eu, au*).
6. *s* wird zwischen zwei Vokalen (z. B. *lesen*) immer ___ (gezischt/gesummt), am Wortende (z. B. *los*) immer ___ (gezischt/gesummt).
7. Wechsel von *ss/ß:* Nach kurzem Vokal schreibt man ___, nach langem Vokal oder Diphthong schreibt man ___.

Rechtschreibhilfe: Wörter einprägen

→ **S. 118** Adjektive

**3**

**a** Bilde von den Adjektiven die Steigerungsformen.

böse – leise – riesig – eisig – rosig – lose

*böse – böser – am bösesten, leise – …*

**b** Notiere von den Verben die Leitformen/Stammformen.

liest – verreist – grüßt – zerreißt – schließt – gießt – vergaß – aß – ließ

*lesen – las – gelesen, verreisen – …*

**c** Setze die Nomen in den Plural und in den Genitiv Singular.

Fuß – Spieß – Spaß – Soße – Straße

*der Fuß – die Füße, des Fußes; der Spieß –*

**d** Bilde mit den folgenden Wörtern Wortgruppen.

außen – draußen – außerdem – bloß – schließlich – ein bisschen

*die Fenster außen streichen, ...*

**4** Wie kommt man vom ersten Wort zum letzten?
Tausche bei jedem Wort jeweils nur einen Buchstaben aus.

**1** Mast – R■■■ – R■■■ – Rose
**2** Messe – M■■■ – G■■■ – Gosse
**3** Nüsse – K■■■ – K■■■ – Tasse

*1. Mast – Rast – R... – Rose,*
*2. ...*

**5** Schreibe den Text ab und setze in die Lücken *s*, *ss* oder *ß* ein.

**Spa■ im Winter**

Dicke hä■liche Handschuhe, kratzende Pullover, na■e Fü■e – da kann einem der Spa■ an der Winterkälte schnell vergehen. Doch inzwischen gibt es ein wintertaugliches Material für drau■en, sodass niemand mehr auf den Genu■ im Freien verzichten mu■. Der Erfinder hei■t Robert Gore. Das Material ist wa■erdicht und winddicht, lä■t aber Wasserdampf von innen gut durch. So kann der Schwei■ verdunsten. Besonders eignet sich der neue Stoff für Schuhe. Na■e Fü■e sind selbst im grö■ten Matsch kein Thema mehr. Wenn nur der hohe Prei■ nicht wäre! An der Ka■e mü■en die Eltern ganz schön schnaufen. Aber dafür ist man viele Sorgen lo■. Ohne Angst vor Nä■e und Kälte kann man den Winter genie■en, mit Schlittschuhen über das Ei■ sau■en, mit einem Schlitten den Berg hinabra■en, durch verschneite Stra■en laufen und au■erdem die warmen Schuhe im Klassenzimmer anla■en.

## *das* oder *dass*?

**1**

→ **S.124** *das* oder *dass*?

**a** Überlegt, zu welchen Wortarten *das* bzw. *dass* gehören können.

Rechtschreibhilfe: Ersatzprobe

**b** Entscheide, wie geschrieben werden muss.
Nutze die Ersatzprobe.

**1** Ich hoffe, _____ Spiel gefällt dir.
**2** Du bekommst ein Geschenk, _____ ich selbst gebastelt habe.
**3** Ich hoffe, _____ du pünktlich bist.
**4** _____ du kommst, freut mich.

→ **S.154** Redewendungen, Sprichwörter und feste Vergleiche

**2** Vervollständige die Sprichwörter. Wende die Ersatzprobe an.

**a** Füge *das* oder *dass* ein und schreibe die Sätze in dein Heft.
Markiere *das* bzw. *dass* verschiedenfarbig.

**1** Morgen, morgen, nur nicht heute, _____ sagen alle faulen Leute.
**2** Was du heute kannst besorgen, _____ verschiebe nicht auf morgen.
**3** Es währt nicht ewig, _____ zwei sich raufen.
**4** Glück und Glas, wie leicht bricht _____.
**5** Was der Mensch sät, _____ wird er auch ernten.
**6** Was man nicht im Kopf hat, _____ hat man in den Beinen.
**7** Was ich nicht weiß, _____ macht mich nicht heiß.

**b** Erkläre die Sprichwörter.

**3** Vervollständige die Sätze und schreibe sie auf. Achte auf das Komma.

**1** Tim hofft, _____.
**2** Maria weiß, _____.
**3** Ihr Vater meint, _____.
**4** Der Polizist sieht, _____.
**5** Er freut sich, _____.
**6** Wir freuen uns, _____.
**7** Ich wünsche meinen Eltern, _____.
**8** Franz glaubt, _____.
**9** Es ist kaum zu glauben, _____.
**10** Nur mein Freund weiß, _____.

**!** ***Dass*** *steht oft in Verbindung mit den Verben* ***hoffen, sehen, meinen, glauben, sich freuen, wissen, wünschen,*** z.B.:
*Tim hofft, dass zum Geburtstag viele Gäste kommen werden.*

## Gleich und ähnlich klingende Vokale

Rechtschreibhilfe: Verwandtschaftsprobe

**1** Suche zu den Wörtern mit *ä* und *äu* ein verwandtes Wort mit *a* und *au*.

**a** Schreibe ab und setze *e* oder *ä* ein.

l■cheln – F■lsen – D■cke – erk■lten – H■lfte – K■mme – h■sslich – H■nde – Ern■hrung – verl■sslich – zuverl■ssig – l■nken – H■ndler – R■tsel – Zw■rge

*lächeln – lachen, …*

**b** Setze *eu* oder *äu* richtig ein und schreibe die Wortgruppen ab.

**1** ins Schl■dern kommen **2** ein Geh■se aus Blech bauen
**3** einen S■gling streicheln **4** viele Blumenstr■ße bekommen
**5** frischen Str■selkuchen essen **6** ein ungewöhnliches Ger■sch hören
**7** das Zimmer s■bern **8** h■fig von R■bern tr■men

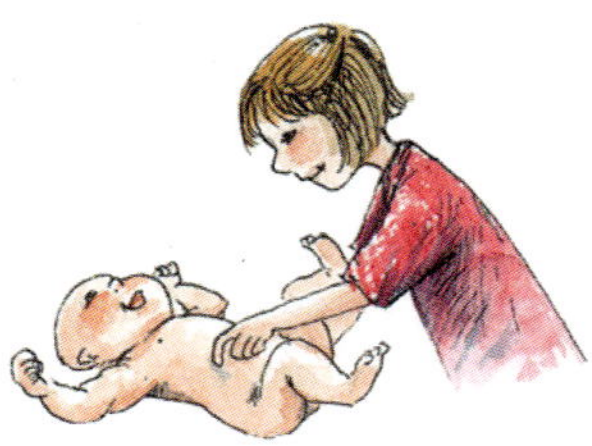

**c** Überlege, von welchem Wort die Beispiele jeweils abgeleitet sind. Suche möglichst viele Wörter dieser Wortfamilie und schreibe sie auf.

erkältet – Gefälle – gestärkt – nachlässig – Gebäude – Räuber – Verbeugung – verträumt – Streusel

*erkältet – kalt: Kälte, Erkältung, Erkältungsgefahr, …*

**2** Vervollständige die folgende Regel und schreibe sie in dein Heft.

Mit *ä* und *äu* schreibt man immer dann, wenn es zu diesen Wörtern ein stammverwandtes Wort mit ■ oder ■ gibt, z. B.: *erkältet – k*■■■■.

!

Diese Wörter musst du dir gut merken, weil es **keine verwandten Wörter** mit *a* oder *au* gibt: *Lärm, März, Geländer, spät, Käse, Säule, dämmern, sich sträuben, vorwärts.*

Rechtschreibhilfe: Wörter einprägen

**3** Verwende die Wörter aus dem Merkkasten in Wortgruppen.

*großer Lärm, ...*

**4** Folgende Wörter werden gleich gesprochen, aber unterschiedlich geschrieben. Präge dir ihre Bedeutung und Schreibung ein. Verwende die Wörter in Sätzen.

**TIPP**
Kontrolliere mit einem Wörterbuch.

Ähre – Ehre    Lärche – Lerche    Färse – Ferse – Verse

läuten – Leuten    Häute – heute

*Die Ähre weht im Wind. Die Auszeichnung ist eine Ehre. ...*

**5** Auch *ai* und *ei* sind beim Sprechen nicht zu unterscheiden. Da es im Deutschen nur wenige Wörter mit *ai* gibt, präge sie dir ein.

**a** Erkläre die Bedeutung dieser häufig vorkommenden Wörter.

Hai – Kaiser – Laich – Laie – Mai – Main – Mais – Saite – Waise

**b** Verwende die Wörter in Sätzen. Markiere *ai* farbig.

*Der Hai ist ein gefährlicher Raubfisch. ...*

# Worttrennung

**1** Manchmal reicht am Zeilenende der Platz für ein Wort nicht mehr und es muss getrennt werden.

**a** Lies die getrennten Wörter von oben nach unten.
Überlege, was sie bedeuten und warum du beim Lesen Probleme hast.

Achtung, Fehler!

| | | | | |
|---|---|---|---|---|
| Blumento-<br>pferde | Ball-<br>ade | Vers-<br>tand | Kurs-<br>aal | Tram-<br>polin |
| Kran-<br>ich | Pol-<br>armee-<br>reis | Wüst-<br>eng-<br>eier | Bluto-<br>range | |

**b** Lies die Regeln zur Trennung der Wörter am Zeilenende.

1. Mehrsilbige einfache Wörter werden nach Sprechsilben getrennt, z. B.: *Kin-der, Schu-le, Hal-le, Eu-ro-pa, Fei-er, Gärt-ner.*
2. Einzelne Vokale am Wortanfang oder am Wortende werden nicht abgetrennt, z. B.: *Abend, Treue.*
3. Die Buchstabenverbindungen *ch, ck, sch, ph, th* werden nicht getrennt, z. B.: *la-chen, Zu-cker, Wä-sche, Stro-phe, Goe-the.*
4. Zusammengesetzte Wörter und Wörter mit Präfixen (Vorsilben) trennt man zwischen den einzelnen Wortbausteinen, z. B.: *Fuß|ball – Fuß-ball, Fern|seh|turm – Fern-seh-turm.*

Rechtschreibhilfe: Regeln anwenden

**c** Schreibe die Wörter von Aufgabe a mit allen sinnvollen Trennmöglichkeiten auf.

*Blu-men-topf-er-de (1, 4), ...*

**d** Schreibe hinter jedes Wort die Nummer(n) der angewendeten Trennungsregel(n).

**e** Trenne die folgenden Wörter richtig.

lauschen – Zither – Strophe – riechen – backen – löschen – Saphir – Apotheke – lachen – Wecker – stechen – Fische – Hecke – wackeln

**2**

**a** Zerlege die folgenden Wörter in sinnvolle Wortbausteine. Schreibe die Wörter untereinander in dein Heft.

Straßenbahnfahrer – Schokoladeneisverkäufer – Elefantenrennen – Computerspielerfinder

*Straßen|bahn|fahrer*

…

**b** Gib weitere Trennmöglichkeiten an.

*Straßen|bahn|fahrer – Stra-ßen-bahn-fah-rer*

…

**TIPP**
Vier Wörter kann man nicht trennen.

**3** Übertrage die Tabelle in dein Heft. Ordne die folgenden Wörter in die richtige Spalte ein.

Hase – Igel – Krokodil – Treue – Fußball – gesund – Erkenntnis – Schulmeisterschaft – verlaufen – Flughafen – Geburtstag – Dampfer – putzen – Knospe – oder – Schülerin – Schiedsrichter – Computer – Hauseingang – Elefant – Betttuch – Donnerstag – Lieblingsbeschäftigung – Schreie

| nicht trennbar | zweisilbig trennbar | mehrsilbig trennbar |
|---|---|---|
| … | Ha-se | … |

Achtung, Fehler!

**4** Hier gibt es Probleme mit der Silbentrennung. Nur ein einziges Wort ist richtig abgetrennt. Berichtige alle anderen und schreibe sie in dein Heft.

mach-en – beiß-en – Mus-eum – Train-ing – Heim-at – Fahr-rad – Famil-ie – ein bis-schen – interess-ieren – viell-eicht – Elt-ern – si-tzen – Fen-ster – knus-prig – Bren-nnessel – em-pfangen – allmähl-ich – Bagg-er – Temper-atur – Masch-ine – Stä-dte – Bäck-er – Schok-olade – Pudd-ing – einand-er – Verans-taltung – Magn-et

*ma – chen, …*

# Groß- und Kleinschreibung

→ S. 104 Nomen/ Substantive

**1** Was weißt du schon über die Großschreibung im Deutschen?

**a** Überlege, warum wir im Deutschen die Großschreibung haben. Überprüfe deine Aussagen mithilfe des folgenden Textes.

Die Großschreibung hilft uns beim Lesen. Nomen/Substantive sind wichtige Wörter und mit einem Großbuchstaben erkennt man sie besser. So ist es auch mit den Satzanfängen. Im Deutschen wird seit über 400 Jahren großgeschrieben. Es stimmt auch, dass wir deshalb Texte in Deutsch ein bisschen schneller lesen können, obwohl der Satzbau komplizierter ist als in den verwandten Sprachen Englisch und Französisch. Nach der Abschaffung der Nomengroßschreibung in Dänemark und Holland vor über 60 Jahren sind wir mit der Großschreibung nunmehr die einzigen in der Welt.

**b** Ergänze die folgenden Regeln und schreibe sie in dein Heft.

1. Satzanfänge schreibt man ___.
2. Nomen/Substantive werden im Deutschen ___geschrieben.
3. Nomen erkennt man am Ar___.
4. Alle anderen Wortarten, z. B. V___, ___, ___, ___, ___, ___, werden ___geschrieben.

**c** Lies den folgenden Text und erzähle den Witz nach.

in der zweiten klasse sollen die kinder haustiere aufschreiben. moritz schreibt in sein heft: hündchen, entchen, pferdchen, schweinchen, hühnchen, kätzchen. das sieht der lehrer: »moritz, lass doch das *-chen* weg. das sind doch schon große tiere.« moritz ist ein folgsamer schüler. jetzt schreibt er in sein heft: eichhörn, meerschwein und kanin.

Rechtschreibhilfe: Regeln anwenden

**d** Übertrage den Text in der richtigen Schreibung in dein Heft und unterstreiche alle Nomen/Substantive.

## Nominalisierte/Substantivierte Verben

→ S.106 Nominalisierte/Substantivierte Verben und Adjektive

**1** In dem folgenden Text sind einige Verben zu Nomen/Substantiven geworden.

**a** Schreibe die nominalisierten/substantivierten Verben heraus und ordne sie den Gruppen zu.

Auf das Sportfest hatte sich unsere Klasse lange gefreut. Schon beim Betreten des Stadions herrschte Spannung. Als Erstes ging es zum Laufen. Doch das Siegen wurde uns diesmal nicht leicht gemacht. Durch intensives Trainieren war die 6 b sehr stark geworden. Trotzdem gewannen unsere Mädchen das spannende Rennen. Ihr ausgelassenes Lachen war im ganzen Stadion zu hören. Das Springen und das Werfen entschieden nur unsere Jungen für sich. Für die Mädchen ist wohl für das nächste Jahr fleißiges Üben angesagt.

*Artikel: das Siegen, ...*
*Artikel + Adjektiv: ...*
*Adjektiv: ...*
*Pronomen + Adjektiv: ...*
*Präposition + Artikel: beim (bei dem) Betreten, ...*
*Präposition + Adjektiv: ...*

**!** Verben können zu Nomen/Substantiven werden. Sie werden dann **nominalisierte/substantivierte Verben** genannt und **großgeschrieben**. Man kann sie erkennen an:

- Artikeln (*der, die, das; ein, eine, ...*), z. B.: *das Laufen,*
- Adjektiven (*schnell, gut, ...*), z. B.: *schnelles Laufen,*
- Pronomen (*mein, dein, sein, ...*), z. B.: *ihr Lachen,*
- Präpositionen (+ Artikel) (*auf, im/in dem, ...*), z. B.: *zum Springen.*

**b** Verwende die Verben als Nomen. Nutze das folgende Muster.

laufen – spielen – singen – schreiben

| | |
|---|---|
| *Artikel:* | *das Laufen* |
| *Artikel + Adjektiv:* | *das schnelle Laufen* |
| *Präposition + Pronomen:* | *durch sein Laufen* |
| *Präposition + Pronomen + Adjektiv:* | *durch sein schnelles Laufen* |

**c** Bilde je einen Satz mit dem Verb und einen mit dem nominalisierten Verb und schreibe sie in dein Heft.

lesen – essen – schlafen – gewinnen – lachen – trinken

*Ich lese gern spannende Bücher. Beim Lesen von spannenden Büchern vergesse ich die Zeit. …*

**Rechtschreibhilfe: Artikelprobe**

**d** Schreibe die folgenden lustigen Sätze in richtiger Groß- und Kleinschreibung ab. Füge bei den Nomen Artikel hinzu und unterstreiche sie farbig.

1 WENN FLIEGEN HINTER FLIEGEN FLIEGEN, DANN FLIEGEN FLIEGEN FLIEGEN HINTERHER.
2 WENN ROBBEN HINTER ROBBEN ROBBEN, DANN ROBBEN ROBBEN ROBBEN HINTERHER.
3 WENN BÜRSTEN BÜRSTEN BÜRSTEN, DANN BÜRSTEN BÜRSTEN BÜRSTEN.
4 WENN WALZEN WALZEN, DANN WALZEN WALZEN.

*Wenn die Fliegen hinter den Fliegen fliegen, dann …*

## Nominalisierte/Substantivierte Adjektive

→ S.106 Nominalisierte Verben und Adjektive

**1** Suche in dem Text alle nominalisierten/substantivierten Adjektive und ordne sie den Gruppen zu.

**Das Süße lockt**

Die Deutschen sind Weltmeister im Essen von Schokolade.
Das Unglaubliche ist, dass jeder etwa 9 kg im Jahr futtert. Schokolade war früher etwas Besonderes. Sie wurde nur zu großen Festen genossen. Schon vor 3000 Jahren galt Schokolade bei den Ureinwohnern Mittelamerikas als etwas Wertvolles. Man bezahlte sogar mit Kakaobohnen. Für 10 Bohnen gab es dann ein kleines Huhn.
In Europa konnten sich nur die Reichen Schokolade leisten.
Das Gute ist, dass sie heutzutage nicht mehr so viel kostet. Aber für die Armen in der Welt ist sie immer noch etwas Seltenes.

*Artikel: das Süße, ...*
*Präposition + Artikel: ...*
*unbestimmtes Zahlwort: ...*

**!** Auch Adjektive können zu Nomen/Substantiven werden. Sie werden dann **nominalisierte/substantivierte Adjektive** genannt und **großgeschrieben**. Man kann sie erkennen an:
- Artikeln (*der, die, das; ein, eine, ...*), z. B.: *<u>das</u> Gute,*
- Pronomen (*mein, dein, sein, ...*), z. B.: *<u>unser</u> Bestes,*
- unbestimmten Zahlwörtern (*alles, viel, ...*), z. B.: *<u>etwas</u> Frisches,*
- Präpositionen (+ Artikel) (*im/in dem, ...*), z. B.: *<u>zum</u> Wertvollsten.*

**2** Bilde mit den unbestimmten Zahlwörtern und Adjektiven Sätze.

Zahlwörter: alles – etwas – manch – nichts – viel – wenig
Adjektive: lieb – bunt – gut – ärgerlich – teuer – lustig

*Zum Geburtstag wünsche ich dir alles Liebe. ...*

**3** Entscheide, ob die Wörter in den Klammern groß- oder kleingeschrieben werden, und begründe deine Entscheidung.

1 Über die Dinosaurier gibt es viel ___ (interessantes) und manch ___ (geheimnisvolles) zu berichten.
2 Allein ihre Größe ist ___ (unglaublich). Sie wurden immerhin 40 m lang und bis zu 17 Metern hoch.
3 Aber warum waren sie so ___ (riesig)? Offensichtlich lag es an dem schnellen ___ (herunterschlingen) der Nahrung.
4 Da sie beim ___ (fressen) nicht gekaut haben, besaßen die meisten Riesendinos auch keine Zähne.
5 Ihnen reichte deshalb ein ___ (kleiner) Kopf und ein ___ (langer) Hals, was nicht nur für das ___ (trinken) praktisch war, sondern auch für das ___ (ergreifen) von Blättern an den Bäumen.
6 Sie konnten deshalb an Futter ___ (gelangen), an das andere Tiere nicht kamen.
7 Typisch für sie war auch das ___ (legen) von Eiern, sodass das schnelle ___ (wachsen) von vielen Nachkommen gesichert war.
8 Über das geheimnisvolle ___ (verschwinden) der Riesentiere rätselt die Wissenschaft bis heute.

*1. viel Interessantes (nominalisiertes Adjektiv), …*

!

Als **nominale Wortgruppe** bezeichnet man ein Nomen/Substantiv mit seinen Begleitern. Das Wort, das in einer nominalen Wortgruppe ganz rechts steht, wird großgeschrieben. Du kannst also zusätzlich zur Artikelprobe eine **Erweiterungsprobe** mit Attributen machen, z. B.:

| | |
|---|---|
| *das Lesen* | *der Neue* |
| *das leise Lesen* | *der blaue Neue* |
| *das schnelle leise Lesen* | *der große blaue Neue* |
| *bei deinem schnellen leisen Lesen* | *mit ihrem großen blauen Neuen* |

Rechtschreibhilfe: Erweiterungsprobe

**4** Führe nun innerhalb der Wortgruppe eine Erweiterungsprobe mit Attributen durch.

| | |
|---|---|
| das Blau | das Laufen |
| das ___ Blau | das ___ Laufen |
| das ___ ___ Blau | das ___ ___ Laufen |
| mit dem ___ ___ ___ Blau | das ___ ___ ___ Laufen |

# Fremdwörter

→ S.102 Fremdwörter

**1** Erzähle zu dieser Karikatur eine Geschichte.
Warum ist wohl der Junge von dem Geschenk seiner Oma enttäuscht?

**!** **Fremdwörter** enthalten häufig typische Wortbauteile, wie die **Suffixe** (Nachsilben) *-ier(en), -ie, -ik, -iv, -(t)ion* und *-ität* z.B.: *reparieren, Energie, Musik, positiv, Aktion, Aktivität.*

Rechtschreibhilfe: Regeln anwenden, Wörter einprägen

**2** Suche jeweils das Verb mit dem Suffix *-ier(en)* und das Nomen/Substantiv mit dem Suffix *-(t)ion.* Schreibe sie zusammen mit der Erklärung in dein Heft und unterstreiche die Suffixe.

**1** etwas besprechen: dis___ – Dis___
**2** etwas bauen, entwickeln: kon___ – Kon___
**3** Nomen/Substantive beugen: de___ – De___
**4** jemanden beglückwünschen: gra___ – Gra___
**5** eine Auskunft geben: inf___ – Inf___
**6** auf etwas eingehen: reag___ – Reak___
**7** etwas vorbereiten: org___ – Org___
**8** etwas herstellen: pro___ – Pro___
**9** Verben beugen: kon___ – Kon___

*1. etwas besprechen: diskut<u>ieren</u> – Diskuss<u>ion</u>, 2. ...*

**3** Bilde aus den Nomen Verben mit dem Suffix *-ier(en)*, schreibe sie auf und unterstreiche das Suffix. Verwende die Verben in Sätzen.

Reserve – Interesse – Training – Musik – Experiment – Fantasie – Frisur

*Reserve – reservieren*
*Meine Eltern haben vier Plätze reserviert. ...*

Rechtschreibhilfe: Bedeutungen verstehen

**4** Wähle das richtige Verb aus und ersetze die falsch gebrauchten Fremdwörter. Verwende die richtigen Wortgruppen in kurzen Sätzen.

kompensieren – kompostieren – abonnieren – elektrifizieren – absolvieren – konzentrieren – engagieren – konferieren

**1** Gartenabfälle komponieren **2** sich während der Mathearbeit kondensieren **3** eine Zeitung annoncieren **4** eine Bahnstrecke elektrisieren

Achtung, Fehler!

*1. Man sollte Gartenabfälle kompo... 2. ...*

**5** Diktiert euch gegenseitig die Fremdwörter mit dem Suffix *-(t)ion*. Bildet Verben aus den Nomen. Unterstreicht das Verbsuffix.

**TIPP**
Ein Nomen lässt sich nicht umformen.

Demonstration – Deklination – Diskussion – Konjugation – Konzentration – Organisation – Produktion – Qualifikation – Sensation

*Demonstration – demonstrieren, Deklination – ...*

! Das **Suffix *-ie*** wird als langes *i* gesprochen. Es gibt eine ganze Reihe häufig verwendeter Wörter mit *ie*. Ihre Schreibung solltest du dir einprägen, z. B.: *Biografie, Biologie, Chemie, Fotografie.*

Rechtschreibhilfe: im Wörterbuch nachschlagen

→ S. 75 Im Lexikon Informationen suchen

**6** Schlage in einem Wörterbuch die Bedeutung der folgenden Wörter nach und schreibe sie in dein Heft.

Biologie – Choreografie – Demokratie – Geometrie – Kopie – Lotterie – Magie – Orthografie – Prärie – Regie – Sympathie

*Biologie: Wissenschaft von den Lebewesen, ...*

**7** Hier sind die Silben durcheinandergeraten.

**TIPP**
Achte auf die Groß- und Kleinschreibung.

**a** Schreibe das gesuchte Fremdwort richtig auf und markiere die Suffixe.

1. Unterrichtsfach, in dem experimentiert wird: sik – phy
2. lateinischer Name für den 2. Fall: ni – tiv – ge
3. Unterrichtsfach, in dem oft gesungen wird: sik – mu
4. Staatsform: blik – re – pu
5. anderes Wort für *tätig, wirksam:* tiv – ak
6. lateinischer Name für den 3. Fall: tiv – da
7. Unterrichtsfach, in dem viel gerechnet wird: the – tik – ma – ma
8. anderes Wort für *gut*: si – tiv – po
9. lateinischer Name für den 1. Fall: mi – tiv – na – no

**b** Suche Fremdwörter mit den Suffixen *-ik* und *-iv*. Kläre ihre Bedeutung. Schreibe sie in dein Heft und markiere die Suffixe verschiedenfarbig.

**8** Bilde aus den folgenden Adjektiven Nomen mit dem Suffix *-ität* und erläutere deren Bedeutung. Nutze dazu ein Wörterbuch.

aktiv – solidarisch – real – national – musikalisch – aggressiv – stabil – speziell – genial

*aktiv – Aktivität: Drang nach ...,*

**TIPP**
Manchmal gibt es mehrere Lösungen.

**9** Hier sind alle Suffixe verlorengegangen. Suche sie und schreibe das Wort in der richtigen Groß- und Kleinschreibung in dein Heft.

KRIT___ – KONZENTRA___ – FABR___ – GRAMMAT___ – NEGAT___ – AGGRESS___ – NAT___ – GRAF___ – KONSTRUK___ – SUBSTANT___ – STAT___

*Kritik, ...*

# Teste dich selbst!

**1** Langer oder kurzer Stammvokal, doppelter oder einfacher Konsonant? Schreibe den Text richtig in dein Heft.

**Siebenschläfer**

Am 27. Juni achten vi■le auf Erscheinungen am Him■el. Wird es Ni■derschlag geben, braucht man viel■eicht sogar einen Scha■l oder bleibt es kla■r? Denn nach alter Bauernregel entscheidet sich an diesem Tag das Som■erwet■er. Der kleine Siebenschläfer aber, der einem Eichhörnchen se■r ä■nlich ist und Rinden von den Bäumen schä■lt, hat damit ga■r nichts zu tun. Der Na■me leitet sich von einer Sa■ge ab. Sieben schlafende Brüder sol■en im alten Rom, eingemauert in einer schma■len Hö■le, fas■t 200 Ja■re geschlafen haben. Aber das ist nicht die einzige Verwir■ung um diesen Tag. Of■ensichtlich ist auch ein Rechenfe■ler im Zusam■enhang mit einer Reform des Kalenders für diesen Tag verantwortlich. Eigentlich hä■te man zehn Tage dazuzä■len müssen. Aber das wurde of■ensichtlich verges■en.

**2** Schreibe den Text ab und vervollständige die Wörter mit den fehlenden Buchstaben. Markiere *s, ss, ß* farbig.

**Das kostbare Nass**

An vielen Stellen unserer Erde gibt es Wa■er in gro■en Ma■en. Dennoch ist Wa■er sehr kostbar, auch wenn wir rie■ige Mengen davon besitzen. Der grö■te Teil des Wa■ers ist nämlich Salzwa■er. Da■ ist für Menschen, Tiere und die mei■ten Pflanzen ungenie■bar. Blo■ das Sü■wasser können wir trinken. Da■ mei■te Sü■wa■er kommt als Ei■ und Schnee an den Polen vor. Es befindet sich auch in den Flü■en und Seen oder im Grundwa■er. Jeder von uns benötigt täglich fa■t 100 Liter Wa■er.

**3** Schreibe dieses kleine Gedicht von Gotthold Ephraim Lessing ab und füge *s, ss* oder *ß* in die Lücken ein.

»Da■ ist doch sonderbar bestellt«,
sprach Hänschen Schlau zu Vetter Fritzen,
»da■ nur die Reichen in der Welt
da■ mei■te Geld besitzen.«

**4** Schreibe den Text in richtiger Groß- und Kleinschreibung ab. Unterstreiche die nominalisierten/substantivierten Verben und Adjektive.

Achtung, Fehler!

**über das wohnen in japan**

in den häusern ist das tragen von schuhen nicht erwünscht. meist ist mindestens ein raum mit strohmatten ausgestattet. die schuhe werden beim betreten der wohnung ausgezogen. dadurch wird das beschmutzen des fußbodens vermieden. das aufbewahren der schuhe erfolgt im eingangsbereich. das benutzen von hausschuhen ist erwünscht. seit ungefähr 600 jahren ist in japan das verwenden von strohmatten für den fußboden üblich. im winter verbreiten sie eine angenehme wärme und im sommer eine erfrischende kühle.

**5** Verwende die folgenden Wortpaare jeweils in einem kurzen Satz.

1 die alten Sagen – die Alten sagen
2 der gefangene Floh – der Gefangene floh
3 kaltes Essen – Kaltes essen

**6** Suche die passenden Fremdwörter auf *-ik* und *-iv* und schreibe sie mit ihrer Bedeutung in dein Heft.

1 Lehre vom Licht: Op■
2 sucht der Kommissar: Mo■
3 Betrieb, Werk: Fa■
4 geschichtliche Aufzeichnung: Chro■
5 Unterrichtsfach: Ma■
6 Gestell für Fotoapparate: Sta■
7 Tadel: Kri■

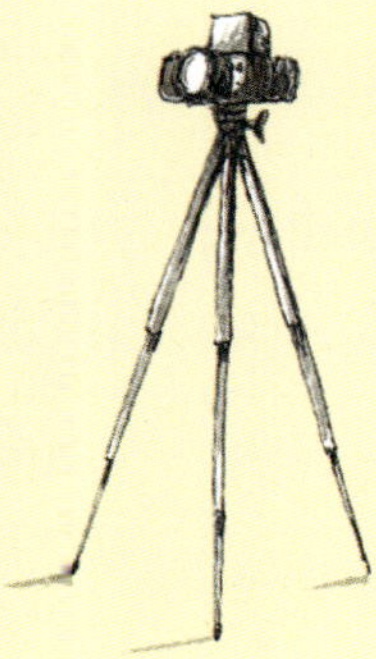

# Merkwissen

## Zuhören – Sprechen – Schreiben

| | |
|---|---|
| **Berichten**<br>→ S. 40, 45, 46 | Beim Berichten informiert man Leser oder Hörer möglichst **knapp, sachlich** und **in der richtigen Reihenfolge** über einen Sachverhalt oder ein Ereignis. Ein Bericht beantwortet meist die wichtigsten *W*-Fragen: *Was? Wann? Wo? Warum? Wer? Welche Folgen ergaben/ergeben sich?*<br>Die Auswahl der Informationen und die Gestaltung des Berichts hängen vom Anlass, vom Zweck und vom Empfänger des Berichts ab.<br>**Schriftliche Berichte** über vergangene Ereignisse werden meist im Präteritum verfasst. In **mündlichen Berichten** kann man das Präteritum oder das Perfekt verwenden. Berichte, in denen es unwichtig ist, wer handelt, werden in **unpersönlicher Ausdrucksweise** verfasst. |
| **Beschreiben**<br>→ S. 31, 33, 36, 38 | Beim Beschreiben informiert man Leser oder Hörer über Gegenstände, Lebewesen, Erscheinungen, Vorgänge, Handlungen und Ähnliches so, dass man sie wiedererkennen, nachvollziehen oder sich gut vorstellen kann. Welche Merkmale für die Beschreibung besonders wichtig sind, hängt davon ab, was man für wen und aus welchem Anlass beschreibt.<br>▪ Beschreiben von **Gegenständen**: **allgemeine Merkmale** (z. B. Größe, Form, Farbe, Material) und **besondere Merkmale** (z. B. Besonderheiten der Größe, Form, Farbe, des Materials, Auffälligkeiten)<br>▪ Beschreiben von **Personen**: **Gesamterscheinung** (Geschlecht, Alter, Größe, Figur), **Einzelheiten** (z. B. Gesichtsform, Augen, Nase, Mund) und **besondere Merkmale** (z. B. Narben, Leberflecke)<br>▪ Beschreiben von **Tieren**: **Aussehen, Verhalten, Lebensweise, Lebensraum, Ernährung** und **besondere Fähigkeiten**<br>▪ Beschreiben von **Pflanzen**: **Bestandteile** (z. B. Wurzeln, Stamm, Äste, Nadeln, Blüten, Früchte), **Vorkommen** (z. B. im Juli in Nadelwäldern) und **Besonderheiten** (z. B. Essbarkeit, unter Naturschutz)<br>▪ Beschreiben von **Vorgängen**: **Materialien** (Materialliste), **Teilhandlungen** (Arbeitsschritte) in der richtigen Reihenfolge |
| **Buchvorstellung**<br>→ S. 48 | Eine Buchvorstellung ist eine besondere Form der Präsentation, in der man Zuhörer mit einem Buch bekanntmacht, um sie dafür zu interessieren und sie zum Lesen anzuregen.<br>Zur **Vorbereitung** werden Informationen und Anschauungsmaterial gesammelt, geordnet und übersichtlich notiert, z. B. auf Karteikarten. |

| | |
|---|---|
| | Eine Buchvorstellung kann so aufgebaut sein:<br>▪ Autorin/Autor und Titel des Buches,<br>▪ handelnde Personen,<br>▪ kurze Zusammenfassung der Handlung,<br>▪ Vortrag einer besonders witzigen oder spannenden Stelle,<br>▪ Zusammenfassung, warum einem das Buch besonders gefallen hat.<br>Beim **Halten des Vortrags** sollte man auf freies, langsames und deutliches Sprechen achten und Blickkontakt zu den Zuhörern halten. |
| **Diskutieren, Diskussion**<br>→ S. 13, 14, 15 | Durch Diskutieren lassen sich strittige Fragen und Probleme klären.<br>Zur **Vorbereitung** einer Diskussion muss man überlegen:<br>▪ Welches Problem soll gelöst werden?<br>▪ Welche einzelnen Fragen sind dazu zu klären?<br>▪ Welche Meinung habe ich dazu?<br>▪ Wie kann ich diese Meinung sachlich begründen?<br>Im **Verlauf** einer Diskussion muss man sich mit den Meinungen anderer auseinandersetzen. Dazu sollte man auf sie eingehen, d. h.:<br>▪ **zustimmen** (z. B.: *Ja, das stimmt. Dieser Meinung bin ich auch.*),<br>▪ **ablehnen** (z. B.: *Meinst du das wirklich? Das ist keine gute Idee!*)<br>▪ oder einen **Kompromiss** vorschlagen (alle weichen von ihrer Meinung etwas ab und einigen sich, z. B.: *Ich schlage vor, wir verbinden beides und fahren mit Fahrrädern an den See. Ich bin einverstanden, wenn ...*). |
| **Erzählen**<br>→ S. 19, 20, 21, 24 | Beim Erzählen stellt man Erlebnisse, Ereignisse oder Erfundenes (Fantasiegeschichten) möglichst anschaulich und unterhaltsam dar, sodass Leser oder Hörer das Geschehen sowie die Gedanken und Gefühle des Erzählers und/oder der Figuren gut nachempfinden können.<br>Dazu lassen sich verschiedene **Gestaltungsmittel** nutzen:<br>▪ die Figuren lebendig beschreiben,<br>▪ Gedanken und Gefühle der Figuren verdeutlichen,<br>▪ wörtliche Rede einbauen,<br>▪ anschauliche Vergleiche sowie treffende Verben und Adjektive verwenden.<br>Um **Ideen** für eine Geschichte zu **sammeln**, kann man z. B.:<br>▪ einen **Erzählplan** machen,<br>▪ einen **Erzählkern** nutzen und ausgestalten,<br>▪ ein **Brainstorming** durchführen,<br>▪ eine Reizwortkette oder<br>▪ Bilder als Anregungen nutzen.<br>Geschichten kann man **aus verschiedenen Perspektiven erzählen**, d. h. aus der Sicht verschiedener Personen. |

| | |
|---|---|
| | Ein **Ich-Erzähler** ist am Geschehen selbst beteiligt und erzählt aus seiner Sicht, gibt seine Gedanken und Gefühle wieder, z.B.: *Heute ging ich besonders früh zu Bett, denn ich wollte …*<br>Eine **Sie-Erzählerin** / Ein **Er-Erzähler** ist nicht selbst beteiligt, sondern beobachtet von außen, z.B.: *Heute ging Fanny besonders früh zu Bett, denn sie wollte …* |
| **Erzählkern**<br>→ S. 21 | Ein Erzählkern gibt Ort, Zeit und Personen sowie wichtige Handlungsschritte vor. Dem Erzählkern werden alle wichtigen Informationen entnommen. Dann denkt man sich eine passende Geschichte dazu aus und fügt z.B. weitere Personen und Handlungsschritte hinzu. |
| **Erzählplan**<br>→ S. 25 | Mit einem Erzählplan kann man eine **Erzählung vorbereiten**. Dazu stellt man sich folgende Fragen:<br>▪ **Worüber** soll erzählt werden?<br>▪ Welche **Handlungsschritte** sind wichtig?<br>▪ An welchen **Orten** und zu welcher **Zeit** geschieht etwas?<br>▪ Welche **Personen** spielen eine Rolle?<br>▪ Welche **Dialoge** sollen eingebaut werden?<br>▪ Welche **Einleitung** macht den Leser neugierig?<br>▪ Welcher **Schluss** rundet die Geschichte ab? |
| **Mitteilungen verfassen**<br>→ S. 53, 55 | Es gibt verschiedene Anlässe und Möglichkeiten, Mitteilungen zu verfassen, z.B. als **SMS**. Bei jeder Mitteilung ist zu beachten, an wen sie gerichtet ist und aus welchem Anlass man schreibt. Danach richtet sich, wie man die Person anredet, ob man ausführlich und anschaulich oder kurz und sachlich schreibt und wie man sich ausdrückt. |
| **Nacherzählen**<br>→ S. 19 | Beim Nacherzählen gibt man gelesene oder gehörte Geschichten **mit eigenen Worten** wieder. Dazu muss man zuerst genau lesen bzw. gut zuhören. Zur Vorbereitung teilt man die Geschichte in Abschnitte ein und notiert Stichpunkte zum Inhalt. Besonders achten muss man auf die zeitliche Abfolge der Handlung, auf den Ort und auf die Gedanken und Gefühle der handelnden Personen. |
| **Präsentieren**<br>→ S. 48 | Beim Präsentieren informiert man Zuhörer über verschiedene Themen, Vorhaben oder Arbeitsergebnisse. Dabei kommt es darauf an, die Aufmerksamkeit und das Interesse der Zuhörer zu gewinnen. Zur **Vorbereitung** muss man Informationen und Anschauungsmaterial sammeln und ordnen sowie übersichtliche Stichpunkte anfertigen (z.B. auf Karteikarten).<br>Beim **Halten des Vortrags** ist auf freies, langsames und deutliches Sprechen sowie auf Blickkontakt zu den Zuhörern zu achten. |

| | |
|---|---|
| **Texte verfassen**<br>→ S. 42, 58 | Beim Verfassen von Texten sind verschiedene **Arbeitsphasen** und **Arbeitsschritte** nötig. So kann man vorgehen:<br>▪ **Schreibaufgabe bedenken** (Für wen, warum, was/worüber soll geschrieben werden?),<br>▪ **Text planen und gestalten** (Ideen/Informationen sammeln, ordnen und gliedern; Textteile formulieren, z. B. Einleitung, Schluss),<br>▪ **Textentwurf schreiben**,<br>▪ **Textentwurf überarbeiten** (Schreibaufgabe erneut bedenken, Inhalt, Wortwahl, Satzbau, Rechtschreibung und Zeichensetzung überarbeiten; eventuell eine Schreibkonferenz durchführen),<br>▪ **Endfassung schreiben** (und eventuell gestalten). |
| **unpersönliche Ausdrucksweise**<br>→ S. 38, 46 | Die unpersönliche Ausdrucksweise verwendet man in Texten, in denen es **unwichtig** ist, **wer handelt**, z. B. in Berichten oder Beschreibungen. Es gibt zwei Formen der unpersönlichen Ausdrucksweise:<br>▪ die Verbform steht im Passiv, z. B.: *Ein Zeitplan wurde beschlossen. Das Wasser wird dazugegeben.*<br>▪ die *man*-Form, z. B.: *Man hat einen Zeitplan beschlossen. Man gibt das Wasser dazu.* |
| **verknüpfte Geschichten (Hypertexte) schreiben**<br>→ S. 27 | Ein Hypertext ist ein Text, der nicht »der Reihe nach« (linear) gelesen wird, er ist ein verknüpfter Text. Um am Computer eine verknüpfte Geschichte (Hypertext) zu schreiben, geht man so vor:<br>▪ den Anfang/einen Teil der Geschichte in eine Word-Datei schreiben,<br>▪ ein Stichwort für die Weiterführung der Geschichte markieren,<br>▪ in der Menüleiste auf »Einfügen« und dann auf »Hyperlink« klicken,<br>▪ in das Feld »Name des neuen Dokuments« einen Dateinamen eingeben (diese Datei soll sich bei einem Klick auf den Link öffnen),<br>▪ Eingaben immer mit OK bestätigen,<br>▪ die Fortsetzung der Geschichte zum ausgewählten Stichwort in die neue Datei schreiben,<br>▪ Texte eventuell gestalten (z. B. Schriftart, -farben, -größen, Bilder einfügen). |

## Mit Texten und Medien umgehen

| | |
|---|---|
| **Bücher**<br>→ S. 95 | Bücher sind wichtige **Medien** (**Printmedien**), die den Menschen zur Information, Wissensgewinnung, Unterhaltung, Entspannung dienen. Von einem Manuskript bis zum Erscheinen eines Buches vergeht meist ein langer Zeitraum, in dem viele Menschen mit verschiedenen Berufen beteiligt sind (z. B. Autoren, Illustratoren, Lektoren, Drucker, Buchbinder). |
| **Fabel**<br>→ S. 60 | Die Fabel ist ein kurzer erzählender oder gereimter Text. Zu ihren **Merkmalen** gehören:<br>▪ Tiere denken, handeln und sprechen wie Menschen,<br>▪ Tieren sind bestimmte menschliche Eigenschaften zugeordnet,<br>▪ Fabeln enthalten eine Lehre (zentrale Aussage). |
| **Gedicht**<br>→ S. 64 | In einem Gedicht werden Gedanken und Gefühle oft mithilfe sprachlicher Bilder und Vergleiche ausgedrückt. Gedichte kann man in **Strophen** unterteilen, die aus **Versen** (Gedichtzeilen) bestehen. Gedichte haben einen bestimmten **Rhythmus** und können sich nach einem bestimmten Schema **reimen**. |
| **Märchen** | Viele Märchen sind an folgenden **Merkmalen** zu erkennen: gleicher oder ähnlicher Beginn, gleicher oder ähnlicher Schluss, Gegensatzpaare, magische Zahlen, Fantasiewesen, wiederkehrende Sprüche, Verwandlungen, Zaubereien, meist siegt das Gute über das Böse.<br>**Volksmärchen** wurden meist mündlich überliefert. Der Autor sowie Zeit und Ort des Entstehens lassen sich nicht mehr eindeutig feststellen.<br>**Kunstmärchen** sind die Schöpfung eines Dichters. |
| **Medien** | Medien sind Mittel zur **Verständigung der Menschen** untereinander, wie z. B. Zeitung, Zeitschrift, Hörfunk, Film und Fernsehen, Computer. Man unterscheidet Medien zum Lesen (**Printmedien**) und Medien zum Hören und Sehen (**audiovisuelle Medien**). |
| **Zeitungen, Zeitschriften**<br>→ S. 95, 97 | Zeitungen und Zeitschriften sind wichtige **Medien** (**Printmedien**).<br>**Zeitungen** erscheinen in der Regel täglich außer sonntags. Einen großen Teil der Informationen, Grafiken und Fotos bekommen Zeitungen von **Nachrichtenagenturen**.<br>**Zeitschriften** erscheinen in regelmäßigen größeren Abständen: wöchentlich, alle zwei Wochen, monatlich oder sechs Mal im Jahr. |
| **Sage** | Sagen wurden von Generation zu Generation weitererzählt. Sie enthalten einen **wahren historischen Kern** (geschichtliche Begebenheiten, Personen, landschaftliche Eigenheiten, Gebäude und Naturerscheinungen). Man unterscheidet **Orts-**, **Götter-** und **Heldensagen**. |

## Wortarten und Wortformen

| | |
|---|---|
| **Adjektiv**<br>→ S. 118 | Adjektive sind eine **Wortart**. Sie bezeichnen **Eigenschaften** und **Merkmale**. Adjektive werden **dekliniert** (gebeugt), d. h., sie verändern ihre Form in Fall (Kasus), Zahl (Numerus) und Geschlecht (Genus), z. B.: *ein schönes Buch, mit schönen Bildern.* Die meisten Adjektive lassen sich **komparieren** (steigern):<br>▪ Positiv (Grundstufe), z. B.: *klein,*<br>▪ Komparativ (Mehrstufe), z. B.: *kleiner,*<br>▪ Superlativ (Meiststufe), z. B.: *am kleinsten.* |
| **Adverb**<br>→ S. 120 | Adverbien sind eine **Wortart**. Sie geben an, **wann**, **wo**, **wie** und **warum** etwas geschieht. Man unterscheidet:<br>▪ Adverbien **der Zeit** (Fragen: *Wann? Wie oft?*), z. B.: *morgens, heute,*<br>▪ Adverbien **des Ortes** (Fragen: *Wo? Wohin?*), z. B.: *oben, dort,*<br>▪ Adverbien **der Art und Weise** (Frage: *Wie?*), z. B.: *seltsamerweise,*<br>▪ Adverbien **des Grundes** (Frage: *Warum?*), z. B.: *darum, deswegen.*<br>Adverbien sind in der Regel **unveränderbar**. Oft ersetzen sie Wortgruppen oder Sätze, z. B.: *Auf dem Weg nach unten gingen wir vorsichtig. Abwärts gingen wir vorsichtig.* |
| **Artikel** | Artikel sind eine **Wortart**. Nomen/Substantive können als **Begleiter** Artikel bei sich haben. Sie verdeutlichen Fall (Kasus), Zahl (Numerus) und Geschlecht (Genus) des Nomens und lassen sich deklinieren, z. B.: *das Haus, dem Haus, des Hauses, eine Straße, (in) einer Straße.*<br>**Unbestimmte Artikel** (*ein, eine, einer*) verwendet man meist, um etwas neu ins Gespräch oder in den Text einzuführen. **Bestimmte Artikel** (*der, die, das*) verwendet man in der Regel, wenn etwas schon bekannt oder im Text bereits eingeführt worden ist, z. B.: *Sie hat ein neues Fahrrad. Das alte Rad war zu klein.* |
| **Deklination**<br>→ S. 106, 108, 118 | Die Deklination ist die **Beugung** (Formveränderung) von Nomen/ Substantiven, Artikeln, Adjektiven und Pronomen. Diese Wortarten verändern sich nach ihrem grammatischen **Geschlecht** (Genus), ihrer **Zahl** (Numerus) und ihrem **Fall** (Kasus) z. B.:<br>Nominativ: *das neue Haus, die neuen Häuser*<br>Genitiv: *des neuen Hauses, der neuen Häuser*<br>Dativ: *dem neuen Haus, den neuen Häusern*<br>Akkusativ: *das neue Haus, die neuen Häuser* |
| **Genus** | Mit Genus bezeichnet man das grammatische **Geschlecht** eines Nomens/Substantivs oder eines Adjektivs: **männlich**, **weiblich** oder **sächlich**. Das grammatische Geschlecht erkennt man am **Artikel** (*der/einer, die/eine, das/ein*), z. B.: *der Regen, eine warme Jacke, das kalte Wetter.* |

| | |
|---|---|
| **Kasus** | Der Kasus ist der **Fall** eines deklinierbaren Wortes (Nomen/Substantiv, Artikel, Adjektiv, Pronomen). Es gibt vier Fälle:<br>▪ **Nominativ** (Fragen: *Wer? Was?*), z. B.: *Die Lehrerin liest vor. Langsam fließt das Wasser ab.*<br>▪ **Genitiv** (Frage: *Wessen?*), z. B.: *Er fragt den Bruder seines Freundes.*<br>▪ **Dativ** (Frage: *Wem? Wo?*), z. B.: *Er hilft seiner Mutter. Wir helfen ihm.*<br>▪ **Akkusativ** (Fragen: *Wen? Was? Wohin?*), z. B.: *Ihren kleinen Hund finden alle lustig. Wir spielen ein neues Spiel.* |
| **Konjugation**<br>→ S.110 | Die Konjugation ist die **Beugung** (Formveränderung) von Verben. Verben verändern sich nach ihrer **Person**, **Zahl** (Numerus), **Zeit** (Tempus) und Handlungsform (**Aktiv, Passiv**), z. B.: *(ich) schreibe, (du) schreibst; (wir) schrieben; (er) wurde geschrieben.* |
| **Konjunktion**<br>→ S.122 | Konjunktionen (Bindewörter) verbinden Wörter, Wortgruppen und Teilsätze miteinander. Es gibt verschiedene Arten, z. B.:<br>▪ **aufzählende Konjunktionen** treten bei Aufzählungen auf, z. B.: *und, sowie, sowohl ... als auch, oder, weder ... noch*<br>▪ **entgegenstellende Konjunktionen** drücken einen Gegensatz aus, z. B.: *aber, doch, nicht nur ..., sondern auch ...* |
| **Nomen/ Substantiv**<br>→ S.104, 106 | Nomen/Substantive sind eine **Wortart**. Sie bezeichnen Lebewesen, Gegenstände, Gefühle, Vorstellungen, Vorgänge, Orte und Veranstaltungen. Nomen können einen Begleiter bei sich haben (Artikel, Demonstrativ-, Possessivpronomen). An den Begleitern erkennt man das grammatische **Geschlecht** (Genus), die **Zahl** (Numerus) und den **Fall** (Kasus), z. B.: *die Wiese, unser Garten.*<br>Nomen können **dekliniert** (gebeugt) werden. Sie treten in einer bestimmten **Zahl** (Numerus) und einem bestimmten **Fall** (Kasus) auf, z. B.: *(das) Haus – (die) Häuser – (in den) Häusern.* Über den Fall der Nomen entscheiden Verben und Präpositionen.<br>Nomen schreibt man **mit großem Anfangsbuchstaben**.<br>Im Deutschen kann jedes Wort **als Nomen gebraucht** – also nominalisiert – werden. Es wird dann auch großgeschrieben und kann ebenfalls einen Begleiter bei sich haben, z. B.: *das Blau, euer lautes Rufen.* |
| **Numerale**<br>→ S.121 | Numeralien sind **Zahlwörter**, die eine Menge oder eine Anzahl angeben. Man unterscheidet:<br>▪ **bestimmte Numeralien**, z. B.: *eins, zwei, erster,*<br>▪ **unbestimmte Numeralien**, z. B.: *einige, viele, alle.*<br>Numeralien gehören zu **verschiedenen Wortarten**:<br>▪ Nomen/Substantiv, z. B.: *eine Million,*<br>▪ Adjektiv, z. B.: *zwei Schüler, in der sechsten Klasse,*<br>▪ Adverb, z. B.: *er rief dreimal.* |

| | |
|---|---|
| **Numerus** | Mit Numerus bezeichnet man die **Zahl** eines Nomens/Substantivs, Artikels, Adjektivs oder Pronomens. Es gibt eine Form für den **Singular** (Einzahl) und eine andere Form für den **Plural** (Mehrzahl), z. B.: *(das) Kind – (die) Kinder.* |
| **Präposition** | Präpositionen sind eine **Wortart**. Sie drücken räumliche, zeitliche oder andere Beziehungen zwischen Wörtern und Wortgruppen aus, z. B.: *in, aus, bei, mit, nach, vor, hinter, über, zu.*<br>Präpositionen stehen meist **vor dem Nomen/Substantiv** und seinen Begleitern und **fordern einen bestimmten Fall**, z. B.: *im Haus, mit dem Ball* (Dativ); *für den Freund* (Akkusativ), *wegen des Gewitters* (Genitiv), *auf den Tisch* (*Wohin?* → Akkusativ), *auf dem Tisch* (*Wo?* → Dativ) |
| **Pronomen**<br>→ S. 108 | Pronomen sind eine **Wortart**. Sie können **Stellvertreter** oder **Begleiter** eines Nomens/Substantivs sein. Sie können wie Nomen **dekliniert** (gebeugt) werden.<br>▪ **Personalpronomen** stehen stellvertretend für Nomen, z. B.: *ich, du, er, sie, es,*<br>▪ **Possessivpronomen** zeigen den Besitz oder die Zugehörigkeit an, z. B.: *mein, dein, sein, ihr,*<br>▪ **Demonstrativpronomen** weisen auf ein vorher genanntes Nomen hin, z. B.: *dieser, jene,*<br>▪ **Relativpronomen** leiten Nebensätze ein, die ein Nomen im Hauptsatz näher erklären, z. B.: *der, welche.* |
| **Verb**<br>→ S. 110, 112, 113, 115, 116 | Verben sind eine **Wortart**. Sie bezeichnen **Tätigkeiten** (was jemand tut), **Vorgänge** (was geschieht) und **Zustände** (was ist).<br>Sie haben infinite (ungebeugte) und finite (gebeugte) Verbformen.<br>Die **infiniten Verbformen** sind der<br>▪ **Infinitiv** (Grund-/Nennform), z. B.: *spielen, rennen,*<br>▪ das **Partizip I**, z. B.: *spielend, rennend,*<br>▪ das **Partizip II**, z. B.: *gespielt, gerannt.*<br>Beide Partizipien kann man wie Adjektive verwenden, z. B.: *das spielende Kind, die gespielte Freude.*<br>Die **finiten Verbformen** (Personalformen) entstehen durch **Konjugation** (Beugung) bei der Verwendung von Verben in Wortgruppen oder Sätzen. Die finite Verbform stimmt in Person und Zahl immer mit dem Subjekt des Satzes überein, z. B.: *Ich springe zuerst. Du springst zuletzt.*<br>Verben bilden **Zeitformen** (Tempusformen), die angeben, ob etwas abgeschlossen ist, noch andauert oder in der Zukunft stattfinden wird.<br>**Präsens** und **Präteritum** sind **einfache Zeitformen**, sie bestehen aus nur einer Verbform, z. B.: *Ich lese gern. Er las gestern einen Krimi.* |

| | |
|---|---|
| | **Perfekt**, **Plusquamperfekt** und **Futur** sind **zusammengesetzte Zeitformen**, sie bestehen aus mindestens zwei Verbformen, z. B.: *Wir haben viel gelesen. Er hatte viele Bücher mitgebracht. Bald werden wir neue Bücher bestellen müssen.*<br>Um alle Formen eines Verbs richtig bilden und schreiben zu können, kann man sich an den drei **Leitformen** (Stammformen) orientieren: **Infinitiv** – **Präteritum** (1./3. Person Singular) – **Partizip II**, z. B.: *lesen – las – gelesen.*<br>An den Leitformen erkennt man starke und schwache Verben.<br>Bei **starken Verben** ändert sich der Stammvokal, die 1./3. Person Singular im Präteritum ist endungslos und das Partizip II endet auf *-en*, z. B.: *schwimmen – schwamm – geschwommen.*<br>Bei **schwachen Verben** ändert sich der Stammvokal nicht, die 1./3. Person Singular im Präteritum endet auf *-te* und das Partizip II endet auf *-t*, z. B.: *lachen – lachte – gelacht.*<br>Von den meisten Verben kann man eine **Aktivform** (Betonung des Handelnden) und eine **Passivform** (Unwichtigkeit des Handelnden) bilden. Passivformen bildet man mit dem Hilfsverb *werden* + Partizip II eines anderen Verbs, z. B.: *(ich) werde getragen, (du) wirst begleitet.* |
| **Wortart** | Man kann Wörter verschiedenen Wortarten zuordnen. Die wichtigsten Wortarten sind: Nomen/Substantiv, Verb, Adjektiv, Pronomen, Präposition, Artikel, Numerale, Adverb, Konjunktion. |

## Satzbau und Zeichensetzung

| | |
|---|---|
| **Adverbialbestimmung**<br>→ S. 134, 135, 136 | Adverbialbestimmungen sind **Satzglieder**, die Prädikate näher bestimmen. Man unterscheidet u. a.:<br>▪ **Temporalbestimmung** (Adverbialbestimmung der Zeit, Fragen: *Wann? Wie lange? Bis wann? Seit wann?*), z. B.: *Morgen wird von morgens bis mittags gelernt, ab 12 Uhr gibt es Mittagessen.*<br>▪ **Lokalbestimmung** (Adverbialbestimmung des Ortes, Fragen: *Wo? Woher? Wohin?*), z. B.: *Wir kommen aus Plauen, verbringen die Ferien in Binz und gehen jeden Tag zum Strand.*<br>▪ **Modalbestimmung** (Adverbialbestimmung der Art und Weise, Fragen: *Wie? Auf welche Art und Weise?*), z. B.: *Sie arbeiteten schnell. Mit viel Vergnügen planschten sie im Wasser.*<br>▪ **Kausalbestimmung** (Adverbialbestimmung des Grundes, Fragen: *Warum? Weshalb? Weswegen? Aus welchem Grund?*), z. B.: *Wegen des Wetters bleiben wir hier. Wir kamen zu spät, weil wir verschlafen hatten.* |

| | |
|---|---|
| **Attribut**<br>→ S.137 | Ein Attribut (Beifügung) ist ein **Satzgliedteil**, das Nomen/Substantive näher bestimmt (Fragen: *Welche(-r, -s)? Was für ein(e)?*).<br>Attribute können nicht allein umgestellt werden. Sie bleiben immer bei dem Nomen, zu dem sie gehören, und sind ein Teil dieses Satzgliedes, z. B.: *Wir sahen / im Zimmer seines Bruders / einen lustigen Film.* |
| **Aufzählung**<br>→ S.138 | Manche Sätze enthalten Aufzählungen in Form von Wörtern oder Wortgruppen. Zwischen den einzelnen Gliedern einer Aufzählung **muss** ein **Komma** gesetzt werden, wenn diese nicht durch eine **aufzählende Konjunktion** (*und, oder, sowie, sowohl … als auch …*) verbunden sind, z. B.: *Wir sahen dichte Wälder, grüne Wiesen und hohe Berge.*<br>Steht jedoch zwischen den Gliedern einer Aufzählung eine **entgegenstellende Konjunktion** (*aber, doch, jedoch, nicht nur …, sondern (auch) …*) **muss** auch vor der Konjunktion ein **Komma** gesetzt werden, z. B.: *Sie kamen, sahen, aber blieben nicht. Wir sahen nicht nur Wälder, Wiesen und Berge, sondern auch seltene Pflanzen.* |
| **direkte (wörtliche) Rede**<br>→ S.145 | Die direkte (wörtliche) Rede dient der wörtlichen Wiedergabe von Gesagtem oder Gedachtem.<br>Sie wird am Anfang und Ende durch **Anführungszeichen** gekennzeichnet. Oft steht vor, zwischen oder nach der direkten Rede ein **Begleitsatz**, der durch Doppelpunkt oder Komma(s) abgegrenzt wird, z. B.: *Nils flüstert mir zu: »Bestimmt ist alles bald wieder in Ordnung.« »Das hoffe ich«, ruft Randi, »schließlich müssen wir heim!« »Dann lasst uns doch einfach gehen«, denke ich.* |
| **Hauptsatz**<br>→ S.140, 143, 144 | Ein Hauptsatz ist ein **Teilsatz eines zusammengesetzten Satzes**. Hauptsätze erkennt man daran, dass die finite (gebeugte) Verbform an zweiter Stelle steht, z. B.: *Tim und Tom lächelten glücklich, als sie uns sahen.* |
| **Nebensatz**<br>→ S.140, 142, 144 | Ein Nebensatz ist ein **Teilsatz eines zusammengesetzten Satzes**.<br>Der Nebensatz ist allein meist nicht verständlich. Er wird durch **Komma** vom **Hauptsatz** getrennt, z. B.: *Wir packten gleich aus, als wir angekommen waren. Nachdem wir ausgepackt hatten, liefen wir zum See.*<br>Die meisten Nebensätze erkennt man an folgenden **Merkmalen**:<br>▪ die **finite** (gebeugte) **Verbform** steht an letzter Stelle,<br>▪ am Anfang steht ein **Einleitewort**, z. B. eine **Konjunktion** (*weil, nachdem, aber, obwohl*) oder ein **Relativpronomen** (*der, die, das, welcher, welche, welches*). |

| | |
|---|---|
| **Objekt**<br>→ S. 131, 132, 133 | Ein Objekt ist ein **Satzglied**, das das Prädikat ergänzt. Der Fall des Objekts ist vom Verb abhängig. Man unterscheidet:<br>▪ **Dativobjekt** (Frage: *Wem?*), z. B.: *Sie hilft ihrer Oma.*<br>▪ **Akkusativobjekt** (Frage: *Wen? Was?*), z. B.: *Er liest ein Buch.*<br>▪ **Genitivobjekt** (Frage: *Wessen?*), z. B.: *Sie erfreut sich bester Gesundheit.* Genitivobjekte werden selten, meist in der Schriftsprache gebraucht.<br>▪ **Präpositionalobjekt** (Objekt, dessen Fall von einer **Präposition** bestimmt wird), z. B.: *Sie wartet auf ihn. Über das Buch freute sie sich.* |
| **Prädikat**<br>→ S. 129, 130 | Ein Prädikat (Satzaussage) ist ein **Satzglied**, das etwas über das Subjekt aussagt (Frage: *Was wird ausgesagt?*). **Subjekt** und **Prädikat** bilden den **Satzkern**. Wenn das Prädikat nur aus dem finiten (gebeugten) Verb besteht, nennt man es **einteiliges Prädikat**, z. B.: *(er) liest*. Das **mehrteilige Prädikat** besteht aus der finiten (gebeugten) Verbform und anderen, infiniten (ungebeugten) Verbformen (Partizip II, Infinitiv) oder weiteren Wörtern. Das mehrteilige Prädikat kann andere Satzglieder einrahmen. Dann bildet es einen **prädikativen Rahmen**, z. B.: *Er hat ein Buch gelesen. Trotz der Kälte ging sie ohne Mütze los.* |
| **Relativsatz**<br>→ S. 142 | Ein Relativsatz ist ein **Nebensatz**, der durch ein **Relativpronomen** *(der, die, das, welcher, welche, welches)* **eingeleitet** wird. Das Relativpronomen bezieht sich auf ein Nomen im vorangehenden Hauptsatz (Bezugswort).<br>Relativsätze werden durch **Komma** vom Hauptsatz abgegrenzt, z. B.:<br>*Die Suppe, die wir morgens gekocht hatten, aßen wir zu Mittag.*<br>*Dazu gab es Brot, welches wir selbst gebacken hatten.* |
| **Satzart**<br>→ S. 125 | Man unterscheidet drei Satzarten:<br>▪ **Aussagesatz**: Man stellt etwas fest, informiert über etwas. Merkmale: finite (gebeugte) Verbform in der Regel an zweiter Stelle, Satzschlusszeichen: Punkt, z. B.: *Am Montag kommt eine neue Lehrerin.*<br>▪ **Fragesatz**: Man fragt, erkundigt sich nach etwas. Merkmale: oft durch ein Fragewort eingeleitet (z. B.: *wer, was, wie, wann, wo, warum*) oder finite (gebeugte) Verbform an erster Stelle, Satzschlusszeichen: Fragezeichen, z. B.: *Wann beginnen wir? Kommst du mit?*<br>▪ **Aufforderungssatz**: Man fordert jemanden zum Handeln auf oder drückt Bitten, Wünsche, Hoffnungen aus. Merkmale: finite (gebeugte) Verbform an erster Stelle, Satzschlusszeichen: Ausrufezeichen oder Punkt, z. B.: *Holt bitte frisches Wasser! Sei einfach etwas freundlicher.* |

| | |
|---|---|
| **Satzglied**<br>→ S.127 | Es gibt folgende Satzglieder: **Subjekt**, **Prädikat**, **Objekt** und **Adverbialbestimmung**.<br>Satzglieder kann man mithilfe der **Umstellprobe** ermitteln.<br>Durch Umstellung von Satzgliedern lassen sich auch verschiedene Aussageabsichten verwirklichen, z.B.:<br>*Die Kinder / warten / am Morgen / auf den Bus. Am Morgen / warten / ...*<br>*Auf den Bus / warten ...* |
| **Subjekt**<br>→ S.128 | Das Subjekt (Satzgegenstand) ist ein **Satzglied**, über das im Satz etwas ausgesagt wird. Es steht in der Regel im **Nominativ** und kann mithilfe der Fragen *Wer?* oder *Was?* ermittelt werden, z.B.: *Am Abend trafen die Großeltern und mein Bruder ein. Der Schnee begann langsam zu tauen.*<br>**Subjekt** und **Prädikat** bilden den **Satzkern**. |
| **Umstellprobe** | Die Umstellprobe ist ein Verfahren zur Ermittlung der **Satzglieder** eines Satzes. Alle Wörter, die nur zusammenhängend umgestellt werden können, bilden ein Satzglied. Im Aussagesatz kann jedes Satzglied, außer dem Prädikat, die erste Stelle (vor der finiten Verbform) einnehmen.<br>Die finite (gebeugte) Verbform nimmt immer die zweite Stelle ein.<br>An der ersten Stelle, also vor der finiten Verbform, kann immer nur *ein* Satzglied stehen, z.B.:<br>*Max und Moritz / spielten / den Erwachsenen häufig / böse Streiche.*<br>*Den Erwachsenen / spielten / ... Häufig / spielten / ...* |
| **zusammengesetzter Satz**<br>→ S.139, 140, 143 | Ein zusammengesetzter Satz ist ein Satz, der aus zwei oder mehreren inhaltlich eng miteinander verbundenen **Teilsätzen** besteht. Die Teilsätze werden in der Regel durch **Komma** voneinander getrennt. Jeder Teilsatz enthält mindestens ein **Subjekt** und ein **Prädikat** (finite Verbform). Man unterscheidet:<br>▪ **Satzgefüge** (Haupt- und Nebensatz), z.B.: *Alle waren begeistert, als die Clowns auftraten.*<br>▪ **Satzreihe/Satzverbindung** (mindestens zwei Hauptsätze), z.B.: *Clown Tilo stand auf dem Kopf und Clown Marek spielte Trompete.*<br>▪ **mehrfach zusammengesetzte Sätze** (drei oder mehrere Haupt- und Nebensätze), z.B.: *Clown Tilo, der auf dem Kopf stand, konnte sich nicht wehren, als Clown Marek ihn umstieß.* |

## Wortbedeutung und Wortbildung

| | |
|---|---|
| **Ableitung**<br>→ S. 148 | Bei der Ableitung werden aus vorhandenen Wörtern neue Wörter gebildet. Ableitungen entstehen durch:<br>▪ das Anfügen von **Präfixen** (Vorsilben) und **Suffixen** (Nachsilben) an einen Wortstamm, z. B.: *beachten, achtsam, Achtung, Verachtung.*<br>▪ **Änderung des Stammvokals**, z. B.: *fliegen – Flug, wählen – Wahl.* |
| **Ersatzprobe**<br>→ S. 124 | Die Ersatzprobe ist ein Verfahren, das sich u. a. zur Unterscheidung von *das* und *dass* nutzen lässt:<br>▪ Kann man *da▪* durch *dieses* ersetzen, handelt es sich um den **Artikel** *das.*<br>▪ Kann *da▪* durch *welches* ersetzt werden, ist es das **Relativpronomen** *das.*<br>▪ Ergibt der Satz bei dieser Probe keinen Sinn, so handelt es sich um die **Konjunktion** *dass.* |
| **fester Vergleich**<br>→ S. 154 | Feste Vergleiche sind Wortgruppen mit dem Vergleichswort *wie*, z. B.: *arm wie eine Kirchenmaus.* |
| **mehrdeutiges Wort**<br>→ S. 150 | Mehrdeutige Wörter sind Wörter, die mehrere Bedeutungen haben, z. B.: *Hahn* (Tier, Wasserhahn), *Flügel* (Teil eines Vogels oder Flugzeugs, Musikinstrument). Welche der Bedeutungen gemeint ist, wird erst aus dem Textzusammenhang klar. |
| **Präfix** | Präfixe (Vorsilben) sind dem Wortstamm vorangestellte Wortbausteine, die nicht selbstständig stehen können. Wichtige Präfixe sind *be-, er-, ent-, ge-, miss-, ver-, zer-.*<br>Durch das Anfügen von Präfixen entstehen neue Wörter (**Ableitung**) oft mit veränderter Bedeutung, z. B.: *fallen* → *gefallen, verfallen, zerfallen, befallen, entfallen.* |
| **Redewendung**<br>→ S. 154 | Redewendungen (Wortgruppen) sind feste sprachliche Wendungen, mit denen man etwas besonders anschaulich und einprägsam ausdrücken kann, z. B.: *auf die Nase fallen, sich den Kopf zerbrechen.* |
| **Sprichwort**<br>→ S. 154 | Sprichwörter (in der Form eines Satzes) geben Erfahrungen, Beobachtungen und Einsichten der Menschen anschaulich und einprägsam wieder, z. B.: *Wer andern eine Grube gräbt, fällt selbst hinein.* |

| | |
|---|---|
| **Suffix** | Suffixe (Nachsilben) sind an den Wortstamm angehängte Wortbausteine, die in der Regel nicht selbstständig stehen können. Durch das Anfügen von Suffixen entstehen Wortformen und neue Wörter (**Ableitung**), z. B.: *Schreibung, Schreiber, Kindheit, kindlich, kindisch.*<br>Typische Suffixe für Nomen/Substantive sind *-heit, -keit, -ung, -nis*, z. B.: *Dunkelheit, Hindernis.*<br>Typische Suffixe für Adjektive sind *-ig, -lich, -isch*, z. B.: *himmlisch, windig, heimlich.* |
| **Synonyme**<br>→ S. 152 | Synonyme sind Wörter mit **sinngleicher** oder **-ähnlicher Bedeutung**, z. B.: *sprechen – reden – sagen – rufen.* Sie bilden ein **Wortfeld**. |
| **Wortfamilie**<br>→ S. 149 | Wörter, die einen **gemeinsamen Wortstamm** haben, bilden eine Wortfamilie. Wortfamilien entstehen durch **Ableitung** und **Zusammensetzung**, z. B.: *lehren – Lehrer – Lehrbuch – Lehrling – gelehrig …*<br>Die Zuordnung eines Wortes zu einer Wortfamilie kann bei der Rechtschreibung helfen, weil der Wortstamm immer gleich oder ähnlich geschrieben wird und die Wortbausteine (Präfix, Suffix, Grund- und Bestimmungswort) gut erkennbar sind. |
| **Wortfeld** | Bedeutungsgleiche oder -ähnliche Wörter (**Synonyme**) bilden ein Wortfeld.<br>Wörter eines Wortfeldes lassen sich in **Oberbegriffe** (mit allgemeiner Bedeutung) und **Unterbegriffe** (mit spezieller Bedeutung) einteilen, z. B.: *Pflanze: Baum – Birke, Buche, Fichte, …* |
| **Wortschatzerweiterung** | Unser Wortschatz erweitert sich ständig, u. a. durch<br>▪ **Wortbildung** mithilfe von **Zusammensetzung** und **Ableitung**, z. B.: *Hörbuch, wässrig.*<br>▪ **Übernahme** von Wörtern aus anderen Sprachen, z. B.: *Pizza, scannen.* |
| **Zusammensetzung**<br>→ S. 147 | Eine Zusammensetzung besteht aus einem **Bestimmungswort** und einem **Grundwort**. Manchmal ist ein **Fugenelement** eingefügt.<br>Das Grundwort bestimmt, zu welcher Wortart das zusammengesetzte Wort gehört und welches Geschlecht es hat, z. B.: *wunder\|schön, die Mittag\|s\|zeit.* |

## Die Geschichte unserer Sprache

| | |
|---|---|
| **Erbwort**<br>→ S. 98, 99 | Als Erbwörter bezeichnet man die ältesten Wörter unserer Sprache. Sie entstanden vor ungefähr 5000 Jahren und geben uns heute noch Auskunft über die Lebensweise der germanischen Stämme; z. B.: *Rind, Hund, Beil, weben.* |
| **Fremdwort**<br>→ S. 102, 185, 186 | Als Fremdwörter bezeichnet man Wörter, die aus anderen Sprachen übernommen werden, sich aber in Aussprache, Schreibung und Betonung **nicht oder nur zum Teil dem Deutschen angepasst** haben, z. B.: *Sweatshirt, Ragout.*<br>Für die richtige Schreibung von Fremdwörtern ist wichtig, dass sie oft typische Wortbauteile (Suffixe) enthalten, die man sich einprägen sollte, z. B.: *reparieren, Energie, Musik, positiv, Aktion, Aktivität.* |
| **Lehnwort**<br>→ S. 100 | Als Lehnwörter bezeichnet man Wörter, die aus anderen Sprachen »entliehen« wurden. Sie haben sich im Laufe der Zeit in Aussprache, Schreibung und Beugung **der deutschen Sprache angepasst**, z. B.: *Fenster* (von lateinisch *fenestra*). |

## Richtig schreiben

| | |
|---|---|
| **Anredepronomen** | Die **persönlichen Anredepronomen** *du/dein, ihr/euer* können in Briefen und E-Mails **klein- oder großgeschrieben** werden.<br>Die **höflichen Anredepronomen** *Sie* und *Ihr* und alle ihre Formen muss man **immer großschreiben**. |
| **Artikelprobe**<br>→ S. 184 | Mithilfe der Artikelprobe kann man feststellen, ob ein Wort ein Nomen/Substantiv ist oder nicht, ob es groß- oder kleingeschrieben werden muss: Steht bei dem Wort ein Artikel oder lässt sich das Wort mit einem Artikel verwenden? Wenn ja, dann ist das Wort ein Nomen und wird großgeschrieben. |
| **Erweiterungsprobe**<br>→ S. 184 | Mithilfe der Erweiterungsprobe kann man (zusätzlich zur **Artikelprobe**) feststellen, welches Wort ein Nomen/Substantiv ist. Dazu erweitert man eine **nominale Wortgruppe** (Nomen + Begleiter) durch Attribute, z. B.: *das Laufen, das schnelle Laufen, das anstrengende schnelle Laufen.* Das Nomen steht ganz rechts und wird großgeschrieben. |
| **nominale Wortgruppe**<br>→ S. 184 | Als nominale Wortgruppe bezeichnet man ein **Nomen/Substantiv mit seinen Begleitern**. Das Wort am Ende einer nominalen Wortgruppe ist ein Nomen und wird großgeschrieben, z. B.: *das schöne hell leuchtende Blau.* |

| | |
|---|---|
| **nominalisierte/ substantivierte Verben und Adjektive**<br>→ S. 181, 183 | Verben und Adjektive können **zu Nomen/Substantiven werden** und werden dann **großgeschrieben**, z. B.: *auf das richtige Schreiben achten, unser Bestes.*<br>Wie Nomen können sie dann von Artikeln, Adjektiven, Pronomen, Präpositionen begleitet werden. |
| **Verlängerungs-probe** | Die Verlängerungsprobe hilft dabei, die richtige Schreibung eines einsilbigen Wortes zu ermitteln. Man verlängert das Wort, an dessen Schreibung man zweifelt. Dazu bildet man z. B.:<br>■ die Pluralform (z. B.: *Flu■ – Flüsse, Sta■ – Stäbe),*<br>■ ein Verb (z. B.: *Ba■ – baden),*<br>■ ein Adjektiv (z. B.: *Gol■ – golden, goldig).* |
| **Verwandtschafts-probe** | Die Verwandtschaftsprobe hilft dabei, die richtige Schreibung eines Wortes zu ermitteln. Ist man nicht sicher, wie ein Wort geschrieben wird, sucht man nach einem stammverwandten Wort aus der Wortfamilie, z. B.: *mahlen – Mehl – Mühle; Biss – bissig.* |
| **Worttrennung**<br>→ S. 178 | Die wichtigsten Regeln der Worttrennung am Zeilenende sind:<br>■ Mehrsilbige einfache Wörter trennt man nach Sprechsilben, z. B.: *be-ra-ten.*<br>■ Einzelne Vokale am Wortanfang oder -ende trennt man nicht ab.<br>■ Die Buchstabenverbindungen *ch, ck, sch, ph, th* trennt man nicht, z. B.: *la-chen, Zu-cker.*<br>■ Zusammengesetzte Wörter und Ableitungen mit Präfixen (Vorsilben) trennt man zwischen den einzelnen Wortbausteinen, z. B.: *ver-laufen, Fern-seh-turm.* |
| **Zerlegeprobe** | Die Zerlegeprobe hilft dabei, die richtige Schreibung eines Wortes zu ermitteln. Beim Zerlegen in **Sprechsilben** erkennt man, ob ein Wort mit zwei gleichen oder zwei verschiedenen Konsonanten geschrieben wird, z. B.: *es-sen, lis-tig.*<br>Man kann Wörter auch in ihre **Bauteile** zerlegen, um Sicherheit über deren Schreibung zu bekommen, z. B.: *Ver-kauf, du nasch-st.* |

## Methoden und Arbeitstechniken

| | |
|---|---|
| **Aktiv zuhören** | Aktives Zuhören heißt, aufmerksam und genau zuzuhören, um Gesprächspartner zu verstehen und sich an einem Gespräch beteiligen zu können. Dazu sollte man:<br>▪ den Gesprächspartner ansehen und Rückmeldungen geben (z.B. mit dem Kopf nicken),<br>▪ das Gesagte ggf. wiederholen, eventuell nachfragen. |
| **Artikelprobe** | s. Richtig schreiben |
| **Brainstorming** | Brainstorming (engl. *brain* – Gehirn, engl. *storm* – Sturm) ist eine **Methode zur Ideenfindung**. Ausgehend von einem Bild, einem Begriff, einer Fragestellung oder einem Problem werden möglichst schnell, ohne nachzudenken, damit verbundene Gedanken, Gefühle oder Erlebnisse geäußert und notiert. |
| **Cluster, Clustering**<br>→ S.29 | Ein Cluster (engl. *cluster* – Haufen, Schwarm) ist eine Sammlung von Begriffen, die mit einem Thema in Zusammenhang stehen. Das Clustering ist eine **Methode zum Sammeln von Ideen**. Dazu schreibt man einen zentralen Begriff des Themas in die Mitte und ordnet ringsherum weitere Begriffe an. Dann verdeutlicht man die Beziehungen zwischen den Begriffen durch Verbindungslinien, sodass ein Netz (**Ideennetz**) entsteht. |
| **Ersatzprobe** | s. Wortbedeutung und Wortbildung |
| **Erweiterungs-probe** | s. Richtig schreiben |
| **fehlerhaft geschriebene Wörter üben**<br>→ S.162 | So kannst du fehlerhaft geschriebene Wörter üben:<br>▪ Wort richtig aufschreiben, Fehlerstellen markieren, z.B.: *Famil<u>ie</u>,*<br>▪ Wort in Silben sprechen (Robotersprache), z.B.: *Fa-mi-li-e,*<br>▪ verwandte Wörter suchen, z.B.: *Familientreffen, familiär,*<br>▪ Wortgruppen bilden, z.B.: *die Familie einladen,*<br>▪ Merkhilfen (z.B. Eselsbrücken) suchen.<br>Man kann auch mit einer **Fehlerkartei** arbeiten. |
| **Fehlerkartei**<br>→ S.162 | Mithilfe einer Fehlerkartei kann man **fehlerhaft geschriebene Wörter üben**. Dazu geht man so vor:<br>▪ Fehlerwort in die Mitte einer Karteikarte schreiben,<br>▪ Fehlerstelle farbig kennzeichnen,<br>▪ verwandte Wörter auf die Karte schreiben, Fehlerstelle markieren,<br>▪ Wörter einprägen und aus dem Gedächtnis aufschreiben.<br>Wenn ein Übungswort mehrmals fehlerfrei geschrieben wurde, kann die Karte aus der Kartei entfernt werden. |

| | |
|---|---|
| **Gesprächsregeln beachten** | In Gesprächen sollte man einige Regeln beachten:<br>▪ sachlich und freundlich bleiben, andere zu Wort kommen lassen,<br>▪ aktiv zuhören und auf andere eingehen,<br>▪ Meinungen begründen, ggf. einen Kompromiss suchen. |
| **Grafiken auswerten** | s. Methoden und Arbeitstechniken: Sachtexte erschließen |
| **Gruppenarbeit** | Bei Gruppenarbeit sollte man einige **Regeln** beachten:<br>▪ Gruppen von 4–6 Schülerinnen/Schülern bilden,<br>▪ geeignete Arbeitsplätze einrichten,<br>▪ Aufgaben planen und verteilen, Gruppensprecher/-leiter festlegen,<br>▪ Zeit einteilen, Zeitplanung beachten,<br>▪ alle einbeziehen und sich aktiv beteiligen,<br>▪ Arbeitsergebnisse festhalten. |
| **Informationen suchen**<br>→ S. 74, 75, 76, 77, 78 | Um nach bestimmten Informationen zu suchen, kann man:<br>▪ in einer **Bibliothek** nach Büchern und anderen Medien suchen. Dazu nutzt man den **alphabetischen,** den **systematischen** oder einen **Onlinekatalog im Internet**.<br>▪ **in Zeitschriften** nach Beiträgen suchen. Mithilfe des **Titelbildes** und des **Inhaltsverzeichnisses** verschafft man sich einen Überblick über den Inhalt.<br>▪ in einem **Lexikon** (einem **alphabetisch geordneten Nachschlagewerk**) nachschlagen. Auch Wörterbücher gehören zu Lexika.<br>▪ in **Sachbüchern** nachlesen. **Inhaltsverzeichnis, Klappentext** und **Register** helfen, sich einen Überblick über den Inhalt zu verschaffen.<br>▪ im **Internet** suchen. **Suchmaschinen**, in die geeignete **Suchwörter** einzugeben sind, erleichtern die Suche. Viele von ihnen enthalten **Web-Kataloge** (nach Themen geordnete Sammlungen von Internetadressen).<br>Entnimmt man Büchern oder Internetseiten Informationen und Textstellen, muss man die **Quellenangabe** notieren. |
| **Mitschreiben**<br>→ S. 17 | Das Mitschreiben dient dem schriftlichen Festhalten von Gehörtem. Dabei kommt es darauf an, dass man:<br>▪ genau und konzentriert zuhört,<br>▪ Wesentliches von Unwesentlichem unterscheidet,<br>▪ Aussagen schnell und genau zusammenfasst.<br>Um schnell mitschreiben zu können, sollte man **Stichpunkte** formulieren und **Abkürzungen** benutzen, z. B.: *u., ca., usw.* |

| | |
|---|---|
| **Sachtexte erschließen**<br>→ S. 80, 86, 89, 91 | Um Sachtexte zu erschließen, kann man die **5-Gang-Lesetechnik** nutzen:<br>1. Text überfliegen<br>2. Fragen an den Text stellen<br>3. Text gründlich lesen<br>4. Das Wichtigste zusammenfassen<br>5. Text noch einmal lesen<br>In Sachtexten sind häufig grafische Schaubilder, z. B. **Tabellen** oder **Grafiken**, enthalten. Um sie auszuwerten, beantwortet man folgende Fragen:<br>▪ Welches Thema wird behandelt?<br>▪ Was wird auf den Achsen des Diagramms bzw. in den Spalten und Zeilen der Tabelle angegeben?<br>▪ Welche konkreten Werte sind angegeben?<br>▪ Was ergibt sich bei einem Vergleich der Werte?<br>▪ Welche Schlussfolgerungen kann man aus dem Vergleich ziehen? |
| **Schreibkonferenz**<br>→ S. 58 | In einer Schreibkonferenz werden **Texte gemeinsam** (in Gruppen) **überarbeitet**. Dazu kann man so vorgehen:<br>1. Arbeitsschritte festlegen (Karteikarten)<br>2. Reihenfolge besprechen (Karteikarten ordnen)<br>3. Texte mehrfach laut vorlesen, aufmerksam zuhören und Notizen machen<br>4. Notizen vergleichen, Hinweise und Vorschläge für die Schreiber formulieren<br>5. den eigenen Text überarbeiten (entscheiden, welche Vorschläge man aufnimmt) |
| **Tabellen auswerten** | s. Methoden und Arbeitstechniken: Sachtexte erschließen |
| **Texte verfassen**<br>→ S. 42, 58 | s. Zuhören – Sprechen – Schreiben |
| **Umstellprobe** | s. Satzbau und Zeichensetzung |
| **Verlängerungsprobe** | s. Richtig schreiben |
| **Verwandtschaftsprobe** | s. Richtig schreiben |
| **Zerlegeprobe** | s. Richtig schreiben |

# Lösungen zu den Tests

## Texte erschließen (S. 92–93)

**1**

**a** Thema des Textes: Taschengeld deutscher Kinder und Jugendlicher

**b** Deutsche Kinder und Jugendliche verfügen über viel Geld
Taschengeld richtig ausgeben

**2**

**a** **1** Da Kinder und Jugendliche ihr Geld investieren, wird die Wirtschaft am Laufen gehalten.

**2** Man sollte sein Geld gut überlegt ausgeben. Zum Beispiel ist der Kauf von Bioprodukten besser für die Umwelt.

**b** Bitte überlegt also, wofür und warum ihr euer Geld ausgebt!

**c** Mit den Angaben im ersten Abschnitt belegt die Autorin, dass Kinder und Jugendliche in Deutschland über viel Geld verfügen, mit dem sie, wie ab dem 2. Abschnitt beschrieben, die Wirtschaft am Laufen halten.

**3**

**a** **1** deutsche Kinder und Jugendliche – viel Geld

**2** wenn alle sparen – schlecht für Wirtschaft

**3** nicht so einfach, sein Geld richtig/sinnvoll auszugeben

**4** überlegen, wofür und warum man sein Geld ausgibt

**4**

**a** 1. Abschnitt

**b** Deutsche Kinder und Jugendliche verfügen über 6,4 Milliarden Euro. (Davon liegen 3,8 Milliarden Euro auf Sparkonten, die restlichen 2,6 Milliarden Euro geben sie aus.)

**5**

**a** *x*-Achse: Antworten von 100 Befragten; *y*-Achse: unterschiedliche Antworten

**b** **1** falsch **2** falsch **3** richtig

## Über Sprache nachdenken (S. 156–157)

**1** **2** Nebensatz: unterstrichen, finite Verbform: doppelt unterstrichen, Konjunktion: rot unterstrichen, Relativpronomen: blau unterstrichen

**1** Elfie Donnelly ist die Tochter eines Engländers und einer Österreicherin. Sie wurde 1950 in London geboren, aber ihre Kindheit und Jugend verbrachte sie in Wien. Schon als junges Mädchen arbeitete sie dort als Journalistin. Sie begann in Wien als Texterin in einer Presseagentur.

**2** Mit 26 Jahren veröffentlichte sie ihr erstes Buch »Servus Opa, sagte ich leise«. Diese Geschichte, die von einem kleinen Jungen und dem Tod seines Großvaters erzählt, hat viele Leser berührt. Für dieses Buch bekam Elfie Donnelly 1978 den deutschen Jugendbuchpreis. Für das Drehbuch zum gleichnamigen

Fernsehspiel wurde sie 1979 mit dem Adolf-Grimme-Preis ausgezeichnet.

**3** Ab 1977 schrieb sie 65 Folgen »Benjamin Blümchen« und 40 Folgen »Bibi Blocksberg«. Benjamin Blümchen, den viele Kinder lieben, feierte 2007 schon seinen 30. Geburtstag.

**4** Bibi Blocksberg hat Elfie Donnelly erfunden, weil sie nach ihren zwei Söhnen endlich ein Mädchen haben wollte. Der Erfolg der kleinen Hexe liegt wohl darin, dass sie in einer Umgebung lebt, die sich alle Leserinnen und Leser gut vorstellen können.

**5** Im Jahr 2001 verfasste Elfie Donnelly das Drehbuch zum Film »Bibi Blocksberg«. 2002 war dieser Film mit fast 2,5 Millionen Zuschauern der erfolgreichste Kinofilm.

**6** Nicht nur die Kleinen mögen ihre Bücher und Filme, sondern auch die Erwachsenen. Für diese Leser hat Elfie D. jetzt mit dem Schreiben von Kriminalromanen begonnen.

**7** Ein Journalist fragte einmal Elfie Donnelly: »Angenommen, Sie selbst könnten hexen. Was würden Sie mit dieser Fähigkeit anfangen?« »Ich *kann* hexen. Ich tu's nur nicht«, antwortete die Schriftstellerin.

**3**

**a** **1** den Kindern (DO), viele lustige Geschichten (AO)
**2** ihren ersten Sohn Christoph (AO)
**3** Peter Lustig (AO)
**4** Bücher für Erwachsene (AO)

**b** Modalbestimmung: gut;
Kausalbestimmung: weil sie nach ihren zwei Söhnen endlich ein Mädchen haben wollte

**4**

**a** **Nomen**: z. B. Tochter, Engländers, Österreicherin, London, Kindheit, Jugend, Wien, Mädchen, Journalistin, Texterin, Presseagentur, Jahren, Buch, Opa, Geschichte, Jungen, Tod, Großvater, Leser, Jugendbuchpreis, Drehbuch, Fernsehspiel, Adolf-Grimme-Preis
**Verb**: z. B. ist, wurde geboren, verbrachte, arbeitete, begann, veröffentlichte, sagte, erzählt, hat berührt, bekam, wurde ausgezeichnet
**Adjektiv**: junges, leise, kleinen, deutschen, gleichnamigen, erfolgreichste
**Adverb**: schon, dort, endlich, wohl, gut, fast, einmal
**Numerale**: 1950, 26, erstes, viele, 1978, 1979, 1977, 65, 40, 2007, 30., zwei, alle, 2001, 2002, 2,5 Millionen
**Konjunktion**: und, aber, weil, dass, nicht nur ..., sondern auch

**b** nominalisiertes Verb: mit dem Schreiben
nominalisiertes Adjektiv: die Kleinen

**5**

| Infinitiv | Partizip I | Partizip II |
|---|---|---|
| gebären | gebärend | geboren |
| berühren | berührend | berührt |
| auszeichnen | – | ausgezeichnet |
| erfinden | – | erfunden |
| vorstellen | – | vorgestellt |
| beginnen | beginnend | begonnen |
| hexen | hexend | gehext |
| anfangen | – | angefangen |

**6** **1** Elfie D. wurde 1979 ausgezeichnet.
**2** Ihr wurde ein Preis verliehen.
**3** Ihr Drehbuch wurde verfilmt.

7 **bestimmtes Numerale**: 1950, 26, erstes, 1978, 1979, 1977, 65, 40, 2007, 30., zwei, 2001, 2002, 2,5 Millionen
**unbestimmtes Numerale**: viele, alle

8 **Ableitung**: Engländer, Österreicherin, Journalistin, Texterin, veröffentlichte, erzählt, berührt, bekam, erfunden, endlich, Umgebung, Leserinnen, verfasste, Fähigkeit
**Zusammensetzung**: Presseagentur, Großvaters, Jugendbuchpreis, Drehbuch, gleichnamigen, Fernsehspiel, Adolf-Grimme-Preis, ausgezeichnet, Geburtstag, vorstellen, Zuschauer, erfolgreichste, Kinofilm, Kriminalroman, angenommen, anfangen

## Richtig schreiben (S. 188–189)

1 **Siebenschläfer**
Am 27. Juni achten viele auf Erscheinungen am Himmel. Wird es Niederschlag geben, braucht man vielleicht sogar einen Schal oder bleibt es klar? Denn nach alter Bauernregel entscheidet sich an diesem Tag das Sommerwetter. Der kleine Siebenschläfer aber, der einem Eichhörnchen sehr ähnlich ist und Rinden von den Bäumen schält, hat damit gar nichts zu tun. Der Name leitet sich von einer Sage ab. Sieben schlafende Brüder sollen im alten Rom, eingemauert in einer schmalen Höhle, fast 200 Jahre geschlafen haben. Aber das ist nicht die einzige Verwirrung um diesen Tag. Offensichtlich ist auch ein Rechenfehler im Zusammenhang mit einer Reform des Kalenders für diesen Tag verantwortlich. Eigentlich hätte man zehn Tage dazuzählen müssen. Aber das wurde offensichtlich vergessen.

2 **Das kostbare Nass**
An vielen Stellen unserer Erde gibt es Wasser in großen Massen. Dennoch ist Wasser sehr kostbar, auch wenn wir riesige Mengen davon besitzen. Der größte Teil des Wassers ist nämlich Salzwasser. Das ist für Menschen, Tiere und die meisten Pflanzen ungenießbar. Bloß das Süßwasser können wir trinken. Das meiste Süßwasser kommt als Eis und Schnee an den Polen vor. Es befindet sich auch in den Flüssen und Seen oder im Grundwasser. Jeder von uns benötigt täglich fast 100 Liter Wasser.

3 Das – dass – das – meiste

4 **Über das Wohnen in Japan**
In den Häusern ist das Tragen von Schuhen nicht erwünscht. Meist ist mindestens ein Raum mit Strohmatten ausgestattet. Die Schuhe werden beim Betreten der Wohnung ausgezogen. Dadurch wird das Beschmutzen des Fußbodens vermieden. Das Aufbewahren der Schuhe erfolgt im Eingangsbereich. Das Benutzen von Hausschuhen ist erwünscht. Seit ungefähr 600 Jahren ist in Japan das Verwenden von Strohmatten für den Fußboden üblich. Im Winter verbreiten sie eine angenehme Wärme und im Sommer eine erfrischende Kühle.

6 **1** Optik **2** Motiv **3** Fabrik **4** Chronik **5** Mathematik **6** Stativ **7** Kritik

# Quellenverzeichnis

## Textquellen

**6** Warum wird an der Uhr gedreht? Nach: Beckmann, Katharina: Warum wird an der Uhr gedreht? Aus: GEOlino 3/2006, S. 44 ff. **18** Kästner, Erich: Das Schwein beim Frisör. Aus Kästner, Erich: Das Schwein beim Friseur und andere Geschichten. Zürich: Atrium, 1962, S. 7 f. **23 f.** Thiele, Marianne: Spuk in der Mittsommernacht. Aus: Thiele, Marianne: Geschichtenschatztruhe. Kückenshagen: Bülten Verlag, 2009, S. 47 ff. **26 f.** Packard, Edward: Die Insel der 1000 Gefahren. Aus d. Engl. übers. von Maja Thewalt. Ravensburg: Ravensburger Buchverlag, 2007, S. 8 ff. **33** Birkenpilz. Aus: http://www.toxinfo.org/pilz (Autoren: Th. Zilker, B. Haberl) [20. 11. 2009] **37** Man nehme … Aus: http://www.wdr.de/tv/wissenmachtah/bibliothek/blumenfaerben.php5 (Autorin: Vera Friderike Noll) [20. 11. 2009] **41** Greschik, Stefan: Peru: Leben auf dem See. Aus: GEOlino 11/2008, S. 8–9. **43** Gefährliche Arbeit auf Müllkippen. Aus: http://www.unicef.de/5744.html (Autor: UNICEF Deutschland) [20. 11. 2009]
**44** *Diagramm* Zahlen aus: http://www.aktiv-gegen-Kinderarbeit.de/welt/weltkarte [20. 11. 2009] **47** Es fiel Regen … Aus: Funke, Cornelia: Tintenherz. Hamburg: Dressler, 2003, S. 9 f. **49** *Klappentext* Aus: Steinhöfel, Andreas: Rico, Oskar und die Tieferschatten. Hamburg: Carlsen, 2008. **51** Wo versteckt man … Aus: Steinhöfel, Andreas: Rico, Oskar und die Tieferschatten. Hamburg: Carlsen, 2008, S. 177 ff. **56** *Formular* Aus: http://www.polizei-beratung.de [20. 11. 2009] **60** Äsop: Der Löwe und die Maus. Aus: Mader, Ludwig (Hg.): Antike Fabeln: Hesiod, Archilchos, Aesop, Ennius, Horaz, Phaedrus, Babrios, Avianus, Romulus. Zürich: Artemis & Winkler, 1951, S. 142 f. **61** Luther, Martin: Vom Frosch und der Maus. Aus: Dr. Martin Luthers Werke. In einer das Bedürfniss der Zeit berüksichtigenden Auswahl. Dritter Teil. Hamburg: Friedrich Perthes, 1827, S. 193.
**63** La Fontaine, Jean de: Der Frosch und der Ochse. Aus: Der Ochse und das Harfenspiel. Fabeln aus aller Welt. Berlin: Neues Leben, 1974, S. 104 f. **64** Heine, Heinrich: Der Wind zieht seine Hosen an. Aus: Kaufmann, Hans (Hg.): Heinrich Heine: Werke und Briefe in zehn Bänden. Band 1. Berlin und Weimar: Aufbau, 1972, S. 109 f.
**65** Eichendorff, Joseph von: Mondnacht. Aus: Nationale Forschungs- und Gedenkstätten der klassischen deutschen Literatur in Weimar (Hg.): Eichendorffs Werke in einem Band. Berlin, Weimar: Aufbau, 1986, S. 97.
**67** Borchers, Elisabeth: Oktober. Aus: Gelberg, Hans-Joachim (Hg.): Großer Ozean: Gedichte für alle. Weinheim, Basel: Beltz & Gelberg, 2000, S. 18. Mörike, Eduard: Septembermorgen. Aus: Baumann, Gerhard und Grosse, Siegfried (Hg.): Eduard Mörike: Sämtliche Werke. Bd. 1. Stuttgart: Cotta, 1961, S. 101. **68** Golpon, Renate: lesen. zeichen setzen. Aus: http://www.sprachwitz.de/konkret0.html [20. 11. 2009] Welsh, Renate: Die Brücke. Aus: Domenengo, H. (Hg.): Das Sprachbastelbuch: schreib deinen Namen auf: was reimt sich drauf? Wien, München: Jugend und Volk Verlag, 1983, S. 43.
**69** Havel, Václav: Barriere. Aus: Havel, Václav: Das Gartenfest. Die Benachrichtigung. Zwei Dramen. Essays. Antikoden. Aus dem Tschechischen von Hans Peter Künzel © 1989 by Rowohlt Taschenbuch Verlag GmbH, Reinbek bei Hamburg, S. 227. **70 f.** Der fliegende Holländer. Aus: http://www.hekaya.de (Zusammengestellt von Guido Adam) [20. 11. 2009]
**75** *Ländersteckbrief Peru.* Aus: Bertelsmann Jugendlexikon. Gütersloh: Wissen Media Verlag, 2008, S. 496. **76** *Klappentext* Aus: Janßen, Ulrich und Steuernagel, Ulla: Die Kinder-Uni 2: Forscher erklären die Rätsel der Welt. München: Deutsche Verlagsanstalt, 2004. **77** *Inhaltsverzeichnis* Aus: Janßen, Ulrich und Steuernagel, Ulla: Die Kinder-Uni 2: Forscher erklären die Rätsel der Welt. München: Deutsche Verlagsanstalt, 2004, S. 5. **81** Löschke, Sina: Auf die Plätze, fertig, los. Aus: GEOlino extra 15/2008, S. 6. **83** Für den Sport-Neuling … Aus: Siener, Tom: Ausdauersport: Heilmittel mit Fünffach-Wirkung. Aus: Neue Apotheken Illustrierte extra »Beweglich und fit«, S. 10 f. **84 f.** Der Mensch hat … Aus: http://www.wdr.de/tv/wissenmachtah/bibliothek/muskeln.php5 (Autorin: Vera Friderike Noll) [20. 11. 2009] **86 f.** Die Geschichte … Aus: Greschik, Stefan: Antike Spiele: Wie alles begann. In: GEOlino extra 15/2008, S. 18 ff. **89** Training für den Nachtisch (RF). Aus: Neue Apotheken Illustrierte extra »Beweglich und fit«, S. 11. **90** *Diagramm* Aus: http://de.statista.com [10. 06. 2009] **91** *Diagramm* Aus: http://de.statista.com [10. 06. 2009] **92** Einmal Milliardär sein … Aus: http://www.focus.de/schule [10. 06. 2009]

(Autorin: Beatrix Boutonnet). **93** *Diagramm* Aus: http://de.statista.com [10.06.2009] **94** Wusstest du schon ... Nach: http://www.buecher-wiki.de/index.php/BuecherWiki/Buchrekorde [20.11.2009] © by buecher-wiki.de **121** In Afghanistan ... Nach: Münch, Peter: Die Freiheit ist rund. Aus: Süddeutsche Zeitung, Nr. 26, 31.01.2008, S. 3. **122** Im Nordosten Chinas ... Kung-Fu heißt ... Nach: Lenz, Angelika: Yongtai – Kung-Fu-Fighting nur für Mädchen. Aus: Jugendbuch SUPER 2008, Reader's Digest, Deutschland, Schweiz, Österreich. Stuttgart: Verlag Das Beste, 2007, S. 78 ff. **137** Donelly, Elfie: Tine durch zwei geht nicht. Hamburg: Dressler, 1982, S. 10–11 **158** *Speisekarte* Frei nach: Fühmann, Franz: Die dampfenden Hälse der Pferde im Turm von Babel. Darmstadt und Neuwied: Luchterhand, 1984, S. 28.
**159** schulz-immer, ... Nach: Gloor, Beat: 81 Sprachbeobachtungen. Zürich: Kontrast, 1999, S. 23.
**165** Wo tut es weh? (Volksgut) Aus: http://www.gedichte-fuer-alle-faelle.de [20.11.2009]
**169** Seid gegrüßt ... Aus: Busch, Wilhelm: Historisch-kritische Gesamtausgabe. Bde. I–IV. Band 2. Wiesbaden: Vollmer Verlag, 1959, S. 6. **172** Es wachsen ... Aus: http://www.meinpoesiealbum.de/kindheit.htm (Autor: Gottfried Herold) [20.11.2009] **178** Blumento-pferde, ... Nach: Gloor, Beat: 81 Sprachbeobachtungen. Zürich: Kontrast, 1999, S. 23 f. **189** Das ist doch sonderbar ... Nach: Es ist doch sonderbar bestellt. Aus: Gotthold Ephraim Lessings sämtliche Schriften: Neue rechtmäßige Ausgabe. Erster Band. Berlin: Voßsche Buchhandlung, 1838, S. 13.

## Bildquellen

**6** picture-alliance/imagestate/HIP, Frankfurt a. M.
**14** Thomas Schulz, Teupitz **26** *Buchcover* (Die Insel der 1000 Gefahren): Umschlagillustration von Stefani Kampmann © by Ravensburger Bucherverlag Otto Maier GmbH, Ravensburg **32** *links:* Friedrich Stark, Dortmund; *Mitte:* picture-alliance/ZB, Frankfurt a. M.; *rechts:* F1 ONLINE, Frankfurt a. M. **34** *rechts:* picture-alliance/dpa, Frankfurt a. M. **41** Franck Renoir, Paris
**43** picture-alliance/dpa, Frankfurt a. M. **45** picture-alliance/ZB, Frankfurt a. M. **47** *Buchcover* (Tintenherz): Cecilie Dressler Verlag, Hamburg 2003; *unten:* dfd-images, Hamburg **49** *Buchcover* (Gretha auf der Treppe): Thienemann Verlag, Stuttgart, 2004; *Buchcover* (Meine total wahren und überhaupt nicht peinlichen Memoiren mit genau elfeinhalb): Carl Hanser Verlag, München, 2008; *Buchcover* (Rico, Oskar und die Tieferschatten): Carlsen Verlag, München, 2008 **51** © Peter Schössow **73** Aus: Geolino 11/2008, S. 5. Gruner + Jahr, Hamburg **74** *Cover* (Was ist was?): Egmont Ehapa Verlag, Berlin; *Cover* (Geolino extra 18/2009): Gruner + Jahr, Hamburg; *Cover* (Treff 5/09): Family Media GmbH & Co. KG, Freiburg **76** *Buchcover* (Die Kinder-Uni 2): Deutscher Taschenbuch Verlag, München, 2006
**77** *Buchcover* (Die Rechte der Kinder von logo! einfach erklärt): Bundesministerium für Familie, Senioren, Frauen und Jugend, Berlin, 2008 **78** Screenshot http://www.spielstrasse.de/fs_search.htm [10.06.2009]
**94** picture-alliance/akg-images/Florian Profitlich
**96** *oben:* argum/Falk Heller, München; *Mitte:* picture-alliance/dpa, Frankfurt a. M.; *unten:* picture-alliance/dpa, Frankfurt a. M. **97** Screenshot http://www.ddp.de/produkte_dienste/kinderdienst/ [11.06.2009]
**100** Thomas Wunderlich **104** Getty-Images, München
**109** picture-alliance/dpa, Frankfurt a. M. **111** picture-alliance/dpa, Frankfurt a. M. **112** F1 ONLINE, Frankfurt a. M. **113** picture-alliance/KPA/Chris, Frankfurt a. M. **114, 115** picture-alliance/dpa, Frankfurt a. M.
**118** picture-alliance/dpa, Frankfurt a. M. **119** picture-alliance/dpa, Frankfurt a. M. **121** picture-alliance/dpa, Frankfurt a. M. **122, 124** picture-alliance/© epa-Bildfunk, Frankfurt a. M. **125** picture-alliance/dpa, Frankfurt a. M. **150** © Frank Speth, Quickborn **156** Cinetext/Constantin Film, Frankfurt a. M. **185** © Harm Bengen, Neu-Ulm.

**de.fotolia.com:**

© **14** Fatman73 **33** Lianem **34** *links:* Ideen; *Mitte:* Siegfried Schnepf **35** *links:* Martina Chmielewski; *2. von links:* sonne07; *3. von links:* Monika Adamczyk *rechts:* N. Siemsen **54, 55** ZTS **81** amridesign
**83** Klaus Eppele **92** Gerd Gropp **105** Bea Busse **106** Carina Hansen **107** spot-shot

# Sachregister